Oswald Schwemmer
Ethische Untersuchungen

Rückfragen
zu einigen Grundbegriffen

Suhrkamp

CIP-Kurztitelaufnahme der Deutschen Bibliothek
Schwemmer, Oswald:
Ethische Untersuchungen :
Rückfragen zu einigen Grundbegriffen / Oswald Schwemmer. –
1. Aufl. – Frankfurt am Main :
Suhrkamp, 1986.
(Suhrkamp-Taschenbuch Wissenschaft ; 599)
ISBN 3-518-28199-2
NE: GT

suhrkamp taschenbuch wissenschaft 599
Erste Auflage 1986

Satz und Druck: Wagner GmbH, Nördlingen
Printed in Germany
Umschlag nach Entwürfen von
Willy Fleckhaus und Rolf Staudt

1 2 3 4 5 6 – 91 90 89 88 87 86

Inhalt

Einleitung

Die hier vorgelegten ethischen Untersuchungen sind Versuche. Sie entwickeln keine systematische Ethik. Sie greifen einige Fragen auf, entwickeln einige Argumente und versuchen, einige Antworten zu finden, die eher die Schwierigkeiten einer umfassenden systematischen Ethik vor Augen führen als deren Entwurf fordern oder versprechen. So ergibt sich denn auch keine methodische Reihenfolge für die einzelnen Aufsätze, kein methodisch gesicherter Gang, nach dem ein Beitrag jeweils die Ergebnisse des vorangegangenen nutzen könnte. Statt methodisch fortzuschreiten, werden Rückfragen gestellt: Rückfragen an einige grundlegende begriffliche Entscheidungen, die in der Tradition der praktischen Philosophie – jedenfalls dort, wo die Entwicklung einer normativen Ethik das Ziel war – unserem Denken einen Rahmen vorgegeben haben.

So wird in den beiden Beiträgen zur Frage der Moral der Begriff des moralischen Sollens untersucht und zunächst in seinen eher traditionellen Bestimmungen herausgearbeitet. Wie ich zugeben muß, ist der erste Artikel »Das Problem der Normbegründung« (1976) in der Hoffnung geschrieben worden, zumindest eine systematische Ordnung praktischer Argumentationen aufzeigen zu können. Die durchgängige Metapher vom »Aufbau« bzw. der »Konstruktion« praktischer Argumentationsmöglichkeiten wie auch die Rede von »Begründungen« zeigen dies deutlich. Auf der anderen Seite ist auch in diesem Aufsatz bereits zugestanden, daß das Programm einer systematischen Begründung praktischer Entscheidungen Probleme aufwirft, die auch durch eine philosophische Analyse von Begründungsprinzipien nicht beseitigt werden können, und daß Entscheidungen auch in einen methodischen Aufbau praktischer Begründungen eingehen. In diesen Band habe ich den Beitrag darum aufgenommen, weil ich in ihm eine immanente Klärung der Argumentationsaufgaben einer normativen Ethik sehe. Es wird herausgearbeitet, welche Art von Imperativen eine normative Ethik zu begründen hätte, wenn sie ihren eigenen Ansprüchen auf eine rationale Begründung von Verhaltensnormen gerecht werden wollte. Und es wird darauf hingewiesen, was eine solche normative Ethik wissen müßte, wenn sie tatsächlich die eingeforderten Begründungen geben wollte. In diesem Sinne einer immanenten Klärung scheint mir der Beitrag auch heute noch für die ethische Diskussion nützlich sein zu können. Der zweite Aufsatz »Die Bildung der Vernunft aus der Erfahrung« verzichtet dann auf diese immanente Perspektive einer normativen Ethik und fragt zurück nach der begrifflichen Unterscheidung zwischen Sein und Sollen, kontingenter Geschichte und praktischer Vernunft.

Im zweiten Teil des Buches gelten die Rückfragen dem moralischen Argumentieren. Im Rückbezug auch auf den historischen Anfang der Ethik wird in beiden Beiträgen die Unterscheidung zwischen dem Guten und dem Rechten noch einmal aufgegriffen. Vom Durchdenken dieser Unterscheidung her richten sich die Fragen dann auf einige klassische Unterscheidungen der Ethik: auf die Gegenüberstellung von allgemeiner praktischer Vernunft und besonderer moralischer Erfahrung, von der Universalität der Vernunftnormen und dem kontingenten Wandel historischer Wertvorstellungen, insbesondere aber auch auf die definitorische Verknüpfung der Einsichtigkeit und der Verbindlichkeit moralischer Überzeugungen. Die Auflösung dieser Verknüpfung zwischen Einsichtigkeit und Verbindlichkeit zeigt wohl am deutlichsten den »Geburtsfehler« einer normativen Ethik, aber auch die Schwierigkeiten, denen damit ethische und rechtstheoretische Überlegungen ausgesetzt sind.

In den Untersuchungen des dritten Teils zur Rationalität des Handelns werden die Rückfragen auch auf die Wahrnehmung und Vergegenwärtigung – insbesondere die sprachliche Vergegenwärtigung – unserer Handlungswirklichkeit gerichtet, an die wir unsere ethischen Unterscheidungen anzuknüpfen pflegen. In beiden Beiträgen wird der historische Charakter unseres Handelns deutlich zu machen versucht. Die Fragen, die sich dadurch an die Identifikation, die Beschreibung und das Verständnis unseres Handelns richten, zeigen, daß sich viele tradierte Problemstellungen, Argumentationsweisen und Positionen in der Ethik nur in einem weitgehend unreflektierten und jedenfalls äußerst einfachen Handlungsverständnis ergeben, daß mit den hier vorgetragenen Überlegungen in Frage gestellt werden soll.

Gerade an der praktischen Philosophie Kants läßt sich dieser Zusammenhang zwischen handlungstheoretischen Begriffsgrundlagen und ethischer Position besonders deutlich machen. Der vierte Teil ist so dem Beispiel Kant gewidmet und damit dem – zumindest in der kontinentaleuropäischen Tradition – entscheidenden Beispiel für eine normative Ethik. Möglicherweise zeigt sogar diese Auseinandersetzung mit einer historischen Position für einen Philosophen den Sinn der Rückfragen am deutlichsten, und es werden durch eine solche Auseinandersetzung über den Bezug zu einer ausgearbeiteten philosophischen Position auch die weiteren Konsequenzen erkennbar, die mit den vorgetragenen kritischen Fragen verbunden sind. Ich muß allerdings gestehen, daß mir wenigstens in einem Punkt meine Bemerkungen zu Kants Ethik noch erläuterungsbedürftig erscheinen. Die am Ende des Beitrags »Die praktische Ohnmacht der reinen Vernunft« angedeutete »Ethik des wirklichen Gesprächs« bedarf sicher noch weiterer Qualifikationen, um als sinnvolle Interpretation der Anerkennungsforderung verständlich zu werden. In dem Beitrag »Moralisches Argumentieren und ethischer Pluralismus« wird wenigstens die Richtung anzugeben versucht, in der solche weiteren Qualifikationen erreicht werden könnten: In bezug auf die Moralität unserer Handlungs- und Lebensformen geht es darum, eine möglichst hohe Verständlichkeit zu erreichen, ohne damit für die eigenen Überzeugungen auch schon allgemeine Verbindlichkeit zu beanspruchen. In bezug auf die Gerechtigkeit von Gesetzen geht es dagegen tatsächlich um die Aufstellung von allgemein verbindlichen Normen, die aber nicht in der kontingenten Situation wirklicher Gespräche ihre Begründung finden, sondern nur in einer systematischen Klärung unserer Existenzbedingungen. – Für die Auseinandersetzung mit Kant sind diese Bemerkungen zur »Ethik des wirklichen Gesprächs« unerheblich. Sie dienen lediglich der Hervorhebung einer systematischen Alternative zum kantischen Verständnis moralischer Universalität.

Dort, wo Meinungen vorgetragen werden und für Überzeugungen geworben wird, mahnen Rückfragen zur Langsamkeit. Manchmal wird dies ärgerlich als unnötige Verzögerung wahrgenommen, manchmal aber auch als Möglichkeit zu einer sorgfältigeren Urteilsbildung geschätzt. Natürlich wünsche ich mir, daß meine Rückfragen nicht nur verzögern, sondern auch zu einer sorgfältigeren Sichtung der ethischen Grundbegriffe beitragen.

I
Zur Frage der Moral

Das Problem der Normbegründung

Praktische Vernunft und Normbegründung

1. Das Problem praktischer Begründungen

Die Frage danach, ob Vernunft praktisch sei oder sein könne – bzw. ob unsere Praxis vernünftig sei oder gemacht werden könne – ist eine Frage, die einerseits so alt ist wie die geistigen Bemühungen um eine Orientierung unseres Lebens überhaupt, die andererseits aber in der Form, in der sie hier diskutiert werden soll, ein spezifisch neuzeitliches Problem formuliert. Denn wenn wir auch bereits in den Anfängen unserer geistigen Tradition – insbesondere in der praktischen Philosophie Platons und Aristoteles' – das Thema des guten Lebens und des rechten Handelns als einen Zentralpunkt der angestellten Überlegungen finden können, so wird doch die Frage nach der praktischen Vernunft als Frage nach dem *Prinzip* einer vernünftigen Praxis erst dort gestellt, wo die Legitimationsforderung an die auferlegten Normen des gemeinsamen Lebens sich verselbständigt hat, wo es nicht mehr nur, wie in der Antike, um die Ablösung einer götterbezogenen Legitimation durch eine andere, der gemeinsamen Verantwortung von Bürgern verpflichtete Legitimation geht, sondern um eine Legitimierung ohne gemeinsame Basis, ohne ein als gemeinsam unterstelltes Lebens- und Handlungsverständnis.
Dabei ist festzustellen, daß die Frage der Philosophen sogar, entgegen der landläufigen Meinung und auch entgegen dem Hegelschen Dämmerflugbild von der Eule der Minerva, nicht ein reflexionsreicher Nachtrag zu einem alternden Zeitalter, sondern ein Vorgriff auf ein Zeitalter im Werden bedeutete. Denn der Verlust der gemeinsamen Basis für die Legitimation unseres Lebens und Handelns hat nicht schon 1789 stattgefunden. Die Forderungen von Gleichheit, Freiheit und Brüderlichkeit waren getragen von einem erwachenden Bürgertum, das zwar den Adel oder das *ancien régime* politisch mit sich egalisieren wollte, nicht aber bereits auch den Besitz als solchen einem Legitimationszwang unterwarf: nicht der politischen auch schon die ökonomi-

sche Legitimation voran oder zur Seite stellte. Die Situation, in der auch diese Gemeinsamkeit, nämlich die Gemeinsamkeit in der Verantwortung für einen wenigstens zum Teil ererbten Besitz, verschwand, entstand erst in der Mitte des folgenden Jahrhunderts, um 1850 also, als sowohl der Hobbessche Leviathan (1651/1688) als auch die Kantische Kritik der praktischen Vernunft (1788) längst geschrieben waren.
Der Hinweis auf die historische Entwicklung der Legitimationsforderung für die Normen unseres Handelns zeigt zweierlei. Einmal wird die Frage nach dem Prinzip oder den Prinzipien der praktischen Vernunft, das heißt der Begründung unseres Handelns, erst dort in uneingeschränkter Allgemeinheit gestellt, wo keine materiale Norm, keine Wertsetzung mehr als Legitimations- bzw. Begründungsbasis zur Verfügung steht. Die ethische Frage nach der praktischen Vernunft oder einer vernünftigen Praxis wird dadurch zur Frage nach den Prinzipien praktischer Begründung und unterwirft damit prinzipiell jede (materiale) Norm der Begründungsforderung, läßt diese prinzipiell uneingeschränkte Begründungsforderung zu einer sozialen Realität werden. Zum anderen zeigt der Hinweis, daß die Ethik mit dieser Entwicklung zugleich einer Rationalisierung und Relativierung ihrer Probleme unterliegt. Denn da keine Begründungsbasis – mit bestimmten materialen Normen oder Werten – als selbst nicht mehr begründungsbedürftig einfachhin zur Verfügung steht, stehen auch keine bestimmten Begründungsaufgaben von vornehereín fest. Was eine Begründungsaufgabe ist, wird vielmehr wiederum erst durch ihre soziale Realität festgelegt. Erst wenn sich ein Subjekt für die Begründungsforderung gefunden hat, wenn also die Handelnden in einer sozial wirksamen Weise die Begründung für die ihnen auferlegten oder zugemuteten Normen verlangen, erst dann stellt sich die Aufgabe, diese Normen zu begründen, weil erst dann ein Adressat für die Begründungen existiert. Ethik wird demnach nicht mehr durch einen festen Katalog bestimmter Begründungsaufgaben oder durch bestimmte Normen oder Werte – im Sinne eines überkommenen Gegenstandes – definiert, sondern wird zu einer *Methodologie*, deren Anwendungsbereich nicht aus ihr selbst, sondern aus den Schwierigkeiten zwischen den Autoren und Adressaten von Normen bestimmt wird: ihre Themen sind relativiert auf deren faktisches bzw. historisches Gestelltwerden.

Wenn ich so die Frage nach der praktischen Vernunft als die Frage nach den Prinzipien der praktischen Begründung stelle, und zwar nach der Begründung nicht bestimmter vorab als relevant fixierter Normen oder Werte, sondern nach der Begründung von Handlungen oder Normen, soweit sie sich aus bestimmten Situationen als begründungsbedürftig ergeben, so bin ich mir bewußt, daß ich eine neuzeitliche Fragestellung aufgreife und das Thema vom guten Leben und rechten Handeln aufgrund einer historischen Entwicklung auf seinen begründungstheoretischen Aspekt hin pointiere. Die praktische Vernunft wird so nicht mehr in der Breite verhandelt, wie dies etwa Platon und Aristoteles getan haben. Dafür gewinnt die Frage nach der praktischen Vernunft im Sinne der Frage nach der Möglichkeit und Struktur praktischer Begründungen aber eine zumindest formale Unterscheidungsschärfe, die uns auch einige materiale Probleme praktischer Begründungen in einem neuen Licht zu sehen erlaubt.
Im folgenden möchte ich das praktische Begründungsproblem als die Frage nach den Prinzipien (oder dem Prinzip) praktischer Begründungen in dreifacher Hinsicht diskutieren: erstens als Frage nach der *methodischen Konstruktion* von praktischen Begründungsprinzipien; zweitens als Frage nach der *pragmatischen Begründung* dieser Prinzipien und drittens als Frage nach der *materialen Anwendung* dieser Prinzipien.

2. Die methodische Konstruktion praktischer Begründungsprinzipien

Die methodische Konstruktion von Prinzipien praktischer Begründungen möchte ich beginnen mit einer bloß formalen Konstruktion von *Satztypen* und von Beziehungen zwischen diesen Satztypen, nämlich bestimmten *Folgen von Satztypen*, die dann *Begründungen* heißen sollen. Durch die Angabe von Regeln oder von Prinzipien zur Herstellung solcher Folgen wird gewissermaßen die *Logik* und *Syntax* der praktischen Begründung angegeben. Daran anschließend werde ich die methodische Begründung dieser formalen Konstruktion geben.

(1) *Formale Konstruktion:* Wenn wir von praktischen Begründungen reden, so darum, weil es um die Begründung unseres

Handelns geht – im Unterschied zur Begründung von Behauptungen. Mit dieser Unterscheidung wird gleichwohl einem Mißverständnis vorgebaut, das nicht unwesentlich zu einer Vernachlässigung des methodisch verpflichteten Denkens im Bereich der praktischen Philosophie geführt hat. Denn selbstverständlich geht es bei jeder Begründung um eine *Begründung von Sätzen*, und in jedem Fall ist der Vortrag solcher Sätze ein *Handeln* – auch das Behaupten von Aussagen –, daher sowohl begründungsbedürftig als auch begründungszugänglich. Die Sätze, um die es bei praktischen Begründungen geht, sind aber keine Aussagen, sondern Aufforderungen. Hier möchte ich den grammatischen Terminus übernehmen und die Aufforderungssätze, gleich ob sie nun als Ratschläge, Empfehlungen, Befehle, Bitten, usw. vorgetragen werden, insgesamt *Imperative* nennen. Entscheidend für die Unterscheidung zu den Aussagesätzen, den Indikativen, ist, daß nicht das Bestehen irgendeines Sachverhaltes mit ihnen behauptet werden soll, sondern durch ihre Befolgung das Eintreten eines Sachverhaltes herbeigeführt werden soll (wobei eben dieses Sollen auf verschiedene Weise relativiert sein kann, je nachdem ob es sich eben um Ratschläge usw. handelt). Am Ende der Folgen von Satztypen, die – ihrer Logik und Syntax nach, also rein formal – als praktische Begründungen auszuzeichnen sind, stehen jedenfalls Imperative. Die Frage ist nun – und dies ist die eigentliche Frage nach der formalen Konstruktion von praktischen Begründungen –, welche Folgen von Satztypen zu solchen Imperativen führen sollen.

(a) *Finalisierung:* Einen ersten Begründungsschritt gewinnt man durch die Unterscheidung von afinalen und finalen Imperativen. *Afinale Imperative* nenne ich solche zur Ausführung einer Handlung, *finale Imperative* solche zur Herbeiführung bestimmter Sachverhalte durch eine Handlung. Diese Unterscheidung (die noch vor der Unterscheidung von Mittel und Zweck, wie ich sie vorschlagen möchte, liegt) ist grundlegend sowohl für eine Sprach- als auch für eine Begründungstheorie. Dadurch, daß diese Unterscheidung es ermöglicht, unser Handeln als ein Bewirken bestimmter Sachverhalte darzustellen, ermöglicht sie (sprachtheoretisch) auch die Unterscheidung unserer Handlungen nach den Sachverhalten, die durch sie herbeigeführt werden sollen: Aus einer Folge von ungedeuteten Körperbewegungen wird eine von den mit ihr verbundenen finalen Imperativen her gedeutete sinnvolle Handlung. Zugleich ermöglicht diese Unterscheidung (begründungstheoretisch), überhaupt Handlungen zu begründen. Denn dadurch, daß Handlungen von den durch sie herbeizuführenden Sachverhalten her als sinnvolle Einheiten unterschieden werden, werden sie eben durch diese Sachverhalte auch als sinnvoll begründet. Das Lernen der Unterscheidung von afinalen und finalen Imperativen *ist* die Einübung eines ersten Begründungsschrittes, des Begründungsschrittes nämlich von den finalen zu den afinalen Imperativen. In einem ersten Schritt soll eine Handlung oder ein afinaler Imperativ genau dann begründet sein, wenn und insofern durch diese Handlung ein bestimmter Sachverhalt herbeigeführt wird. Die Handlung bzw. der afinale Imperativ zu ihrer Ausführung ist dann *relativ* zu diesem Sachverhalt bzw. zu dem finalen Imperativ, der zu seiner Herbeiführung auffordert, *begründet.*

Es sei lediglich angemerkt, daß die Unterscheidung von afinalen und finalen Imperativen nur dann sinnvoll verwendbar ist, wenn der Sachverhalt, zu dessen Herbeiführung mit dem finalen Imperativ aufgefordert wird, nicht auch ohne die Ausführung einer bestimmten Handlung eintritt, wenn also die Ausführung einer Handlung Bedingung (= notwendig) ist für das Eintreten dieses Sachverhalts. Daraus ergibt sich, daß auch eine Handlung H bzw. der Imperativ !H zu ihrer Ausführung nur dann begründet ist, wenn – in der jeweiligen Situation – gilt, daß A – d. i. der Sachverhalt, zu dessen Herbeiführung der begründende finale Imperativ auffordert – nur dann eintritt, wenn H ausgeführt wird. (Dabei kann H für eine Klasse von verschiedenen Handlungen stehen, von denen eine ausgeführt werden muß, damit A eintritt.) Als Rahmenbedingung dafür, daß der finale Imperativ !A den afinalen Imperativ !H begründet, kann man also angeben: $\neg H \wedge S \rightarrow \neg A$, wobei S für die jeweils bestehende Situation steht.

Alltagssprachlich drücken wir diese Begründungsrelation von afinalen und finalen Imperativen häufig durch den Gebrauch von »um zu« auf: Jemand führt diese Handlung aus, um diesen Sachverhalt herbeizuführen. Damit nun nicht das Mißverständnis entsteht, als hätte ich mit der vorgeschlagenen Rekonstruktion eines ersten Begründungsschrittes unseren alltagssprachlichen Gebrauch von »um zu« beschrieben, möchte ich an die logisch-syntaktischen Bemerkungen eine Bemerkung zur Semantik der Imperative anfügen.
Die Unterscheidung von afinalen und finalen Imperativen wird

mit den Handlungen, zu denen diese afinalen Imperative auffordern und die von den finalen Imperativen als Handlungen unterscheidbar und begründet werden, eingeübt. Dieses Handeln ist – sonst bedürften wir keiner Imperative – zunächst immer ein *Miteinanderhandeln:* Mehrere Personen fordern sich zur Ausführung von Handlungen und zur Herbeiführung von Sachverhalten auf und befolgen diese Aufforderungen – bzw. weigern sich, dies zu tun. Die in den Imperativen dargestellten Handlungen und Sachverhalte müssen bei einem solchen Miteinanderhandeln jedem der Beteiligten in gleicher Weise – prinzipiell – sprachlich zugänglich sein, das heißt sie müssen in einer Sprache dargestellt sein, die nachweislich gemeinsam eingeübt werden kann. Ohne daß ich an dieser Stelle die Theorie eines methodischen Sprachaufbaus auch nur skizzieren möchte (und könnte), unterstelle ich, daß diese Bedingung gemeinsamer Lehr- und Lernbarkeit jedenfalls von den Unterscheidungen erfüllt wird, die *exemplarisch* einführbar sind, die also an Beispielen und Gegenbeispielen, auf die man in gemeinsamen Handlungszusammenhängen hinweisen kann, eingeübt werden können. Soweit es bei den bisher vorgetragenen Überlegungen um nichtsprachliche Handlungen – wie gehen, etwas bringen, ein Fenster öffnen, usw. – geht, sind sowohl die Handlungsbeschreibungen als auch die Darstellungen der Sachverhalte in den Imperativen alleine mit exemplarisch einführbaren Prädikatoren (das sind Unterscheidungswörter) zu geben.
Wenn ich von der Begründung eines afinalen Imperativs durch einen finalen Imperativ rede, so meine ich also nicht, daß man etwa bestimmte Handlungen dadurch begründen könne, daß man angibt, durch sie würde irgend etwas besser oder gerechter. Eben dies ist ja erst festzustellen, und dafür fehlen uns noch die hinreichenden Begründungsmittel. Die Aufforderung, eine gerechte Gesellschaft herbeizuführen, ist in diesem Sinne kein finaler Imperativ. Denn durch diese Aufforderung wird kein bestimmter Zustand festgelegt; das würde erst dann der Fall sein, wenn man zusätzlich bestimmte Organisationsformen für eine Gesellschaft angibt. Die sind dann aber erst noch auf ihre Gerechtigkeit eigens zu beurteilen. Ich sage dies, damit auch bei meinen formalen Überlegungen zumindest andeutungsweise der Zusammenhang der formalen Regeln mit ihrem Material, das heißt mit den Gegenstandsbereichen unseres Redens, erscheint.

(b) *Generalisierung:* Wie kann man nun die finalen Imperative ihrerseits begründen? Eine erste Antwort, die zugleich den zweiten schematischen praktischen Begründungsschritt angeben soll, besteht darin, auf den finalen Imperativ als auf den *Fall einer Regel* hinzuweisen. Halten wir fest, daß die Sachverhalte, zu deren Herbeiführung die finalen Imperative auffordern, ausschließlich mit exemplarisch einführbaren Prädikatoren dargestellt werden, so sieht man, daß die entsprechenden finalen Imperative nicht immer und überall befolgt werden oder auch nur befolgt werden können. So kann man zwar immer und überall Gerechtigkeit oder Wahrheit erstreben (eine gerechte Gesellschaft herbeiführen wollen), nicht aber in jedem Augenblick seines Lebens sich selbst und andere zur Herbeiführung oder Erhaltung eines bestimmten organisatorischen Zustandes auffordern. Die finalen Imperative sind daher bedingte Imperative, d. h. sie werden nicht schlicht, sondern nur relativ zum Bestehen bestimmter Situationen aufgestellt (auch wenn man beim Aufstellen des jeweiligen Imperativs diese Situation selbst nicht expliziert). Einige Imperative werden regelmäßig aufgestellt, andere nicht. Die regelmäßigen bedingten Imperative sind nun jedenfalls für denjenigen, der sie aufstellt oder befolgt ein Grund in dem Sinne, daß man sich auf die Regel in dem bestehenden Einzelfall ihm gegenüber berufen kann: »Immer wenn die Situation S besteht, stellst Du den Imperativ, den Sachverhalt A herbeizuführen, auf oder befolgst Du ihn. Jetzt besteht die Situation S. Also stelle den Imperativ !A auf, bzw. befolge ihn!« Diese Aufforderung zur konsequenten Regelbefolgung unterstellt, wenn man sie als eine Begründung liest, daß eine gewisse Konstanz unseres Handelns als solche rational ist (wenn auch natürlich damit noch nicht die jeweils aufgestellte Regel). Sie unterstellt aber nicht, daß eine einmal gewählte Regel immer als Grund für einen einzelnen Imperativ benutzt werden kann. Auch Regeln zu ändern, kann – wie sich übrigens im nächsten Schritt zeigt – begründet sein. Nur, wenn jemand *behauptet*, einer Regel zu folgen, oder wenn er für bestimmte Situationen einen bestimmten Imperativ *aufstellt*, dann kann man sich auf diese Behauptung oder diese Aufforderung beziehen als auf einen Grund für einen einzelnen Imperativ. Würde man überhaupt keine Regelmäßigkeit im Handeln oder Reden eines Menschen finden, dann allerdings könnte man auch keinen finalen Imperativ begründen. Es fragt sich dann jedoch, ob

man einem solchen Menschen noch eine Rationalität zusprechen kann – dann nämlich, wenn sozusagen jeder Windhauch einer Änderung auch sein Handeln und Reden ändert.
Die Regelmäßigkeit der Befolgung oder Aufstellung eines Imperativs möchte ich seine Generalität nennen. Der zweite Begründungsschritt besteht damit in einer *Generalisierung*, insofern nämlich ein bedingter genereller finaler Imperativ gesucht wird, der auf die bestehende Situation anwendbar ist und aus dem folgt, daß der zu begründende finale Imperativ zu befolgen ist.
Auch hier möchte ich eine terminologische Bemerkung anfügen. Dadurch daß jemand regelmäßig bestimmte finale Imperative befolgt oder aufstellt, wird auch eine regelmäßige Zuordnung dieser Imperative zu afinalen Imperativen oder eben seinen Handlungen möglich. Im Wechsel der Situationen kann man sein Handeln als unter bestimmten finalen Imperativen stehend darstellen. Insbesondere kann man auch dann, wenn der finale Imperativ nicht expliziert ist, gleichwohl die Behauptung aufstellen, daß durch ihn eben der Sachverhalt herbeigeführt werden soll, zu dessen Herbeiführung in dem finalen Imperativ aufgefordert wird. Eine solche Behauptung möchte ich eine *Deutungsbehauptung* – oder kurz eine Deutung – nennen. Gedeutet wird eine Handlung dadurch, daß von ihr behauptet wird, sie sei die Befolgung des Imperativs, den Sachverhalt A herbeizuführen. Die Herbeiführung dieses Sachverhalts möchte ich in diesem Falle den *Zweck* der Handlung nennen. Entsprechend heißt dann die Ausführung dieser Handlung ein *Mittel* zu diesem Zweck.
Die Termini »Zweck« und »Mittel« sind, weil ihre Verwendung eine Deutungsleistung erfordert, nicht mehr exemplarisch einführbar und gehören daher auch nicht zu der Sprache, mit der auf der ersten Stufe des praktischen Begründens die Handlungen und Sachverhalte in den Imperativen dargestellt werden. Nennt man die Sprache, die aus den exemplarisch einführbaren Prädikatoren besteht, *Beobachtungssprache* – ohne dabei die Carnapsche Unterscheidung von Beobachtungs- und Theoriesprache zu assoziieren –, so sind »Zweck« und »Mittel« die Basistermini der *Deutungssprache.* Mit der logisch-syntaktischen Hinzufügung der Generalisierung als des zweiten Begründungsschrittes ist so auch semantisch die Einführung einer neuen Sprachstufe verbunden.
(c) *Universalisierung:* Gelingt es nun, für einen Handelnden mit generellen Imperativen bestimmte Handlungen zu begründen, so

ist mit den bisherigen Vorschlägen noch nichts darüber ausgesagt, wie man sich begründet entscheiden soll, wenn die generellen Imperative zu miteinander unverträglichen Aufforderungen führen, d. h. zu Aufforderungen, bei denen die Befolgung der einen die Befolgung der anderen Aufforderung ausschließt. Eine solche Situation aber ist die für das praktische Begründungsproblem entscheidende Situation. Ich möchte sie eine *Konfliktsituation* nennen. Das sich in ihr stellende Begründungsproblem kann man durch die Frage wiedergeben: Wie können wir begründen, welchen generellen Imperativen wir in unserem Handeln folgen sollen und welchen nicht? Denn dies ist per definitionem jedenfalls klar, daß nicht alle generellen Imperative befolgt werden können und daß man also einen Weg finden muß – wenn man überhaupt handeln will –, sie so zu verändern, daß ihre Befolgung zu miteinander verträglichen Aufforderungen führt.

Beim ersten und zweiten praktischen Begründungsschritt war es jeweils so, daß man für die Begründung der Handlung (bzw. des entsprechenden afinalen Imperativs) finalisierend und dann generalisierend auf eben die Imperative zurückgreifen konnte, die der Handelnde selbst aufgestellt oder befolgt hatte. In einer Konfliktsituation aber stehen die Imperative der Handelnden nicht mehr problemlos für eine Begründung zur Verfügung. Denn jetzt geht es ja gerade darum, für oder gegen sie eine begründete Entscheidung herbeizuführen. Gleichwohl steckt bereits in der Frage, durch die ich das Begründungsproblem formuliert habe, die Antwort: Gerade weil nämlich keine faktisch befolgten Imperative für die Begründung von Handlungen zur Verfügung stehen und sich daher die Begründungsfrage in einer neuen Weise stellt, kann man sagen, wie ein Imperativ aussehen muß, der auch in einer solchen Konfliktsituation für eine Handlungsbegründung benutzt werden kann. Es muß ein *für jedermann annehmbarer* und daher *für jedermann geltender* Imperativ sein. Pointiert gesagt: Weil *niemandes Imperativ* schlicht als Grund ausgezeichnet werden kann, muß man einen Imperativ finden, der als *jedermanns Imperativ* gelten kann, das heißt von dem man meint behaupten zu können, daß er von jedem – in der entsprechenden Situation – als Imperativ aufgestellt und befolgt werden kann. Einen Imperativ, der in dieser Weise für jedermann gilt, möchte ich einen *universellen* Imperativ nennen. In einer Konfliktsituation besteht demnach die Begründungsaufgabe darin, die aufgestellten generellen Imperative zu universalisieren. In Anlehnung an Kant möchte ich die generellen finalen Imperative *Maximen*, die universellen generellen finalen Imperative *Normen* nennen. Begründet handelt jemand in einer Konfliktsituation genau dann, wenn er nur nach den Maximen handelt, die zugleich als Normen gelten können.

Mit dieser – bewußt an den kategorischen Imperativ Kants erinnernden – Formulierung ist nun der dritte Begründungsschritt, die Universalisierung unserer Maximen, dargestellt. Vergleicht man die drei Begründungsschritte miteinander, so kann man sagen, daß im ersten Begründungsschritt – der Finalisierung der Handlungsimperative oder Handlungen – eine *zweckrationale* Begründung gegeben wird; im zweiten – der Generalisierung der finalen Imperative – wird, wie ich in Anlehnung an Max Weber sagen möchte, eine *sinnrationale* Begründung vorgelegt (wobei ich den zweckrationalen Begründungsschritt als einen Teil der sinnrationalen Begründung ansehen will); im dritten Begründungsschritt wird schließlich die spezifisch *moralische* Begründung durchgeführt. In Aufnahme der philosophischen Tradition kann man auch sagen, daß die sinnrationale Begründung von Handlung diese *verständig* machen, ihre moralische Begründung sie aber als *vernünftig* auszeichnen. Dieser Unterscheidung wegen möchte ich die moralische Begründungsregel auch das *Vernunftprinzip* nennen. Handle so, daß die Maximen deines Handelns zugleich als Normen gelten können!

Mit den Termini »verständig« (bzw. »sinnrational richtig«) und »vernünftig« (bzw. »moralisch richtig«) sind übrigens – um auch hier eine semantische Bemerkung anzufügen – Prädikatoren einer dritten Sprachstufe eingeführt: Prädikatoren nämlich, mit denen wir beobachtungs- und deutungssprachlich formulierte Aufforderungen nach bestimmten Regeln beurteilen können. Ich möchte solche Prädikatoren – soweit sie durch die Angabe von Beurteilungsregeln ausdrücklich in ihrem Gebrauch festgelegt sind – *Beurteilungstermini* nennen. (Wenn keine Regeln angegeben sind, handelt es sich um bloße Beurteilungsprädikatoren.) Wir haben demnach bei unseren Überlegungen zur Begründungstheorie drei Sprachebenen zu unterscheiden: die der Beobachtungssprache, die der Deutungssprache und die der Beurteilungssprache.

Mit den Mitteln der Quantorenlogik kann man übrigens den Übergang von sinnrationalen zu moralischen Begründungsschritten ebenfalls deutlich machen. Die Generalisierung der finalen Imperative zu Maximen besteht darin, daß nicht mehr über individuelle Sachverhalte geredet wird, die durch Elementaraussagen dargestellt werden, sondern über (generelle) Sachverhalte, in denen Nominatorenvariablen an Stelle der Nominatoren der Elementarsätze stehen. Über den Bereich dieser Variablen wird mit dem Allquantor quantifiziert. Vereinbart man, daß man die Adressaten der Imperative durch ein Zeichen bestimmt, das als Index an das Imperativzeichen angefügt wird – ich wähle zur Mitteilung von Nominatoren für die Adressaten ein deutsches *p*, als entsprechende Nominatorenvariable das lateinische p –, so kann man einen generellen bedingten finalen Imperativ, also eine Maxime, folgendermaßen notieren:

$\bigwedge_x . S(x) \rightarrow !_p\, A(x).$

Die Universalisierung besteht nun darin, daß auch über den Bereich der Personenvariable p quantifiziert wird. Eine Norm, also ein bedingter universeller genereller finaler Imperativ, ist demnach in seiner einfachsten Form, auf folgende Weise zu notieren:

$\bigwedge_p \bigwedge_x . S(x) \rightarrow !_p A(x).$

Ist die Unterscheidung von Generalisierung und Universalisierung mithilfe der quantorenlogischen Notation hinreichend geklärt, so kann man selbstverständlich Normen und Maximen auch bloß junktorenlogisch notiert mitteilen. Eine Norm hat dann die einfache Form $S \rightarrow\ !A$, eine Maxime erhält zusätzlich den Adressatenindex hinter dem Imperativzeichen: $S \rightarrow\ !_p\, A$.

(2) *Methodische Begründung:* Die beiden ersten Begründungsschritte, also die Rationalität oder Verständigkeit, ergeben sich aus Unterscheidungen, die wir für unsere Lebensbewältigung im allgemeinen, d. h. unabhängig von unseren besonderen Zwecksetzungen, benötigen. Wie ich schon kurz darstellte, ermöglicht die Unterscheidung von afinalen und finalen Imperativen bzw., wie man auch sagen kann, von Handlungen und ihren bezweckten Folgen, die begründende Rede über unsere Handlungen überhaupt, und die Einübung dieser Unterscheidung *ist* bereits das zweckrationale Begründen von Handlungen. Zweckrationales Begründen und das Unterscheiden von Handlungen und Zwekken bzw. von afinalen und finalen Imperativen sind lediglich zwei Seiten der gleichen Rationalitätsleistung.
Ebenso ergibt sich die Generalisierung der finalen Imperative mit

der Zweck-Mittel-Unterscheidung. Die Einübung dieser Unterscheidung ist ja sinnvoll dadurch, daß sie die Planung unseres Handelns ermöglicht: Wir vergegenwärtigen uns unsere Zwecke, um dann die geeigneten Handlungen für die Erreichung dieser Zwecke herauszufinden. Mit dem Planen unseres Handelns aber ist die Generalisierung unserer Zwecke als Bedingung (für dessen Sinn) verbunden. Denn nur dann, wenn wir die jetzt aufgestellten finalen Imperative auch für die künftigen Situationen, für die wir unser Handeln planen, befolgen wollen, hat eine solche Planung einen Sinn.

Im Unterschied nun zu den sinnrationalen Begründungsschritten ergibt sich die Universalisierung rationaler Imperative nicht schon mit den grundlegenden Unterscheidungen unserer Lebensbewältigung. Gleichwohl kann man auch die Universalisierung in einem kleinen Schritt begründen. Wenn man nämlich überhaupt Konfliktsituationen *durch Begründen* bewältigen will, dann allerdings ergibt sich – wie ich oben zu zeigen versuchte – das Vernunftprinzip, also die Universalisierungsforderung oder auch (wie ich ihn lese) der Kategorische Imperativ Kants, als das oberste praktische Begründungsprinzip. Die Entscheidung zur Konfliktbewältigung durch Begründen, das ist: die *Entscheidung für Rede und gegen Gewalt, für den Versuch der selbständigen Willensänderung und gegen Zwang,* diese Entscheidung wird damit zur Basis der methodischen Begründung unserer Begründungsprinzipien. Ich möchte sie daher die praktische *Basisentscheidung* nennen.

Mit der Rede von der praktischen Basisentscheidung spricht man das zentrale Thema der philosophischen Bemühungen zur Ethik an. Ich möchte diese Bemühungen in zweifacher Hinsicht aufnehmen, sowohl auf das *terminologische* als auch auf das *theoretische* Problem hin. Zunächst stellt sich nämlich die Frage, wie wir denn überhaupt diese Basisentscheidung formulieren können. Sind doch auch die oben gewählten Formulierungen – bezeichnenderweise, aus einem Mißtrauen gegen die Verständlichkeit bloß einer Formulierung heraus, sind es gleich zwei – keineswegs terminologisch geregelt. Wie sollte man auch die Formulierung dieser Entscheidung terminologisch regeln? Beispiele und Gegenbeispiele wie bei den exemplarischen Einführungen stehen jedenfalls nicht zur Verfügung. Zwar könnte jemand versucht sein, doch mit Beispielen zu arbeiten; etwa dadurch, daß er darstellt, wie eine Konfliktsituation von den Betroffenen durch Reden bewältigt worden sei, eine andere hingegen durch physische Gewaltanwendung. Da jedoch, wenn man nicht zirkulär werden will bei der Einführung der benötigten Termini, für die Darstellung dieser Beispiele bzw. Gegenbeispiele noch keine Beurteilungstermini zur Verfügung stehen – diese werden ja erst durch die Begründungsprinzipien oder frühestens nach einer Formulierung der Basisentscheidung einführbar –, können auch die entscheidenden Unterscheidungen in den Beispielen (im Unterschied zu den Gegenbeispielen: was Gewalt ist, können wir bereits am Anfang einer Begründungstheorie sagen; aber wir können noch nicht jede Art von Gewalt unterscheiden!) nicht formuliert werden. So kann die Konfliktbewältigung in dem Beispiel tatsächlich nach einer Beratung der Betroffenen gelungen sein. Aber die Reden in dieser Beratung können drohend, überredend, unverständlich oder fehlerhaft usw. gewesen sein. Damit eine Beratung als Beispiel dafür dienen kann, daß die Beratenden der praktischen Basisentscheidung gefolgt sind, benötigen wir Beurteilungstermini, die wir aus methodischen Gründen nicht als Termini zur Verfügung haben.

Sieht man nun, daß die praktische Basisentscheidung eine Leistung ist, die der handelnde Mensch zu erbringen hat, die sich nicht als eine schlichte Tatsache beschreiben läßt, sondern die darin besteht, die Tatsachen *nicht* auf sich beruhen zu lassen, dann ergibt sich doch eine Möglichkeit, diese Entscheidung in einem gewissen Sinne verständlich zu machen. Man kann nämlich die Reduktion auf die Tatsachen, das *Ausbleiben* dieser Entscheidung und das heißt die Anwendung von Gewalt bei der Lösung von Konflikten, also das Gegenbeispiel, darstellen. Ausgehend von der jeweils dargestellten Form von Gewalt kann man dann Weisen der Abwendung von Gewalt darzustellen versuchen. Dieser zweite Teil der Einführung ist nicht mehr bloß Beschreibung, sondern auch immer Vorschlag.

Ich möchte diesen Weg, die Unterscheidungen, mit denen man die praktische Basisentscheidung formulieren kann, einzuführen, eine *historische Einführung* nennen. Es ist die Einführung über den Hinweis auf die Geschichte der Gewalt zugleich mit Darstellungsversuchen ihrer historisch realisierten oder bloß vorgestellten Abwendung und Überwindung. Diese Einführung muß so fragmentarisch bleiben wie die Abwendung und Überwindung der Gewalt, wie die Vernunft in der Geschichte selbst. Ein Versuch, sie zu explizieren, besteht eben in der Konstruktion der praktischen Begründungsprinzipien. Kann man nun aber – so stellt sich jetzt das theoretische Problem – diese Basisentscheidung ihrerseits begründen? Daß eine methodische Begründung nicht möglich ist, versteht sich von selbst; denn es steht uns ja kein dieser Entscheidung methodisch vorgeordneter Grund zur Verfügung. Eben dadurch ist sie ja als die praktische Basisentscheidung definiert. Kann man aber dennoch für sie Argumente finden, die die Handelnden dazu bringen, sie ebenfalls zu treffen? Kann man sie, wie ich eine solche, vom Ergebnis – also ihrer Übernahme durch die Handelnden – her definierten Argumentationsweise nennen möchte, kann man sie pragmatisch begründen?

3. Die pragmatische Begründung praktischer Begründungsprinzipien

Die pragmatische Begründungsaufgabe der praktischen Begründungsprinzipien, das heißt der Basisentscheidung, läßt sich in die Frage fassen: Wozu moralisch sein? Vor allem im Anschluß an Kant ist diese Frage zu einem der Zentralthemen philosophischer Überlegungen geworden. Dabei haben sich insbesondere zwei Antworttraditionen gebildet: einmal die *transzendentalphilosophische* und zum anderen die *skeptisch-dezisionistische.* Die transzendentalphilosophische Position ist mit der Meinung verbunden, daß bereits derjenige, der die Basisentscheidung in ihrer Begründetheit bestreite oder auch nur anzweifle, diese Basisentscheidung bereits getroffen haben muß. Sonst könne er sie gar nicht bestreiten oder bezweifeln. Eben dies ist aber, wenn man es als ein logisch-methodisches Argument liest, falsch. Wenn nämlich jemand die Basisentscheidung für unbegründbar hält, dann braucht er sie selbst dann nicht schon getroffen zu haben, wenn er sie zeitweilig gegenüber seinem Diskussionspartner benutzen würde bzw. wenn seine Argumente sie in dieser Diskussion als sinnvoll voraussetzen würden. Er kann sie nämlich auch dann noch als eines unter vielen Mitteln benutzen, um seine Zwecke zu erreichen. Wenn er sie dann tatsächlich einmal benutzt, dann eben nicht als Basis für das Vernunftprinzip, sondern als Mittel für seine faktischen Zwecke.

Die skeptisch-dezisionistische Position hält hingegen die pragmatische Begründung der Basisentscheidung und damit der Begründungsprinzipien überhaupt für unmöglich. Sie kann nur dem einzelnen, ohne weitere Begründungsversuche, anheimgestellt werden. Damit verwirft sie zwar, wie mir scheint mit Recht, die transzendentalphilosophische Argumentationsweise, bringt sich aber gemeinsam mit dieser Gegenposition schon durch ihre Frage in eine hoffnungslose Argumentationssituation. Die entscheidende Frage ist nämlich gar nicht die, wie eine pragmatische Begründung der praktischen Basisentscheidung oder des Vernunftprinzips *möglich* ist, sondern vielmehr die, in welchem Sinne sie denn überhaupt *nötig* ist.

Das praktische Begründungsproblem entsteht in seiner Schärfe (die methodisch zur Formulierung des Vernunftprinzips führt) erst dort, wo der Hinweis auf gemeinsames Leben und Handeln keine Begründungsbasis mehr liefert und daher jeder Imperativ prinzipiell einer Begründungspflicht unterliegt. Das Allgemeinwerden einer solchen Begründungsforderung nun nimmt dem Moralphilosophen in einem gewissen Sinne die Last der Begründung für das Vernunftprinzip ab: Weil nämlich und insofern die Begründungsforderung allgemein geworden ist, darum ist es *rational*, Imperative – wenn man sie aufstellt – universell zu begründen. Weil sich die Menschen (als Aufgeforderte) zu Subjekten gemacht haben, die auf der Begründung der ihnen gegenüber erhobenen Forderungen bestehen, ist die moralische Begründung der (für sie) aufgestellten Imperative für den Auffordernden rational begründet.

Damit scheint nun Vernunft zur bloßen Verständigkeit gemacht zu werden. Dies ist aber nur mit einer Einschränkung wahr. Weil nämlich die Forderung, auch die Basisentscheidung oder das Vernunftprinzip zu begründen, genauer die Forderung ist, die Basisentscheidung bzw. das Vernunftprinzip nach bestimmten Begründungs*regeln* – die ja erst aufzustellen sind –, also *verständig* zu begründen, darum kann auch die Befolgung dieser Forderung sich nur auf die Verständigkeit berufen. *Daß* die pragmatische Begründung in dieser verständigen Weise aber geleistet werden kann, dieses zeigt lediglich die Nachträglichkeit jeder verständigen Begründungsbemühung zu der in der Geschichte versuchten Selbstverwirklichung der Vernunft, zum *Faktum der Vernunft* – wie Kant formuliert –, das wir zwar reflektieren, nicht aber konstruieren können. Jemanden zur praktischen Basisentscheidung oder zur Befolgung des Vernunftprinzips zu bringen, ist nicht Sache des – nur nachträglich klärenden – terminologischen Aufbaus oder theoretischen Argumentierens, sondern der *Aufklärung* im Kantischen Sinne, die ihm sowohl seine Interessen klärt als auch die Berücksichtigung der Interessen anderer lehrt.

4. Die materiale Anwendung der praktischen Begründungsprinzipien

Wie für jede Theorie so auch für die praktische Begründungstheorie entscheidend ist die Frage nach der Anwendbarkeit der allgemeinen Vorschläge. Wie soll man in Konfliktsituationen, die gerade durch die Unverträglichkeit der aufgestellten Maximen definiert sind, zu Normen, also zu universell befolgbaren Maximen kommen?

Die praktische Basisentscheidung kann man auch so fassen, daß sie die Entscheidung für das Subjektsein der Anderen ist, d. h. die Entscheidung dafür, die Zwecke der Anderen zunächst – vor ihrer kritischen Prüfung – ebenso zu behandeln wie die eigenen. Eben diese Gleichbehandlung der eigenen und fremden Zwecke fordert das Vernunftprinzip, das als Gründe ja nur universelle Imperative, die für jeden gleich gelten sollen, zuläßt. Diese Gleichbehandlung erfordert nun, daß man nur solche Argumente bilden kann, die die Zwecke der Betroffenen als materiale Basis haben. Mit anderen Worten: Ich kann jemanden nur dann zur Änderung seiner Zwecke bringen, wenn ich ihm zeige, daß dies in irgendeinem Sinne seinen Zwecken dient. Dies aber scheint eine widersprüchliche Aufgabenstellung zu sein.

Nicht widersprüchlich ist diese Aufgabenstellung nur dann, wenn man zwischen den verschiedenen von einem Handelnden verfolgten Zwecken bzw. befolgten Maximen eine rationale Begründungsrelation herstellen kann; nämlich eine Zweck-Mittel-Beziehung, die es erlaubt, auf bestimmte Zwecke, die zu anderen Zwecken Mittel sind, zugunsten dieser übergeordneten Zwecke zu verzichten. Ohne hier eine genauere Darstellung dieser Über- und Unterordnungsrelation zwischen Zwecken und Maximen zu versuchen und auch ohne die Verwendung dieser Relation weiter zu begründen, möchte ich die Forderung stellen, zu den miteinander unverträglichen Maximen in Konfliktsituationen die miteinander verträglichen übergeordneten Maximen zu suchen und dann zu diesen übergeordneten Maximen miteinander verträgliche untergeordnete Maximen aufzustellen, die die *allgemeine Anwendungsbedingung* des Vernunftprinzips festlegen. Man kann dies auch so formulieren: Um das Vernunftprinzip anwenden zu können, muß man die zwischen den befolgten oder aufgestellten Maximen bestehenden rationalen Begründungsrelationen feststellen und benutzen: Die Verwirklichung der Vernunft erfordert Verstand.

Diese allgemeine Anwendungsbedingung für das Vernunftprinzip liefert nun auch eine *Anwendungsbasis:* dann nämlich, wenn es gelingt, einige Maximen darum als Normen auszuzeichnen, weil sie relativ zu einem jeden Zweck rational sind (das heißt zu jedem Zweck, der nicht nur darin besteht, die Erreichung bestimmter Zwecke zu verhindern). Diese Maximen würden als *materialer Begründungsanfang* benutzbar sein, da sie in einer jeden Diskussion als Gründe angegeben werden könnten. Allerdings benötigt man dann über einen solchen Begründungsanfang hinaus noch Regeln, wie man von der Annahme solcher Maximen als Gründen, also als Normen, in endlich vielen Begründungsschritten zu einer Entscheidung über die in der jeweiligen Konfliktsituation miteinander kollidierenden Maximen kommt.

Ich kann hier – in einem ohnehin verknappenden Vortrag – nur Argumentationsandeutungen skizzieren: Als materialen Begründungsanfang kann man jedenfalls die Maximen auszeichnen, deren Befolgung eine Bedingung menschlichen Lebens und damit auch der Setzung von Zwecken ist. Es ist dabei gleichgültig, ob diese Bedingungen erst im Verlaufe einer langen historischen Entwicklung festgestellt oder entwickelt worden sind. Welches solche Bedingungen sind, richtet sich nach der Umwelt und dem Wissensstand der Handelnden, wie selbstverständlich auch nach der als menschlich anerkannten Zweck-Kultur. Zu Normen werden diese Maximen dadurch, daß nach dem Vernunftprinzip es für jedermann begründet werden kann, daß jedem die Befolgung dieser Maximen ermöglicht werden soll. Ausgehend von einem solchen durch die Bedingungen menschlichen Lebens bestimmten System von Basisnormen kann man dann eine Begründung der jeweils diskutierten Maximen nach den rationalen und moralischen Begründungsprinzipien versuchen. Durch die rationalen

Begründungsschritte wird das »Material« der Maximen – also die Zwecke (das heißt die Sachverhalte, die gemäß ihnen herbeigeführt werden sollen) – bestimmt. Durch den moralischen Begründungsschritt sollen dann diese Maximen daraufhin beurteilt werden, ob sie universalisierbar sind oder nicht. Was ich damit vorschlage, ist eine Rekonstruktion der historischen Maximen- und Normenentwicklung: und zwar eine Rekonstruktion dieser Entwicklung als Folge von rationalen Begründungsschritten, die auf ihre Moralität hin jeweils zu beurteilen sind.

Mit einer solchen rationalen Rekonstruktion der Maximen- und Normentwicklung wären die Anwendungsbedingungen des Vernunftprinzips erfüllt. Es ist jedoch zu bemerken, daß die Regeln für die Anwendung des Vernunftprinzips nicht in dem Sinne zu verstehen sind, daß nun bei jedem auftretenden Konflikt mit der Suche nach Basisnormen begonnen werden muß und dann die vollständige Rekonstruktion der Normendifferenzierung geleistet werden muß. Diese Regeln sind vielmehr nur so zu verstehen, daß mit ihnen eine *Möglichkeit* vorgeschlagen wird, auch dann noch zu argumentieren, wenn die kürzer ausgreifenden Argumentationen – etwa auf die gemeinsam als übergeordnet anerkannten Normen in einer Gruppe – nicht mehr zu einer Einigung führen. Genauer gesprochen geben diese Anwendungsregeln also nicht an, was man in jedem Fall *tun muß*, um eine Norm bzw. eine Maxime zu begründen, sondern was man *tun kann*, wenn man nicht sieht, wie man sonst eine Einigung herbeiführen kann.

In einem solchen »Begründungsnotstand« bietet dann die Methode der rationalen Rekonstruktion (und der darauf angewendeten moralischen Kritik) eine Möglichkeit an, in Anerkennung des oben bereits erwähnten Subjektseins der Betroffenen eine Einigung zu erreichen. Dieses Subjektsein wird anerkannt einmal dadurch, daß damit nicht aus dem Kopfe des Einzelnen das Wollen der Betroffenen – das in deren Maximen und Normen besteht – dekretiert wird, sondern dieses Wollen aus seiner Entwicklung heraus, als Wollen eigenständiger Subjekte eben, rekonstruiert wird. Zum anderen wird dieses Subjektsein dadurch anerkannt, daß diese Entwicklung nicht wie ein Naturverlauf zur bloß beschreibenden Kenntnis genommen, sondern als rationale Entwicklung wie eine Argumentationsfolge rekonstruiert wird. Die Anwendung der praktischen Begründung liefert damit zugleich die methodischen Grundlagen für die Geschichts- und Sozialwissenschaften, zwingt andererseits die Philosophie, sich auf ihre Anwendbarkeit hin befragen zu lassen. Die praktisch philosophische Bemühung kann daher nicht als fertiges Lehrstück unseres Wissens abgeschlossen werden. Sie bleibt sinnvollerweise *fragmentarisch.* Die Darstellung ihrer Bedeutung im Fragmentarischen bietet eine Gelegenheit, im Rückblick auf den Gang der hier vorgetragenen Überlegungen ein Resümee für die Beurteilung des Ganzen zu versuchen:

(1) Der im engeren Sinne philosophische Teil der praktischen Begründungstheorie – das heißt die methodische Konstruktion von Begründungsprinzipien und ihre pragmatische Begründung – ist in einem gewissen Sinne bloß *formal:* Weil er ein Wissen über das Wollen, Meinen und Handeln der Menschen weder erfordert noch erzeugt. Gleichwohl ist er nicht überflüssig. Durch die möglichst klare Formulierung der formalen Regeln des Begründens wird sowohl ein allzu weitschweifendes Spekulieren über Vernunft und Praxis vermeidbar als auch die klarsichtige Konzentration auf die materialen Probleme einer für die praktische Begründung erforderlichen Wissensbildung möglich.

(2) Mit einem Versuch wie dem hier vorgetragenen, praktische Begründungsprinzipien mit den Hilfsmitteln zu konstruieren, die uns Logik und formale Sprachtheorie bereitgestellt haben, verbindet sich manchmal die Meinung, es ginge hier darum, *das gute Leben oder rechte Handeln als Ergebnis des richtigen Redens zu erzwingen.* Ich hoffe, es ist mir gelungen, dieses Mißverständnis gar nicht erst aufkommen zu lassen. Den Sinn einer Verwendung auch formaler Argumentationsmittel sehe ich darin, daß dadurch die Behandlung gerade unserer materialen Probleme, also unserer Lebens- und Handlungsprobleme, klarer in Angriff genommen werden kann.

(3) Die Überlegungen zur praktischen Begründungstheorie, die ich vorgetragen habe, sollten zugleich das Verhältnis von Philosophie und Wissenschaften darstellen. Wenn der Philosoph sich um die Formulierung eines obersten Begründungsprinzips – also um die Formulierung des Kategorischen Imperativs oder des Vernunftprinzips – bemüht, dann hat er damit nicht das *Problem praktischer Begründungen* gelöst. Er hat aber die *Aufgabe,* die uns bei der Begründung unseres Handelns gestellt ist, so geklärt, daß sie als Aufgabe auch der Wissenschaften verstanden werden

kann. Die Klärung der Grundlagen unseres Wissens, das ist die Klärung der Ziele, die Bereitstellung von Grundbegriffen und die Aufstellung von Grundregeln für unsere Wissensbildung, ist eine Hauptaufgabe des Philosophen. Sie befähigt ihn, dem Wissenschaftler für dessen Arbeit brauchbare Hilfsmittel anzubieten. Sie zwingt ihn, seine Überlegungen auch auf die Probleme des Wissenschaftlers zu richten und sich an den sinnvollen Anwendungsmöglichkeiten – deren Beurteilung nicht mehr alleine in seiner Kompetenz liegt – messen zu lassen.

Die Bildung der Vernunft aus der Erfahrung

Zu den anthropologischen Grundlagen der Ethik

Es scheint ein Hauptproblem der *philosophischen Anthropologie* zu sein, eine Antwort auf die Frage zu finden, welches Problem sie denn nun eigentlich behandeln soll. Als »Lehre vom Menschen«, seiner »Natur« oder seinem »Wesen« vor allem, gerät sie schon durch ihre Definition in den Streit und die Verwicklungen, die mit den verschiedenen Überzeugungen davon verbunden sind, was für den (oder die) Menschen natürlich oder wesentlich sei. Als demgegenüber zurückhaltende Darstellung von »Menschenbildern«, wie sie in verschiedenen Gruppen oder Gesellschaften entwickelt worden sind und werden, kann sie sich zwar aus solchem Streit heraushalten, muß sich zugleich aber auch fragen lassen, was an ihr in besonderer Weise philosophisch sei und was sie also den kulturhistorischen, ethnologischen und soziologischen Untersuchungen dieser Überzeugungen hinzufügen könne oder wolle. Will sie sich schließlich sowohl aus dem Meinungsstreit über das dem Menschen Natürliche oder Wesentliche heraushalten, als auch mit einem philosophischen Anspruch auftreten, nämlich als (methodische) Bemühung um die Grundbegriffe zur Darstellung des menschlichen Lebens und Handelns – gleich wie eine solche Darstellung des näheren aussehen und zu welchen Zielen sie zu geben versucht wird –, so wird man auch einer solch salomonischen Bescheidung gegenüber die Frage erlauben müssen, ob sie denn überhaupt so bescheiden sein könne, wie sie wolle. Auch die Ausarbeitung von »Grundbegriffen« kommt ja nicht ohne die Unterstellung einiger der Überzeugungen aus, um die gestritten wird. Die bloße Aufstellung einer Liste von Begriffsbestimmungen – seien sie nun selbst erfunden oder das Ergebnis einer »Auflistung« bereits in irgendwelchen Texten verwendeter Definitionen – wird man dagegen noch nicht für hinreichend halten, eine philosophische Disziplin zu begründen.

Insbesondere liegt der Verdacht nahe, daß die philosophische

Anthropologie überhaupt keine eigene Disziplin der Philosophie sei, sondern aus verschiedenen (bereits entwickelten) Disziplinen – und im übrigen nicht nur aus der Philosophie, sondern auch aus den empirischen Humanwissenschaften – Stücke herausgegriffen habe, die alleine unter der vielfach interpretierbaren und interpretierten Frage »Was ist der Mensch?« eine Einheit bilden sollen.[1] Als eine eigene Disziplin läßt sich die philosophische Anthropologie erst dann verstehen, wenn man in ihr die Bemühung um die Bewältigung eines Problems erkennen kann, dem nicht nur nicht andere Disziplinen gewidmet sind, sondern für dessen Formulierung schon die Unterscheidungen der anderen Disziplinen – deren »Grundbegriffe« – nicht zureichen, das in diesem Sinne »kategorial verschieden« ist von den Problemstellungen dieser anderen Disziplinen. Ich möchte zeigen, daß und auf welche Weise die philosophische Anthropologie in diesem Sinne eine eigene Disziplin darstellt.

Das Problem einer philosophischen Anthropologie

Kant hat »alles Interesse« unserer Vernunft in den drei Fragen »vereinigt« gesehen: »1. Was kann ich wissen? 2. Was soll ich tun? 3. Was darf ich hoffen?«[2] und er hat diese drei Fragen wiederum in der einen zusammengefaßt: »Was ist der Mensch?«, in der Frage der Anthropologie.[3] Entgegen dieser prominenten Rolle, die Kant damit der Anthropologie zuweist, und selbst entgegen seiner eigenen Aufgabenformulierung für die »Anthropologie in pragmatischer Hinsicht«, bleibt diese Anthropologie doch in seinem kritischen Werk eine – wenn auch äußerst belebende – Randerscheinung. Wozu bedarf es noch einer eigenen Anthropologie, wenn doch die Kritik der reinen Vernunft die Grenzen unseres Wissens absteckt, die Kritik der praktischen Vernunft das Prinzip unserer Pflichten begründet und – auch dies schon eher

1 Charakteristisch in diesem Sinne die Aufsätze, die unter dem Titel einer *Philosophischen Anthropologie* in der von Hans-Georg Gadamer und Paul Vogler herausgegebenen Reihe »Neue Anthropologie«, Stuttgart 1972 ff., gesammelt sind.

2 *Kritik der reinen Vernunft*, B 833, Akademie-Ausgabe Bd. 3, S. 522.

3 Immanuel Kant's *Logik. Ein Handbuch zu Vorlesungen*, Akademie-Ausgabe Bd. 9, S. 25.

am Rande der kritischen Werke – die Religionsphilosophie »innerhalb der Grenzen der reinen Vernunft« uns eine vernünftige Deutung unseres Glaubens anbietet? Die Antwort jedenfalls, daß die Anthropologie – im Sinne der »pragmatischen Menschenkenntnis« und im Unterschied zur »physiologischen« – »auf die Erforschung dessen« geht, »was er« – nämlich der Mensch – »als frei handelndes Wesen aus sich selber macht oder machen kann und soll«[4], mischt sich ebenfalls in die schon abgesteckten Kompetenzen anderer Disziplinen: Was der Mensch aus sich in Freiheit, nämlich im freien Gebrauch seiner Vernunft, machen soll, dies sagt ihm die Ethik; was er aus sich machen kann, ist damit ebenfalls bereits gesagt – zumindest wenn man die Frage so versteht, daß er auf jeden Fall das aus sich machen kann, was er aus sich machen soll.[5] Versteht man die Frage aber im Sinne der faktisch ergriffenen Möglichkeiten und derjenigen, von denen zu erwarten steht, daß die Menschen sie ergreifen, so lehrt uns die Geschichte und die Geschichtsphilosophie[6] die Antworten. Die Anthropologie – eine von Kants liebsten Vorlesungen und jedenfalls die letzte, die er überhaupt noch gehalten hat[7] – gewinnt ihre Einheit als eine besondere Disziplin außer aus kontingent historischen Gründen (wie dem, daß sie als Nachfolgerin der »psychologia rationalis« eben ein etabliertes philosophisches Fach war, das gelesen werden sollte) auch für Kant nur aus der diffusen

4 *Anthropologie in pragmatischer Hinsicht*, Akademie-Ausgabe Bd. 7, S. 119.

5 So das Kantische Verständnis des Zusammenhangs von Sollen und Können: Man kann etwas darum, weil man sich bewußt ist, daß man es tun soll (vgl. dazu die *Kritik der praktischen Vernunft*, A 54, Akademie-Ausgabe Bd. 7, S. 30; aber auch A 64 f., Akademie-Ausgabe Bd. 7, S. 36 f., und die *Metaphysik der Sitten*, Tugendlehre, Einleitung, Akademie-Ausgabe Bd. 6, S. 380).

6 Zur Auffassung *Kants* von den Möglichkeiten, aus der Geschichte zu lernen – und zwar insbesondere über die Möglichkeiten für einen »Fortschritt zum Besseren« – vgl.: *Der Streit der Fakultäten*, Akademie-Ausgabe Bd. 7, S. 83-89.

7 Vgl. dazu die von Oswald Külpe in den Anmerkungen zur Anthropologie mitgeteilte Notiz aus dem *Neuen Teutschen Merkur*, daß Kant seine Anthropologie »noch immer zurückgehalten« habe, »weil die Studenten unter allen seinen Vorlesungen fast nur diese noch besuchten«, und daß Kant jetzt »gar keine Kollegia« mehr lese. (Akademie-Ausgabe Bd. 7, S. 354).

Einsicht, daß alle philosophischen Fragen auf den Menschen »bezogen«[8] sind und man sich daher noch einmal ausführlich – ausführlicher als in den besonderen Untersuchungen zur Ethik, Erkenntnistheorie, Geschichts- und Religionsphilosophie – mit den Eigenschaften dieses Menschen bzw. der Menschen beschäftigen müsse.

Durch die Arbeiten vor allem von Max Scheler, Helmuth Plessner und Arnold Gehlen hat die philosophische Anthropologie zwar einen Platz im Fächerkatalog der Philosophie errungen, der sich nicht der Nachfolge eines ehemals etablierten und nun modernisierten Faches verdankt, sondern jeweils eigenständigen systematischen Bemühungen. Gleichwohl fällt es schwer, die begrifflichen und methodischen Konturen dieser Bemühungen so deutlich hervortreten zu lassen, daß sich eine klar erkennbare Gestalt zeigt, durch die die philosophische Anthropologie sich identifizieren ließe. Sowohl die Autoren dieser Entwicklung einer philosophischen Anthropologie als auch deren (zumeist kritische) Kommentatoren[9] haben keine solche Gestalt erkennbar werden lassen. Die Schelersche Gegenüberstellung des machtvollen Lebensdranges und des machtlosen, aber leitungsfähigen Geistes, die Plessnersche Suche nach einer elementaren Kategorie zur Darstellung des eigentümlich menschlichen Handelns und Lebens (die er in der »exzentrischen Positionalität« sehen zu können glaubt) und zum Verständnis der besonderen »geisteswissenschaftlichen Erfahrungen«, die Gehlensche Konzeption des Menschen als eines die Bedingungen seiner (gattungsmäßigen) Existenz handelnd sich selbst schaffenden »Mängelwesens« – alle diese Kernpunkte anthropologischer Konzeptionen dienen zwar dem Ziel, die Besonderheiten menschlichen Lebens und Handelns herauszufinden, lassen aber – zumindest auf den ersten Blick, das heißt ohne zusätzliche Interpretationen dieser Ansätze über die Selbstdarstellungen der Autoren hinaus – kein disziplin-

8 So die Formulierung der *Logik*, siehe Anm. 3.

9 Ich denke hier vor allem an die beiden Darstellungen von Jürgen Habermas (sein »Anthropologie«-Artikel in der ersten Auflage des *Fischer-Lexikons*, Bd. Philosophie, Frankfurt/M. 1958) und von Odo Marquard (in seinem Aufsatz »Zur Geschichte des philosophischen Begriffs Anthropologie« seit dem Ende des 18. Jahrhunderts, in: *Collegium Philosophicum. Studien Joachim Ritter zum 60. Geburtstag*, Basel–Stuttgart 1965, S. 209-239).

konstituierendes Problem, keine daran anschließende anthropologische Begrifflichkeit oder Methodologie erkennen. Es handelt sich meinem Verständnis nach einfach um verschiedene und zum Teil tatsächlich neue Positionen zu traditionellen Fragen. Auch Kant liefert ja »Definitionen« des Menschen, insbesondere durch dessen Vermögen der Vernunft und Sinnlichkeit, und er nutzt diese »Definitionen« auch zum Aufbau seiner Philosophie – vornehmlich seiner Erkenntnistheorie und Ethik –, aber diese »Definitionen« konstituieren noch keine eigene Disziplin – und werden in der Kantischen Anthropologie selbst im übrigen vorausgesetzt.

Statt von einer eigenen Disziplin der philosophischen Anthropologie zu reden, würde man daher besser von anthropologischen Teilen der philosophischen Disziplinen reden, in denen einige Prämissen für den Aufbau dieser Disziplinen – und zwar ohne daß daraus ein eigenes Arbeitsprogramm sich ergeben würde – ausformuliert werden. Daß man diese Prämissen auch für verschiedene Disziplinen einer besonderen Untersuchung – die damit die Aufgabe hätte, alle die Besonderheiten menschlichen Lebens und Handelns gleichsam ein für allemal herauszufinden – zuordnet, hätte dann lediglich arbeitsökonomische, nicht aber darum auch schon systematische Gründe für sich. Wenn sich dabei eine Tendenz ergibt, die bisherigen Prämissen (das heißt die »Definitionen« des Menschen) in einer bestimmten Richtung zu verändern – in unserem Falle in der Richtung einer stärkeren Berücksichtigung seiner historischen, sozialen und biologischen Situiertheit, dann mag man den Titel der philosophischen Anthropologie auch noch zum Wahrzeichen einer philosophischen Richtung wählen –, liefert damit natürlich aber erst recht keinen systematisch einsehbaren Grund für die Einrichtung einer neuen Disziplin.

Meine These ist nun, daß sich die philosophische Anthropologie im Sinne einer eigenständigen Disziplin einer bestimmten – und zwar grundlegenden – philosophischen Einsicht und einem dadurch begründeten philosophischen Interesse verdankt. Die Einsicht besteht in der Anerkennung bestimmter Aporien, die sich bei dem Versuch ergeben, die philosophischen Grundfragen – hier in der Formulierung Kants verstanden – zu beantworten. Das Interesse läßt sich in dem Willen sehen, diese Aporien nicht auf sich beruhen zu lassen, sondern vielmehr durch eine Änderung des gesamten Rahmens, in dem diese zu den Aporien führenden Fragen überhaupt verstanden und zu beantworten versucht werden können, aufzulösen.

In einem *ersten Schritt* möchte ich im allgemeinen die Entstehung der Aporien darstellen, die sich für den Versuch ergeben, die Kantischen Grundfragen zu beantworten. Zunächst einmal ist festzustellen, daß alle drei Fragen so, wie Kant sie formuliert, in einer charakteristischen Weise doppeldeutig sind. So geht es ja nicht darum herauszufinden, was ich zu dieser bestimmten Frage wissen kann, was ich *hier und jetzt* tun soll oder was ich von einer jetzt sich abzeichnenden Entwicklung hoffen darf, sondern es geht – wie Philosophen gerne sagen – darum, was ich *überhaupt* wissen kann, tun soll oder hoffen darf. Dieser zweite – und »philosophische« – Sinn der Kantischen Fragen läßt sich durch eine umständlichere Weise der Formulierung verdeutlichen: Erfüllt das, was wir an (einem bestimmten) *Wissen* zu besitzen glauben, unsere Vorstellung davon, was Wissen sein sollte? Kommt den *Geboten*, die wir uns selbst und anderen auferlegen, kommt also dem »Sollen« die Verbindlichkeit zu, die diese Gebote nach unserer Überzeugung überhaupt zu Geboten machen? Erweist sich die *Hoffnung*, die wir auch in Ansehung unserer kritischen Vernunft – und sogar unter Berufung auf sie – noch schöpfen können, das heißt die Hoffnung auf die Wirksamkeit dieser Vernunft selbst, tatsächlich als der tragfähige Grund unseres Lebens und Handelns, der sie für uns zu sein beansprucht? Und noch einmal in eine Frage gebracht: Kommt unseren theoretischen und praktischen Überzeugungen, auch wenn wir sie durch den sorgfältigen Gebrauch unserer kritischen Vernunft gewonnen haben, zu Recht (nämlich als theoretisch zweifelsfreien und verläßlichen und praktischen verbindliche Orientierungen) und tatsächlich (nämlich als uns theoretisch und praktisch motivierenden und in diesem Sinne für uns tragfähigen Gründe) jene Überzeugungskraft zu, durch die sie unser Leben und Handeln orientieren?

Mit dieser Formulierung soll deutlich werden, daß der »philosophische« Sinn der Kantischen Fragen bereits einen gewissen »Widerspruch« erzeugt zu dem Sinn, den diese Fragen in ihrer alltäglichen Verwendung haben, daß damit schon der Fragesinn die Entwicklung der Aporien vorzeichnet, in die die »philosophischen« Fragen führen. Denn mit den *alltäglich gestellten Fragen nach zweifelsfreiem und verläßlichem Wissen, nach verbindlichen Geboten und nach tragfähigen Hoffnungen bzw. Erwartungen* wollen wir ja Orientierungen für unser Leben und Handeln gewinnen, die uns nicht weiter zu fragen zwingen, sondern uns erlauben, ihnen gemäß zu handeln und uns ihnen gemäß zu verhalten. Wir wollen mit den Antworten auf diese Fragen jeweils unser Fragen – soweit es den umgrenzten Bereich unserer Fragen betrifft – beenden und unser Handeln und Verhalten beginnen können. Und tatsächlich gewinnen die Antworten ihre besondere Orientierungskraft (die weiteres Fragen überflüssig erscheinen läßt) auch dadurch, daß ihnen unser Handeln und Verhalten (unser Leben) folgt. Denn wenn wir uns diesen Antworten entsprechend verhalten und ihnen entsprechend handeln, dann können sie sich auch in unserem Handeln und Verhalten »bewähren«: Dadurch nämlich, daß unser Handeln und Verhalten sich jeweils als Bestätigung der in den Antworten formulierten theoretischen und praktischen Überzeugungen verstehen läßt, werden die in diesen Antworten gegebenen Orientierungen gleichsam »wirklich«, weil sie die Orientierungen unseres wirklichen Handelns und Lebens geworden sind. Zugleich damit verleihen sie diesem Handeln und Leben eine uns verständliche Identität, weil wir es nun als ein Handeln und Verhalten dadurch darstellen können, daß es unseren Orientierungen folgt.

Zu »wirklichen« Orientierungen unseres Lebens und Handelns werden die Antworten auf unsere alltäglich gestellten Wissens- und Sollensfragen – bzw., wie ich insgesamt auch kurz sagen möchte, auf unsere Orientierungsfragen – nicht nur durch ihre sorgfältige – der kritischen Vernunft folgenden – *Erarbeitung*, und auch nicht nur durch methodisch geleitete und also genaue *Überprüfung* (das heißt ihre Prüfung an methodisch gewonnenen Beobachtungen oder logisch rekonstruierten Argumentationen), sondern auch durch ihre *Unterstellung* als überzeugungskräftige und damit sicher unser Handeln und Verhalten leitende Antworten. Das soll nicht heißen, daß es auf die sorgfältige Erarbeitung und genaue Überprüfung nicht ankäme: beides sollen ja gerade diese Fragen – und damit gewinnen sie ihren kritischen Sinn für die alltäglichen Rede- und Handlungszusammenhänge – erzwingen. Worauf ich hier hinweisen will, ist der besondere »Sicherheitsgewinn«, der durch die Tatsache geschaffen wird, daß die auf unsere alltäglich – und durchaus in kritischem Sinn! – gestellten

Orientierungsfragen gegebenen Antworten sich überhaupt in unserem Handeln und Verhalten bewähren können. Erst dadurch, daß wir unser Handeln und Verhalten an ihnen ausrichten, sie in diesem Sinne »in die Wirklichkeit umsetzen«, *verleihen* wir ihnen den Rang »wirklicher« Orientierungen, die uns tatsächlich sicher leiten.

In der *»philosopischen« Wendung der Orientierungsfragen* wird hingegen gerade diese Sicherheit aufzulösen versucht. Und diese philosophische Auflösung unserer alltäglich gewonnenen und bewährten Sicherheit verdankt sich ebenfalls nicht nur den ausdrücklich formulierten Antworten, den einzelnen Zweifeln und Gründen, die in der die Fragen beantwortenden philosophischen Reflexion ausgearbeitet werden, sondern auch schon der bloßen Tatsache, daß unseren Orientierungsfragen überhaupt dieser »philosophische« Sinn beigelegt wird.

Der Grund für diese mit der »philosophischen« Fragestellung als solcher verbundenen Auflösungstendenz liegt darin, daß der »philosophisch« gewendeten Orientierungsfrage – wie auch den sie aufnehmenden Antworten – kein Handeln oder Verhalten, keine Praxis, zugeordnet werden kann, worin die entsprechenden Antworten als überzeugungskräftig unterstellt und damit bewährt werden könnten. Denn indem nach der Begründung eben jener Gewißheit, Verbindlichkeit oder Tragfähigkeit unserer Orientierungen gefragt wird, die durch eine in dem alltäglichen Handeln und Verhalten vollzogene Unterstellung entstehen und erhalten bleiben, wird diese Unterstellung aufgehoben und ihrem weiteren Vollzug entzogen. Mit der Befragung der praktisch gesicherten Unterstellung auf deren Grund hin wird so die Unterstellung rückgängig gemacht und zugleich jede neue Unterstellung, eben weil sie bloß Unterstellung bliebe und sich nur praktisch – nicht aber auch durch eine ausdrücklich formulierte und begründete Antwort – sichern könnte, ausgeschlossen.

Philosophie in diesem Sinne zwingt damit nicht nur zur Auflösung unserer alltäglichen Sicherheit, mit der wir uns an unseren (sorgfältig erarbeiteten und sogar genau überprüften!) Orientierungen in unserem Handeln und Verhalten ausrichten, sie verwehrt darüber hinaus auch die Begründung eines Handelns und Verhaltens, das die durch sie erzeugte Unsicherheit wieder beseitigen könnte. Denn wenn die Berechtigung der Überzeugungskraft unserer Überzeugungen, der Sicherheit, mit der wir uns durch sie orientieren, selbst in Frage steht und begründet werden soll, dann können wir ja auch unser Handeln und Verhalten nicht eher als an den entsprechenden »philosophischen« Antworten orientiert ansehen, als diese Fragen tatsächlich beantwortet sind. Da es aber – wie sich aus dem Sinn der »philosophischen« Fragestellung ergibt – eine »philosophische« Antwort, die unsere Zweifel an der Überzeugungskraft unserer Überzeugungen beseitigt, nicht geben kann, kann sich auch keine Praxis auf solche »philosophischen« Ergebnisse berufen.

Dazu zwei Zwischenbemerkungen: (1) »Philosophische« Antworten kann es nicht geben, weil mit der sie einfordernden Orientierungsfrage eben die Instanz ausgeklammert wird, die uns unsere Antworten überzeugend werden läßt, nämlich die unseren Antworten folgende Praxis. Die eigentümliche Überzeugungskraft unserer theoretischen und praktischen Überzeugungen – die wir dadurch charakterisieren, daß wir von einem »Wissen«, von »Geboten« (oder wie Kant von einem »kategorischen Imperativ«), von »vernünftigen« Hoffnungen reden –, entsteht erst dadurch, daß wir über die Fragen und Antworten, mit denen wir diese Überzeugungen gewinnen, hinaus auch handeln und uns verhalten, und zwar diesen Überzeugungen entsprechend. Die unseren Überzeugungen folgende Praxis macht diese Überzeugungen zu verläßlichen, verbindlichen und uns tatsächlich leitenden Orientierungen. Die »philosophische« Frage überläßt nun nicht mehr dieser Praxis die Erzeugung der Überzeugungskraft, sondern will sie einer eigenen Überlegung übertragen, nämlich dem »philosophischen« Denken, das heißt dem Versuch, die philosophische Orientierungsfrage zu beantworten. Solange sich dieses Denken aber nicht seine eigene Verabschiedung erlaubt, also die Beendigung der Orientierungsfragen durch die nun orientierte Praxis, solange also die philosophische Frage überhaupt aufrechterhalten wird, solange kann eben auch keine Überzeugungskraft für unsere grundlegenden Orientierungen entstehen, also auch keine überzeugende Antwort auf die »philosophische« Frage gegeben werden.

(2) Die zweite Zwischenbemerkung soll der Vermeidung eines naheliegenden Mißverständnisses dienen. Wenn ich erst in der Praxis den Grund für die Überzeugungskraft unserer Überzeugungen sehe, so möchte ich damit nicht sagen, daß die Erarbeitung und Überprüfung unserer Überzeugungen – also deren »theoretische« Ausbildung – für die Entwicklung dieser Überzeugungskraft gleichgültig seien. Vielmehr werden sich ja nur diese Überzeugungen für uns als »wirkliche« Orientierungen bewähren, die wir auch als richtig und wahr beurteilen, das heißt deren Erarbeitung und Überprüfung unseren Kriterien eines sorgfältig und methodisch geordneten Vorgehens entsprechen. Entscheidend für die hier vorgetragenen Überlegungen ist es aber, daß auch die sorgfältigste Erarbeitung und

genaueste Überprüfung für sich alleine noch keine Überzeugungskraft im Sinne der uns »wirklich« leitenden Orientierungen erzeugen. Denn die Sorgfalt der Erarbeitung und die Genauigkeit der Überprüfung läßt sich ja eben verstehen als der Versuch, diese Überzeugungskraft so weit wie möglich bereits vorwegzunehmen und unser Handeln und Verhalten dadurch bereits im vorhinein vernünftig zu leiten. Keinesfalls aber darf diese *gedankliche Vorwegnahme* der Überzeugungskraft mit dieser Überzeugungskraft *selbst* verwechselt werden. In einem Bilde gesprochen: Die Erarbeitung und Überprüfung unserer Überzeugungen lassen sich wie die verschiedenen Phasen einer Gerichtsverhandlung sehen. Die Sorgfalt und Genauigkeit bei der Informationserhebung und -deutung, bei der Abwägung verschiedener Einschätzungen des jeweiligen Sachverhaltes, bei der Zumessung von Schuld usw. liefern eine bessere oder schlechtere Grundlage für eine gerechte Urteilsfindung. Die Urteilsfindung selbst aber – also auch die Entscheidung darüber, um welchen Sachverhalt es sich denn gehandelt hat – bedarf einer eigenen Handlung, die dann (nämlich über die sorgfältige Erarbeitung und genaue Überprüfung aller Gründe für die Urteilsfindung) nur noch die verantwortete Bemühung des oder der Urteilenden um ein gerechtes Urteil zu ihrem Maßstab hat. Ebenso wie ein als gerecht beurteiltes Urteil auf die Sorgfalt seiner Erarbeitung und die Genauigkeit seiner Überprüfung angewiesen bleibt, bleibt auch die Überzeugungskraft nur den Überzeugungen erhalten, die ebenso sorgfältig und genau ausgebildet worden sind. Die Betonung der Praxis als des Grundes für die Überzeugungskraft unserer Überzeugungen ist daher auch nicht mit einer existentialistischen Position zu verwechseln, gemäß derer in der Verwirklichung einer Überzeugung als solcher bereits die einzige – und legitime – Basis für die Überzeugungskraft unserer Überzeugungen gesehen wird.

Nach diesen beiden Zwischenbemerkungen möchte ich als Resümee des ersten Schrittes festhalten, daß die *Frage nach der Überzeugungskraft unserer theoretischen und praktischen Überzeugungen auf der einen Seite die kritische Vernunftphilosophie im Sinne des (von Kant auf den Begriff gebrachten) Antwortversuchs auf die drei »philosophischen« Grundfragen konstituiert, diese Philosophie zugleich aber auch in einen unauflösbaren Widerspruch mit sich selbst bringt – nämlich eine Antwort dort suchen zu müssen, wo es sie nicht geben kann: in der philosophischen Reflexion. Die alltägliche Praxis liefert demgegenüber zwar »wirklich« orientierende Überzeugungen, aber ihre Sprachlosigkeit gegenüber den philosophischen Fragen macht sie zur Antwort untauglich.* Sie könnte diese Fragen nur ignorieren und weiterlaufen. Die Eliminierung der alltäglichen Praxis zwingt auf der anderen Seite diese philosophische Reflexion entweder dazu, skeptisch ihre Ansprüche aufzugeben und in der Bestätigung des alltäglichen Faktischen zu resignieren oder ihre Ergebnisse dogmatisch zu dekretieren.

In einem *zweiten Schritt* möchte ich dieses allgemeine philosophische Dilemma dadurch verdeutlichen, daß ich es für eine der drei Kantischen Grundfragen näher zu erläutern versuche. Ich wähle dazu die zweite Grundfrage »*Was soll ich tun?*«, weil sie ohnehin die Frage unter den dreien ist, die die Orientierungssuche für unser Handeln und Leben am deutlichsten artikuliert und die zudem die Einrichtung einer neuen Disziplin wie der philosophischen Anthropologie überflüssig machen würde, wenn sie selbst – nämlich in der Ethik – beantwortet werden könnte. Gerade die Unbeantwortbarkeit der ethischen Frage »Was soll ich tun?« – im Sinne der Frage nach Möglichkeiten zur Begründung von Handlungsorientierungen – würde daher den Sinn einer philosophischen Anthropologie besonders deutlich werden lassen.

Die Ethik im Verständnis der Vernunftphilosophie sucht nach Möglichkeiten zur Kritik und Begründung unserer Moral, das heißt der individuellen Gewohnheiten oder allgemeinen Weisen unseres Handelns, insbesondere derjenigen, die sich auf ausdrückliche Vorschriften (in einer bestimmten Gruppe oder Gesellschaft) berufen können. Ohne hier die verschiedenen Wege zu diskutieren, auf denen solche Möglichkeiten in der Geschichte tatsächlich gesucht worden sind oder nach eigenem Verständnis gesucht werden sollten, ergibt sich für alle Versuche, überhaupt unter Berufung alleine auf die – jedermann zugängliche – Vernunft, solche Möglichkeiten zu finden, also insbesondere Prinzipien der moralischen Kritik und Begründung aufzustellen, ein besonderes Problem, das ich das *»moralphilosophische«* (bzw. ethische) *Dilemma* nennen möchte.

Dieses Dilemma läßt sich schematisch verdeutlichen, wenn man die Ziele und Mittel einer ethischen Argumentation betrachtet, die sich alleine durch ihre Vernünftigkeit ausweisen will, und wenn man zugleich die Idee zu klären versucht, durch die Moralität – das heißt das, was das moralische Gute oder Gebotene zu definieren vermag – zur Leitvorstellung nicht nur unseres Lebens und Handelns, sondern vor allem auch unseres ethischen Argumentierens selbst werden soll. Das Ziel einer ethischen Argumentation besteht darin, handlungsleitende Vorstellungen – seien sie durch zu erreichende Zustände oder durch auszuführende Handlungen, seien sie allgemein-schematisch oder konkret-exemplarisch beschrieben – so zu begründen, daß jedermann sie als für sein eigenes Handeln verbindlich einsehen kann. Die Mittel, die für eine solche Argumentation zur Verfügung stehen, müssen solche sein, die ebenfalls für jedermann zugänglich sind – da es zur Definition der Vernunft gehört, daß sie das Vermögen eines jeden ist.

Wie man im einzelnen auch die Begründungsmöglichkeiten in einer ethischen Argumentation bestimmen wird, so ist jedenfalls die Angabe dessen, was gewollt wird, erforderlich, um irgendein *»Sollen«*, also eine verbindliche Vorschrift für unser Handeln und Leben, begründen zu können. Ohne eine Kenntnis dessen, was gewollt wird, können wir auch nicht – für jedermann einsichtig! – begründen, was gewollt werden soll. Denn um eine handlungsleitende Vorstellung als eine zu wollende (das heißt als eine, deren Verwirklichung im Handeln gewollt werden soll) jemandem einsichtig machen zu können, muß ich mich auf das *Wollen* berufen, das ihm bereits einsichtig ist: nämlich sein eigenes Wollen. Dieses sein Wollen ist das Ergebnis seiner Handlungen und Erfahrungen, seiner Überlegungen und Entschlüsse – der von ihm verantworteten geistigen Bewältigung seines bisherigen Lebens (sowohl der Umstände als auch der Gestaltungsversuche dieses Lebens) –, so daß es gleichsam als das praktisch gewendete Resümee seiner Einsichten verstanden werden kann. Mit dem, was jemand will, sind so bereits die Möglichkeiten eröffnet und eingegrenzt für das, was er wollen kann, also auch dafür, was ihm als das, was er wollen soll, einsichtig gemacht werden kann. Damit ergibt sich nun als eine grundlegende Schwierigkeit für jede ethische Argumentation, zur Berufung auf etwas – nämlich auf das, was gewollt wird – gezwungen zu sein, das seinerseits nicht nur nicht eindeutig feststellbar, sondern auch dort, wo es überhaupt feststellbar ist, offensichtlich widersprüchlich ist (widersprüchlich in dem Sinne, daß miteinander unverträgliche Ziele verfolgt und Handlungen erstrebt werden).

Weil mit der Unverträglichkeit dessen, was gewollt wird, auch die Einsichten in das, was gewollt werden sollte, widersprüchlich sind, muß es sich eine ethische Argumentation, will sie ihr Ziel erreichen, zur Aufgabe machen, die *Unverträglichkeit des Wollens* – auf einsichtige Weise! – *aufzuheben.* Damit besteht die

Frage, wer seinen Willen wie und warum verändern soll, damit ein gemeinsames Handeln möglich wird.

Nur am Rande sei hier vermerkt, daß es nicht darum gehen muß, daß alle am Ende und wenigstens in ihren obersten Zielen das gleiche wollen sollen. Auch verschiedene Willen – also das Wollen verschiedener Ziele oder Handlungsweisen, verschiedene Präferenzen usw. – können durchaus miteinander verträglich sein. Verträglich nenne ich verschiedene handlungsleitende Vorstellungen bereits dann, wenn ihre Verwirklichung sich nicht verhindert. Man kann natürlich die stärkere Forderung vertreten, daß eine ethische Argumentation auch die verschiedenen Willen selbst in eine Gesamtordnung bringen soll, so daß sich jede handlungsleitende Vorstellung mindestens einer anderen durch eine argumentative Beziehung wie der zwischen Grund und Folge, Teil und Ganzem, Zweck und Mittel usw. zuordnen läßt. Eine solche Frage führt aber bereits in die Diskussion der Ethik selbst hinein und ist für die hier vorgetragene Überlegung unnötig. Ich begnüge mich daher mit der schwächeren Formulierung, nach der überhaupt ein gemeinsames Handeln gefordert wird, unabhängig davon, ob diesem Handeln auch ein gemeinsames Wollen zugrunde liegt oder nicht.

Solange nun die Personen, um deren Wollen und Handeln es geht, die »Betroffenen«, miteinander über ihre Schwierigkeiten reden können, könnte man versucht sein zu sagen, daß sie sich eben selber einigen müßten, daß jedenfalls die Entwicklung einer eigenen Argumentationsform in einer eigens dazu aufgebauten philosophischen Disziplin nicht nötig sei. Abgesehen von der Problematik einer solchen Antwort, ist diese Situation, in der die Betroffenen miteinander reden können, in vielen, und zwar gerade den entscheidenden Fragen (soweit sie jedenfalls unsere politischen, rechtlichen, sozialen, ökonomischen, sogar physischen Existenzbedingungen betreffen) nicht einmal gegeben. Wir sind daher gezwungen, auch dort nach einsichtigen Willensänderungen zu suchen, wo man mit den Betroffenen nicht unmittelbar reden kann.
Damit ist das Problem deutlich: *In einer ethischen Argumentation ist man gezwungen, Willensänderungen zu begründen, ohne die Möglichkeit zu haben, für diese Willensänderung auch die Zustimmung der Betroffenen anzuführen.* Man kann zwar – sorgfältig und genau – begründen, warum man diese Zustimmung erwarten dürfe. Aber diese begründete Erwartung einer Zustimmung ersetzt nicht die Zustimmung selbst. Man bleibt in der Lage

desjenigen, der für andere abwägen und entscheiden muß, ob sie etwas wollen, wollen können oder wollen sollten.

Zum Dilemma wird dieses Problem dadurch, daß an die ethische Argumentation ein bestimmter Anspruch erhoben ist, nämlich der, von jemandem nur das zu fordern, was er auch einsehen kann. Dieser Anspruch läßt sich als die Verwirklichung der Idee der Moralität für die ethische Argumentation verstehen. Auch hier wieder ohne weitere Diskussion unterstelle ich, daß diese Idee in der Anerkennung eines jeden anderen als einer Person besteht, die – wie ich selbst auch – zur vernünftigen Bildung ihrer praktischen und theoretischen Einsichten, insbesondere ihres Willens, fähig ist. Pragmatisch verstehe ich diese *Anerkennung der Vernunftfähigkeit eines jeden anderen* so, daß seine Zustimmung, insbesondere aber seine Ablehnung gegenüber einem Vorschlag – hier: zur Willensänderung – auch dann ein mit diesem Vorschlag gleichgewichtiges Argument ist, wenn mein Vorschlag mit größtmöglicher Sorgfalt und Genauigkeit erarbeitet und überprüft ist, und zwar unabhängig davon, ob die Äußerung des anderen nur schlicht vorgetragen ist oder ebenfalls meinen Vorstellungen von Sorgfalt und Genauigkeit folgt.

Da die Zustimmung durch eine ethische Argumentation nicht wirklich erreicht wird, sondern immer nur – unter Berufung auf einsehbare Vorschläge zur Willensänderung – zu begründen versucht werden kann, daß etwas zustimmungs*fähig* ist, kann mit einer solchen Argumentation auch keine Verbindlichkeit erzeugt werden. Alle Versuche, trotzdem das Ergebnis einer ethischen Argumentation für verbindlich zu erklären – also auch der Versuch Kants, kategorische Imperative aufzustellen –, müßten die gedachte Zustimmung aller für die allgemeine Zustimmung nehmen und würden damit die *wirkliche* Anerkennung eines jeden anderen als einer vernunftfähigen Person durch die bloß *gedachte* Anerkennung ersetzen. Die Anerkennung von Personen gibt es aber nur als wirkliche. Ich kann mir diese Anerkennung zwar insofern »denken«, als ich sie mir vornehme, ich kann sie aber nicht gegenüber gedachten Personen – nämlich gegenüber Personen, deren Zustimmung zu meinen Vorschlägen ich gemäß meinen Vorstellungen (von ihrem Willen) denkend vorwegnehme – als geleistet ansehen. Sicher kann auch bereits die Anerkennung gedachter Ansprüche, die von meinen eigenen abweichen oder ihnen sogar widersprechen, von mir eine Überwindung meiner tatsächlichen Überzeugungen fordern, eine – wie ich im Anschluß an Paul Lorenzen sagen will – *»Transzendierung meiner Subjektivität«*. Der *Idee der Moralität* entspricht eine solche »Transzendierung« aber erst, wenn sie sich nicht nur in den Grenzen des von mir (jetzt) Einsehbaren verschließt und den anderen auch dann noch anerkennt, wenn sein Wollen mir nicht einsichtig ist.

Auf eine Formel gebracht läßt sich das *»moralphilosophische Dilemma«* nun so darstellen: Jeder Versuch, durch ethisches Argumentieren – und das heißt, durch für jedermann einsehbare Begründungsschritte zu Willensänderungen – zur Auszeichnung allgemein verbindlicher handlungsleitender Vorstellungen oder Vorschriften zu kommen, erreicht entweder nicht sein Ziel – diese allgemeine Verbindlichkeit – oder verstößt gegen jede Idee der Moralität – die wirkliche Anerkennung eines jeden anderen als einer vernunftfähigen Person. Soll das Ziel erreicht werden, so müssen auf irgendeine Weise die eigenen Vorstellungen von dem, was für alle einsichtig gewollt werden kann und soll, zu den Vorstellungen aller von dem, was gewollt werden soll, erklärt und damit letztlich die eigenen Überzeugungen zum obersten Maßstab des Guten oder Gebotenen erhoben werden – was ersichtlich gegen die Idee der Moralität verstößt. Soll hingegen die Idee der Moralität verwirklicht werden, so scheint kein Weg mehr zu einer Begründung von verbindlichen handlungsleitenden Vorstellungen zu führen – wenn nicht alle Betroffenen sich ohnehin schon selbst geeinigt haben.

Man kann nun auf mehrfache Weise versuchen, diesem Dilemma zu entgehen. Das einfachste scheint zu sein, das Ziel der ethischen Argumentation zurückzustecken oder die Idee der Moralität nicht mehr für die Begründung von Verbindlichkeit zu beanspruchen. So könnte man die ethische Argumentation darauf beschränken, lediglich die eigene Gesinnung zu befestigen – ohne daß daraus eine auf irgendeine Weise auch für andere verbindliche Forderung folgen würde. Gleichsam komplementär dazu könnte man für die Forderungen, die sich an andere – vor allem auch an die anderen, die im unmittelbaren Gespräch nicht erreichbar sind – richten, den Anspruch auf Vernunft und damit auf Moralität aufgeben und die Legitimation solcher Forderungen etwa institutionalisierten Mechanismen der Entscheidung und Willensfestlegung überlassen. Keinem der beiden Wege will ich hier folgen – nicht, weil ich sie nicht für gangbar halte, sondern weil ich in ihnen »zu frühe« Abzweigungen von dem ursprünglich eingeschlagenen Weg, nämlich dem Weg einer vernünftigen Begründung von Antworten auf die »philosophischen« Grundfragen, sehe. Auch wenn ich selbst zugeben möchte, daß eine »direkte«, nämlich sich auf die Möglichkeiten der argumentierenden Vernunft alleine berufende, Antwort auf die angeführten Grundfragen nicht möglich ist, möchte ich diese Fragen doch zu beantworten versuchen, und zwar sogar in der Richtung, in der sie die Vernunftphilosophie zu beantworten versucht hat: nämlich durch einsichtige Gründe. Was ich allerdings verändern möchte, ist die Deutung dessen, was »einsichtig« – oder auch »vernünftig« und »begründet« – heißt. Damit nehme ich den *dritten Schritt der Überlegungen* auf, in denen das *Problem der philosophischen Anthropologie* entwickelt werden soll.

Das »moralphilosophische Dilemma« entsteht dadurch, daß Willensänderungen durch Argumentationen »einsichtig« – oder auch »vernünftig« und »begründet« – herbeizuführen versucht werden, die die Einsichtigkeit für die anderen in der jeweiligen Vorstellung des Argumentierenden vorwegnehmen müssen. Überzeugungskraft gewinnen Überzeugungen – bzw. Einsichtigkeit (für denjenigen, der sie übernehmen soll) erreichen Argumentationen – aber erst dadurch, daß sie sich im Handeln und Verhalten, in der *Praxis,* bewähren. Wollte man dem aufgezeigten Dilemma entgehen, so müßte man Argumentationen anbieten, die nicht zur gedanklichen Vorwegnahme von Zustimmung zwingen, sondern die sich bereits auf solche praktischen Bewährungen von Überzeugungen stützen können. Diese Forderung scheint aber das Dilemma nicht aufzulösen, sondern nur in eine andere Form zu bringen. Denn wie soll man auf eine bereits bestehende Praxis hinweisen können, wenn es gerade darum geht, unsere Praxis – mit unserem sie leitenden Willen – zu ändern? Wie kann man – um die traditionelle philosophische Unterscheidung aufzunehmen – ein *Sollen durch das Sein begründen*? Tatsächlich liefert diese Frage den Ansatzpunkt für jene Änderung des Fragerahmens, mit der die *Disjunktion von Sein und Sollen, von (faktischer) Praxis und (normativer) Argumentation* nicht länger selbstverständlich bleibt und aufgrund derer somit die »kategorial verschiedene« Problemstellung einer philosophischen Anthropologie entwickelt werden kann.

Anschließen möchte ich diese Entwicklung an eine kurze Reflexion auf das *alltägliche Reden über unser Handeln und Verhalten.* Wenn wir sagen, daß wir – in einer bestimmten Situation – so oder so gehandelt bzw. uns so oder so verhalten haben, geraten wir normalerweise nicht in Schwierigkeiten darüber, ob diese unsere Mitteilungen als zutreffend angesehen werden können oder nicht. Daß gleichwohl diese alltäglichen Beschreibungen problematisch sein können, bemerken wir aber jedenfalls dann, wenn jemand deren Angemessenheit anzweifelt. »Hast Du wirklich nur höflich gefragt, oder war das nicht schon eine Provokation?« Wir brauchen uns um Beispiele nicht zu bemühen, sie gehören ebenso wie unsere Beschreibungen selbst zum Alltag. An solchen Fragen läßt sich deutlich machen, daß die Beschreibungen unseres alltäglichen Handelns und Verhaltens auch dann, wenn sie ohne eigens dazu angestellte Überlegungen zustande gekommen sind, gleichwohl Deutungen enthalten, die umstritten sein können. Diese Deutungen bestehen insbesondere in Einschätzungen der für das jeweilige Handeln und Verhalten bestehenden Möglichkeiten und Erfordernisse – das heißt in Situationsdeutungen – und in Zuschreibungen von Absichten, Überzeugungen oder Empfindungen – das heißt in Handlungs- oder Verhaltensdeutungen im engeren Sinne.

In besonderer Weise zeigt sich dieser Zusammenhang von Beschreibungen und Deutungen übrigens in der *Rechtsprechung*, die man geradezu als die Bemühung um »richtige« – und gerechte – Beschreibungen des zur Verhandlung anstehenden Handelns und Verhaltens ansehen kann. Denn die Entscheidung über die richtige Beschreibung bedingt – über die Berufung auf das den beschriebenen Sachverhalt regelnde Gesetz – auch die richterliche Entscheidung über den jeweiligen Fall. Beschreibungen verdanken sich so Deutungen, die ihrerseits von Entscheidungen getragen werden – und zwar von Entscheidungen nicht nur darüber, was (von dem, was der Fall gewesen ist) als wichtig anzusehen sei, sondern auch darüber, was denn überhaupt der Fall (insbesondere die Absicht, die Überzeugung oder die Empfindung des Handelnden) gewesen sei.

Um diesen Zusammenhang begreifen zu können, möchte ich auf die *aristotelische Unterscheidung von Dynamis und Energeia*, und zwar hier im Sinne einer Möglichkeit und deren Verwirklichung, zurückgreifen. Mit dieser Unterscheidung läßt sich sagen, daß wir

unser Handeln und Verhalten in konkreten Situationen als die besondere Verwirklichung von allgemein – zum Beispiel durch die Vorstellung eines schematisch fixierten Handlungs- oder Verhaltensablaufs – charakterisierten Handlungs- und Verhaltensmöglichkeiten beschreiben – und auch vollziehen. Diese Handlungs- und Verhaltensmöglichkeiten stellen unserem Handeln und Verhalten gleichsam ein Muster voran, das diesem unserem Handeln und Verhalten überhaupt erst seine Identität verleiht, indem es als eine Nachbildung oder Anwendung dieses Musters angesehen werden kann. Dadurch nun, daß sie als Muster unser Handeln und Verhalten sowohl bestimmen als auch beschreibbar werden lassen, bilden die von uns verwirklichten Handlungs- und Verhaltensmöglichkeiten die Vorstellungen, die unser Handeln und Verhalten leiten, die in diesem Sinne also auch ein »Sollen« darstellen. Weil sie zugleich die »Wirklichkeit« unseres Handelns und Verhaltens – und zwar im Sinne sowohl von dessen Beschreibung als auch von dessen Vollzug – definieren, stellen sie zugleich aber auch das »Sein« unseres Handelns und Verhaltens dar. Anders gewendet läßt sich sagen, daß die Disjunktion von Sein und Sollen das Begreifen unserer Handlungs- und Verhaltenswirklichkeit – wie sie sich in dem Vollzug und der Beschreibung unseres Handelns und Verhaltens zeigt –, weil sie bereits kategorial unangemessen ist, verhindert. (Diese Disjunktion verdankt sich der oben kritisierten Aufspaltung in eine dem Handeln und Verhalten vorausgehende – und dessen Ergebnisse vorwegnehmende – Argumentation und eine dieser Argumentation gegenüberstehende – sei es ihr folgende, sei es ihr widerstrebende – Praxis. Sie expliziert damit den kategorialen Rahmen für die »philosophischen« Fragen, die uns in das dargestellte Dilemma führen.)
Damit scheint mir ein Weg aus dem angeführten Dilemma – und zwar durchaus ohne das in den drei »philosophischen« Fragen sich artikulierende »Vernunftinteresse«, wie Kant es bestimmt, aufzugeben – eröffnet zu sein. Eine *praktische* – das heißt auf die Bildung unseres Willens und die Gestaltung unseres Handelns und Verhaltens abzielende – *Argumentation,* die überzeugen will, muß unser Handeln und Verhalten als Versuch zur Verwirklichung von Handlungsmöglichkeiten darstellen, die damit als die uns tatsächlich leitenden Vorstellungen hervortreten. Will man nun die ethische Frage nach dem, was wir sollen, beantworten –

bzw. danach, ob unsere tatsächlichen Orientierungen auch die sind, denen wir folgen sollen –, so wird man sich einerseits nicht nur auf die Möglichkeiten, die wir in unserem Handeln und Verhalten zu verwirklichen suchen, berufen können, andererseits aber auch nicht einer zur Antizipation gezwungenen ethischen Argumentation diese Aufgabe übertragen dürfen. Auch zur Beantwortung dieser ethischen Frage wird man daher die Praxis heranziehen müssen. Für eine kritische Beurteilung unserer handlungsleitenden Vorstellung liefert diese Praxis dadurch eine Grundlage, daß man sie nicht nur als Versuch zur Verwirklichung dieser Leitvorstellungen ansieht, sondern sie auch daraufhin befragt, ob sie sich denn auch tatsächlich als eine Verwirklichung – und nicht nur als deren Versuch – der Leitvorstellungen verstehen läßt.

Nun ist klar, daß sich dieser Unterschied zwischen einem Verwirklichungsversuch und der Verwirklichung nicht durch ein äußeres – das heißt unabhängig von den Selbstdeutungen der handelnden und sich verhaltenden Personen anwendbares – Kriterium festlegen läßt. Über einen solchen Unterschied wird am Ende das Gelingen des Versuchs entscheiden, sein Handeln und Verhalten als Teil der durch die eigenen Leitvorstellungen definierten Lebensform zu begreifen. Doch dieses Problem möchte ich hier nicht weiter erörtern, da ich es als ethisches Problem ansehe – und zwar als Problem einer Ethik, die auf einer anthropologischen Grundlegung aufbaut und nicht nur als Theorie der ethischen Argumentation auftritt.

An dieser Stelle soll nur deutlich werden, daß mit der hier vorgeschlagenen »anthropologischen« Betrachtung unseres Handelns und Verstehens nicht auch eine unkritische Affirmation des Faktischen erzwungen wird.

Mein Vorschlag ist nun, in der philosophischen Anthropologie diejenige Disziplin zu sehen, die die Aufgabe hat, für die Darstellung unseres Handelns und Verhaltens – in der Geschichte, in einer Gruppe oder in einer Gesellschaft – als Verwirklichung bzw. Verwirklichungsversuch von Handlungs- und Verhaltensmöglichkeiten, die als Muster unser Handeln und Verhalten orientieren, die begrifflichen Klärungen zu leisten. Das Ziel einer solchen *»anthropologischen« Darstellung unseres Handelns und Verhaltens* ist, wie ich zu zeigen versucht habe, die Leitvorstellungen unseres Handelns und Verhaltens über eine Klärung der

Überzeugungen zu gewinnen, die sich in unserer Praxis ausgebildet und sich dort bewährt haben oder aber uns fragwürdig geworden und manchmal sogar von uns verworfen worden sind. An die Stelle der Normierung unseres Handelns und Verhaltens durch eine antizipierende Argumentation, soll eine Interpretation des Handelns und Verhaltens in einer kritischen Reflexion gesetzt werden. Im zweiten Teil dieses Bandes wird an einigen Grundbegriffen der praktischen Philosophie dieses allgemein formulierte Programm – das hier nur in seiner Begründung diskutiert worden ist – erläutert. Hier sollte lediglich die »kategoriale Möglichkeit« gezeigt werden, dem allgemeinen philosophischen und dem besonderen moralphilosophischen Dilemma zu entgehen, wenn man die Wirklichkeit unseres Handelns und Verhaltens – also die spezifisch »menschliche« Wirklichkeit – als eine Realität auffaßt, die nicht nur einfach zu beschreiben oder durch (begründete) Forderungen zu bestimmen ist, sondern die in sich selbst bereits die Instanzen zur (praktischen) Prüfung unserer Orientierungen entwickelt und an die sich daher auch unsere ausdrückliche Überlegung zur Verläßlichkeit, Verbindlichkeit und Tragfähigkeit unserer Überzeugungen anschließen kann.
Am Ende bleibt mir noch die Frage zu beantworten, warum ich dieses Programm für eine besondere Betrachtung unserer Handlungs- und Verhaltenswirklichkeit »philosophische Anthropologie« nennen will. Daß es sich um eine philosophische Fragestellung handelt, ist dadurch begründet, daß es um begriffsanalytische und -historische Aufgaben geht. Aber warum »Anthropologie«, wenn es im Grunde um die Ausarbeitung und Anwendung einer bestimmten begrifflichen Unterscheidung – nämlich der von Möglichkeiten und ihren Verwirklichungen –, die doch allgemein anwendbar sein könnte, geht?
Die Antwort auf die Frage besteht darin, daß die *Unterscheidung von Möglichkeiten und deren Verwirklichungen in der Tat nur auf das menschliche Handeln und Verhalten sinnvoll anwendbar ist* und damit diese menschliche Wirklichkeit in besonderer Weise zu charakterisieren erlaubt. Durch die Schaffung von Handlungs- und Verhaltensmöglichkeiten, durch den Versuch zu deren Verwirklichung, durch das Verständnis des eigenen Handelns und Verhaltens als einer solchen (mehr oder weniger gelungenen) Verwirklichung, durch die Deutung der eigenen Leitvorstellungen aufgrund dieses Verständnisses – durch all dies läßt sich ja

unser Handeln und Verhalten als vernünftig begreifen, läßt sich die unser Handeln und Verhalten leitende und an ihm auch sich bewährende und bildende Vernunft selbst definieren. Entscheidend ist dabei, daß die *Vernunft,* von der hier geredet wird, nicht in einer durch bestimmte Prinzipien oder Regeln ihres richtigen Gebrauchs dargestellten, theoretischen Konstruktion besteht, sondern als das Vermögen eines jeden einzelnen verstanden wird, der sein Handeln und Verhalten mit seinen Überzeugungen in Übereinstimmung zu bringen sucht. Diese Vernunft, so läßt sich pointierend formulieren, ist bereits »an der Arbeit« gewesen, als sich die Handlungs- und Verhaltensweisen, die Lebens- und Gesellschaftsformen ausgebildet haben, die wir nun reflektieren. Sie hat sich in der Geschichte verwirklicht und bildet sich weiter aus der Erfahrung, die wir in unserer Praxis gewinnen. Die Definition des Menschen als eines vernunftbegabten Lebewesens – an die sich alle anderen Definitionsversuche, auch wenn sie polemisch gegen diese Definition gewendet sind, anschließen lassen – führt in einem solchen Vernunftverständnis zu einer Konzeption der Anthropologie, gemäß der die Betrachtung der menschlichen Wirklichkeit als einer Verwirklichung von sich praktisch bewährenden Leitvorstellungen lediglich als eine Übersetzung dieser Definition gelesen werden kann: *Der Mensch ist das Lebewesen, das sich seine verläßlichen, verbindlichen und tragfähigen Überzeugungen in seiner Geschichte, das heißt seinem Handeln und Verhalten, bildet und dessen Geschichte, das heißt dessen Handeln und Verhalten, damit als die Ergebnisse seiner Vernunftleistungen begriffen werden müssen.* In diesem – ersichtlich an *Hegel* anschließenden – Vernunftverständnis läßt sich dann auch die Kantische Bestimmung der Anthropologie wieder übernehmen, nämlich als der Erforschung dessen, was der Mensch »als freihandelndes« – wir können hier einsetzen: als vernunftbegabtes – »Wesen aus sich selbst macht, oder machen kann und soll.«

II
Moralisches Argumentieren

Moralisches Argumentieren und ethischer Pluralismus

Moralische Erfahrung und praktische Vernunft

Daß die in den Wissenschaften ausgewiesene Vernunft auch in der Praxis ihre aufklärende Kraft entfalten soll, dies läßt sich verstehen und beloben als die entscheidende Errungenschaft für unsere ethisch-politische Kultur. Läßt sich doch erst dann Aufklärung – im Kantischen Sinne des »Ausgang(s) des Menschen aus seiner selbstverschuldeten Unmündigkeit«[1] – vollenden, wenn nicht nur in der wissenschaftlichen Theorie die ordnende Übersicht über die unserer Erfahrung zugängliche Natur gewonnen worden ist, sondern nun auch unser eigenes Handeln und unser Leben insgesamt sich der ordnenden Macht unserer Vernunft fügt.

Historisch kann man gute Gründe dafür anführen, daß mit dem Anspruch an die und durch die Vernunft, unserem Handeln und Leben die grundlegenden Orientierungen zu vermitteln und also praktisch zu werden, die Geburtsstunde der Philosophie (im Sinne der Selbstaufklärung der Vernunft) dokumentiert wird. Denn nachdem die Vorsokratiker in ihren theoretischen Spekulationen aus Begriffen eine »wahre« Wirklichkeit postuliert und zum Teil auch konstruiert hatten – und zwar eine Wirklichkeit, die jedenfalls nicht in unserer alltäglich zugänglichen und gegenwärtigen Welt zu finden war –, war es der Hinweis auf die

1 *»Aufklärung ist der Ausgang des Menschen aus seiner selbstverschuldeten Unmündigkeit. Unmündigkeit* ist das Unvermögen, sich selbst seines Verstandes ohne Leitung eines anderen zu bedienen. *Selbstverschuldet* ist diese Unmündigkeit, wenn die Ursache derselben nicht am Mangel des Verstandes, sondern der Entschließung und des Mutes liegt, sich seiner ohne Leitung eines andern zu bedienen! Sapere aude! Habe Mut, dich deines *eigenen* Verstandes zu bedienen! ist also der Wahlspruch der Aufklärung.« I. Kant, »Beantwortung der Frage: Was ist Aufklärung?«, *Berlinische Monatsschrift*, Dezember 1784, S. 481-494; in: Kant's *Werke*, Akademie-Ausgabe Bd. 8, Abhandlungen nach 1781, Berlin 1912 (Neudruck 1923), S. 33-42, hier: S. 35.

gedanklich zwar verdrängte und begrifflich sogar zum bloßen Schein entwertete, gleichwohl tatsächlich aber bedrängende »Menschenwelt«[2] oder – wie man modernisiert denn hier auch sagen mag – auf die Praxis, der zur philosophischen Wende des griechischen und also unseres abendländischen Denkens geführt hat.

Daß der Mensch das Maß aller Dinge sei, dieser Satz des Protagoras[3] verdichtet den Protest der Sophisten gegen die Schaffung einer »wahren« und eben »zweiten« Wirklichkeit hinter, neben oder über unserer »Menschenwelt«, in der wir leben und in der uns schließlich ja auch die Probleme und Fragen entstehen, an denen sich das Denken entzündet.

Zunächst führt dieser Protest jedoch wieder einen Schritt – und zwar gerade den ersten Schritt zum selbständigen Denken überhaupt – zurück: Denn mit ihren Konstruktionen von Begriffswelten haben die Vorsokratiker zwar nur spekulative Entwürfe geschaffen, andererseits damit aber auch die entscheidende Unterscheidung erreicht – man könnte auch sagen: errungen –, die seitdem die europäische Geistes- und Wissenschaftsgeschichte ausgerichtet und beunruhigt hat: die Unterscheidung nämlich zwischen Sein und Schein, wahrem Wissen und bloßem Vermeinen. Mit der Bescheidung auf den Zweck, Mehrheiten oder allgemein Zustimmung zu finden, wird der Anspruch dieser Grundunterscheidung für unser Denken zunächst einmal aufgegeben. Aber schon Sokrates setzt den Weg fort. Mit seiner Frage, ob denn ein bestimmtes Handeln in Wahrheit und nicht bloß scheinbar gut sei, stellt er sich wieder dem Anspruch der Wahrheitsfrage und richtet diese zugleich auf die Welt, in der wir wirklich leben. Auch für diese Welt und unser Handeln in ihr soll nun nicht mehr nur die *Mehrheit*, sondern die *Wahrheit* gesucht werden.

Dem Denken wird damit eine neue Richtung gegeben. Die Vor-

2 So die Formulierung bei Kurt von Fritz in: *Grundprobleme der Geschichte der antiken Wissenschaft*, Berlin – New York 1971, S. 221-250: Die Rückwendung zur Menschenwelt. Die Sophisten und Sokrates.

3 Wörtlich lautet der berühmte »Homo-Mensura-Satz«: »Der Mensch ist das Maß aller Dinge, dessen, was ist, daß/wie es ist, dessen, was nicht ist, daß/wie es nicht ist.« H. Diels, *Die Fragmente der Vorsokratiker*, hg. von W. Kranz, Dublin/Zürich 1972, Nachdruck der 6. Auflage, 80 B 1.

sokratiker begnügten sich damit, eine Welt – und zwar eine Welt jenseits der augenscheinlichen Mannigfaltigkeit unserer Wahrnehmung – allein aus Begriffen zu entwerfen und teilweise auch aufzubauen, sie darüber hinaus mit den Farben ihrer, zumeist durchaus künstlichen, Begriffsvorstellungen auszumalen und im übrigen die innere Stimmigkeit dieser Visionen und Konstruktionen als Garanten auch für deren Wahrheit anzuerkennen. Anders Sokrates: er führt das Denken aus seiner selbstgenügsamen Begriffswelt hinaus in dessen praktische Anwendung, durch die es sich erstmals in seiner Wahrheit ausweisen kann. Mit diesem Ausgang aus der selbst geschaffenen Kunstwelt müssen die Begriffe, mit denen die Wahrheitsfrage nun zu stellen und zu beantworten ist, für unsere Handlungswelt erstmals ihren Sinn finden. Denn erst, wenn unser Denken seinen Begriffen einen praktischen, das heißt für unser Handeln sich zeigenden, Sinn gegeben hat, können wir auch die Wahrheitsfrage als eine uns allen verständliche und im Prinzip auch beantwortbare Frage erkennen. Greifbar für uns und unsere Fragen wird Vernunft – als Vermögen der begrifflichen Vergegenwärtigung, Verständigung und Beurteilung – damit als praktische Vernunft. Erst dadurch, daß Vernunft praktisch geworden ist, verbleibt sie nicht mehr die spekulative Vernunft der bloßen Wahrheits*frage*, sondern beweist sie sich als Vernunft auch der verläßlichen und also gegenüber allen möglichen Anfragen im Prinzip verantwortbaren Wahrheits*antworten*.

Die Antwort des Sokrates – oder besser: seine Antworten, da er die Fragen immer nur soweit erörterte, wie sie von seinem jeweiligen Gesprächspartner auch gestellt worden waren – hat die Denktradition der abendländischen Kultur begründet und vorgezeichnet. Unsere Handlungen sind auf ein Gut gerichtet, auf etwas, das wir erstreben. Die praktische Vernunft hat dieses Gut zu bestimmen und vor allem die Frage nach dem jeweiligen höheren Gut zu beantworten. Sie findet diese Antworten durch eine Umkehrung ihres Grundbegriffs, nämlich des Guten, durch – wie man die Sache auch sehen kann – eine bewußte und bewußt auch an die sophistische Rhetorik anschließende Äquivokation. *Das für mich Gute und das an sich Gute werden als dasselbe verstanden.* Und diese Äquivokation wird als die erste Einsicht durch praktische Vernunft immer wieder herausgearbeitet. Nicht nur die Begriffe, sondern auch seinen Gesprächspartner dreht

Sokrates sozusagen geistig um: Er soll erkennen, daß das Gute, das er für sich erstrebt, von seinem Begriffssinn her – und damit nach dem voll entwickelten Verständnis gerade seines *tatsächlichen* Strebens – nicht etwas bloß für ihn selbst Nützliches oder Angenehmes und dementsprechend auch bloß von ihm selbst Bestimmtes, etwas (wie wir heute sagen können) bloß Subjektives, ist, sondern etwas bereits an sich selbst Bestimmtes, etwas, das sich aus den sachlichen Zusammenhängen, den Notwendigkeiten und Möglichkeiten, in denen das Streben sich entwickelt, ergibt, etwas (wie wir wiederum sagen können) Objektives.

Damit scheint das Thema und die These benannt, durch die die praktische Vernunft im Reich unserer Handlungs- und Lebenswelt inthronisiert und damit zugleich die Philosophie als Bemühung um die Klärung dieser Vernunft ins Leben gerufen und künftig in Atem gehalten wird. Denn wenn das Gute ein objektiver Begriff ist, dann gibt es auch ein *Wissen vom Guten* – und sei es auch nur im Sinne eines Wissens um das jeweils Gute. Diese These markiert den Anspruch der Philosophie auf unser Handeln und Leben und zwar gegen Autoritäten und Traditionen, gegen Mythen und Religionen.

Sosehr man nun – im Geiste der eingangs beschworenen Aufklärung – in die autoritäts- und traditionskritische Tendenz dieser These einstimmen mag, so wenig wird man sich ihr im ganzen ohne weiteres anschließen können: jedenfalls so lange nicht, wie man nicht erkennen kann, wie denn ein solches Wissen aussieht und erreicht wird. Diese Zurückhaltung wird bestärkt, wenn man den eigenartigen Doppelcharakter bemerkt, den das Gute oder – wie er auch sagt – das Rechte für Sokrates zu besitzen scheint.

Auf der einen Seite bietet das zielgerichtete und insbesondere bestimmte Werke herstellende Handeln, zum Beispiel des Handwerkers oder des Feldherrn, des Schiffslenkers oder auch des Staatsmannes, das Muster auch für die Bestimmung des Guten. Unser Handeln ist auf bestimmte Ziele gerichtet, die es eben zu erreichen gilt. Um sie zu erreichen, muß man ein Wissen von den Wegen besitzen, auf denen diese Ziele erreicht werden können, und muß man diese Wege auch gehen können: also tüchtig oder, wie es denn in der Sprache der Moral zu formulieren üblich geworden ist, tugendhaft sein. Dieses in Tüchtigkeiten oder Tugenden umzusetzende Wissen mag uns – zumindest im Prinzip – zwar unproblematisch erscheinen, läßt sich zugleich aber auch

als unzureichend erkennen. Denn wenn wir auch für viele, sogar sehr viele, Ziele unseres Handelns tatsächlich Gründe finden können, wie sie sich aus dem Zusammenhang einer sachgerechten Lösung vorgegebener Aufgaben, Verwirklichung von Vorstellungen und Herstellung von Werken ergeben, so werden am Ende solche Gründe doch die Grundfrage unbeantwortet lassen, woher wir wissen, daß solche Aufgaben, Vorstellungen und Werke denn überhaupt gut sind. Solche Sachgründe – wie man diese Art von Gründen einmal nennen mag – können die Antworten auf unsere Fragen und damit auch diese Fragen nach dem Guten selbst immer weiter hinausschieben, nie aber endgültig abschließen. So schließt denn auch Sokrates seine Fragen nach dem Guten nicht mit einem »Sachgrund« ab, sondern mit einer Antwort anderer Art. Am Ende seiner Fragen nach dem Guten steht eine Auskunft, von der man zunächst überhaupt nicht sieht, daß sie die letzte Antwort auf alle diese Fragen ist: nämlich die Auskunft, daß es das größte *Übel* von allem ist, *Unrecht* zu tun.
Mit dieser Antwort scheint Sokrates eine doppelte Verwirrung zu erzeugen: nicht von einem und jedenfalls nicht von dem höchsten *Gut* ist die Rede, sondern vom größten *Übel*, und nicht von einem sachlich begründeten *Wissen*, sondern vom *Gehorsam* gegenüber den Gesetzen. Insbesondere dieses Zweite weckt den Widerspruch. Denn Unrecht tut ja der, der den Gesetzen, unter denen er ungezwungen lebt, nicht folgt – und dies auch dann, wenn nach diesen Gesetzen ein falscher Urteilsspruch von ungerechten Richtern gefällt wird. Mit dem Ende seiner Fragen nach dem Guten – dem er als Ende ja nicht nur seines Denkens, sondern auch seines Lebens das Siegel einer existentiell bezeugten Glaubwürdigkeit aufdrückt – scheint der Anspruch vom Anfang aber aufgegeben zu sein: nämlich überhaupt die Wahrheitsfrage für unser Leben und Handeln zu beantworten. Denn indem Sokrates das Todesurteil der Athener trotz seiner Einsicht in die Unkenntnis und Ungerechtigkeit seiner Richter auf sich nimmt, alleine um nicht wider die Gesetze Unrecht tun zu müssen, scheint doch die Vernunft, die gegen die Autoritäten und Traditionen angetreten war um aufzuklären, sich in den Dienst wieder eben dieser Autoritäten und Traditionen zu stellen. Dies erscheint als ein Paradox der Sokratischen Lehre und als eine Provokation für alle, die sich mit ihr auseinandersetzen.
Wir haben nun die Wahl: Wir können – in historisierender

Verharmlosung des Problems – dieses Paradox der Inkonsequenz des Sokrates zurechnen und die Provokation aus seinem Charakter verstehen. Wir können uns aber auch dem Paradox und der Provokation stellen und gerade in diesem Paradox den Kern des Problems oder auch der Sache zu entdecken versuchen. In einer solchen systematischen Bemühung um die Sache selbst sehe ich den philosophischen Weg, auf dem mit der Geschichte einer Frage stets auch unsere Gegenwart und also das Vergangene überhaupt erst als unsere Geschichte verstanden werden kann. Dieser philosophische Weg führt uns dazu, das augenscheinliche Paradox als bloß scheinbar zu erkennen. Erst wo wir die erscheinenden Widersprüche als Schein aufzeigen, zeigt sich das Wesen der Sache.

Stellen wir uns also noch einmal – und jetzt ohne den Anspruch eines historischen Bezugs – die Sokratische Frage, die am Anfang der Philosophie die praktische Vernunft in ihr Recht einsetzen sollte: *Wie können wir wissen, was wir tun sollen?* Die philosophische Vergewisserung dieser Frage stellt zwei Rückfragen. In welchem Sinne können wir hier überhaupt von einem Wissen reden? Und: Mit welchem Anspruch auf Folgsamkeit bindet das erfragte Sollen unser Tun? Die erste Frage zielt auf die Unterscheidung zwischen *praktischem*, nämlich handlungsbegründendem und -beurteilendem, und *theoretischem*, nämlich besondere Tatsachen und allgemeine Zusammenhänge von Sachverhalten feststellendem, *Wissen*. Die zweite Frage führt uns zu der Unterscheidung zwischen der *Verständlichkeit* einer Handlungs- oder Lebensorientierung und ihrer *Verbindlichkeit* und damit auch zwischen dem *Guten* und dem *Rechten* als den beiden Grundformen solcher Orientierungen.

Ich beginne mit einer vorläufigen Klärung der zweiten Unterscheidung. Bereits Aristoteles bezieht sich auf ältere Begriffstraditionen, wenn er das Gute definiert als »das, was alle erstreben«[4], und als »das, um dessentwillen alles andere getan wird«.[5] Das Gute in diesem Sinne ist das Ziel des Handelns, um dessentwillen die Handlung – und zwar so, wie sie ausgeführt wird – überhaupt ausgeführt wird. Durch das Gute erhält unser Handeln damit

4 So zum Beispiel *Nikomachische Ethik*, A 1. 1094a 3; vgl. dazu etwa Platon, *Symposion* 205a und *Philebos* 20d.

5 Zum Beispiel *Nikomachische Ethik*, A 5. 1097a 18f.; vgl. dazu etwa Platon, *Gorgias* 468b, 499e–500a.

seine Identität als dieses und nicht ein anderes Handeln. Denn was ich tue, wenn ich so, wie ich es tue, handele, dies erkläre ich dadurch, daß ich das – wie Aristoteles sagte – Worumwillen dieses Tuns angebe, dessen Ziel und dessen Grund. Weist man eine solche Erklärung ab, so mag man gewisse Bewegungen wahrnehmen, aber man weiß eben nicht, was ich tue. Ich bleibe stehen – aber was tue ich damit: ruhe ich mich einfach vom zu schnellen Gehen aus? Stehe ich still, um einem Geräusch nachzuhören? Höre ich auf weiterzugehen, weil ich mich nicht mehr auskenne und mich erst einmal orientieren möchte? Wir können die Reihe fortsetzen. Immer ist es erst ein Ziel, das aus einem vielfach deutbaren Tun dieses bestimmte Handeln macht und es zugleich damit begründet.

Und dieses Ziel – das Gute meines Handelns – fügt dem in sich fertigen Tun nicht noch einen Sinn nachträglich hinzu, so wie man jemandem Kleider, die dann Leute machen, schneidert und Rollen spielen und ihm abnehmen läßt. Vielmehr wird das Tun durch dieses Ziel in seiner konkreten Wirklichkeit, in seiner besonderen Ausführung und seinem besonderen Ablauf, geprägt. Wo die Wahrnehmung durch unsere desinteressiert nachlässige »Normalsprache«, vor allem durch die egalisierende Wissenschaftssprache, noch nicht verblendet und erblindet ist, erfaßt sie den Unterschied auch im szenischen Ablauf: den Unterschied zwischen dem ermüdeten Ausruhen, dem aufmerkenden Stillstehen und dem suchenden Innehalten. Das Ziel gibt dem Handelnden seine konkrete Gestalt, seine – wie die Philosophen lieber sagen – *Form*, in der wir es dann als dieses Handeln erkennen.

Indem ich mit den Zielen meines Handelns dessen Gründe angebe, mache ich es nicht nur identifizierbar, sondern ich zeige auch den gedanklichen Weg oder – im leicht veränderten Bild – die Brücke, die zu ihm führt, so daß jemand anderer oder auch ich selbst ein andermal wieder so handeln würde wie ich es jetzt – wenn ich in der jetzigen Situation wäre – tue. Eben dies heißt, daß wir unser Handeln uns selbst und anderen verständlich machen und also Einverständnis mit ihm zumindest ermöglichen.

Die Einschränkung der Überzeugungskraft meiner Gründe auf mich selbst – und zwar auf mich, so wie ich jetzt bin und in meiner jetzigen Situation – bedeutet, daß meine Gründe nicht für jedermann und immer gelten, sondern nur in einem zweifachen Rahmen: nämlich im Rahmen meiner Wahrnehmung der jeweiligen Handlungssituation – das heißt der jeweils bestehenden handlungsbegrenzenden Erfordernisse und handlungseröffnenden Möglichkeiten – und im Rahmen meiner Absichten und Überzeugungen, meiner Ansichten und Wünsche – das heißt meiner geistigen Welt, in der mir bestimmte Überzeugungen zu Gründen werden und in der das Begründen selbst als gedankliche Klärung meine Überzeugungen festigt: eben des »logischen Kosmos«, mit dessen Ausbildung ich selbst meine persönliche Identität gewinne. Die faktische Situation des Handelns (bzw. das Verständnis dieser Situation) und der logische Kosmos des Handelnden sind damit die zugleich begründenden und begrenzenden Bedingungen für ein mögliches Einverständnis mit unserem Handeln. Für andere und für mich selbst ein andermal können diese Bedingungen andere sein, so daß auch andere Gründe zu anderen Überzeugungen und zu einem anderen Handeln führen. *Die Verständlichkeit eines bestimmten Handelns und seiner Gründe erzwingt damit noch längst nicht auch schon die einverständliche Übernahme dieser Gründe und also deren Verbindlichkeit für andere oder für ein andermal.*

Verbindlichkeit wird demgegenüber von unseren Gesetzen – den Handlungsnormen – beansprucht. Und dieser Anspruch besagt, daß die gesetzlichen Regelungen unabhängig von den Gründen befolgt werden sollen, die jemand für sein Handeln anführt: also auch dann noch, wenn die Gründe der Handelnden gegen das Gesetz sprechen. Gleichwohl besteht kein unmittelbarer Konflikt zwischen dem Verständlichkeitsanspruch aus Gründen, den wir für unsere Handlungsnormen erheben, und dem Verbindlichkeitsanspruch unserer Handlungsnormen, das heißt unserer Gesetze. Die Gesetze regeln nämlich nicht – zumindest nicht unmittelbar und normalerweise – die besonderen Formen unseres Handelns, sondern sie legen die Grenzen fest, innerhalb derer sich solche Formen entwickeln können. Die Gesetze begrenzen damit einen »Spielraum« für unser Handeln, den wir dann gemäß unseren Vorstellungen vom Guten, also gemäß unseren Zielvorstellungen, mit unserem Handeln ausgestalten können. Das Rechte und das Gute sind daher für sich genommen Begriffe für zwei komplementäre Aspekte unseres Handelns: *Recht ist ein Handeln dann, wenn es in den verbindlichen Grenzen der Gesetze bleibt. Gut ist es darüber hinaus, wenn es mit verständlichen Gründen innerhalb dieser Grenzen ausgestaltet wird: als eine begründete Handlungsform im Rahmen der verbindlichen Handlungsnormen.* Zu einem *Konflikt* käme es nur dann, wenn die Gründe für mein Handeln zu solchen Handlungen führten, die – wie wenn ich mit dem Malen eines Bildes über den vorgegebenen Rahmen hinaus geriete – die Grenzen der Gesetze überschreiten.

Mit diesen Bemerkungen zu den Unterscheidungen zwischen dem Guten und dem Rechten, dem Verständlichen und dem Verbindlichen habe ich mir in einem ersten Schritt meiner systematischen Überlegungen deren Gegenstand zu vergegenwärtigen versucht, wie er sich im Umkreis unseres alltäglichen Handelns zeigt. Diese Vergegenwärtigung schließt an eben die Unterscheidungen an, die unser Alltagshandeln und -leben beherrschen. Sie erinnern damit ein alltäglich im Prinzip schon verfügbares praktisches Wissen, das wir nun für eine erste Orientierung auf unserem Weg zu einer Antwort auf die praktische Wahrheitsfrage bzw. auf die Frage nach der praktischen Vernunft nutzen können. In einem zweiten Schritt auf diesem Weg möchte ich nun die Frage nach dem Sinn der Rede von einem Wissen in bezug auf unsere Handlungs- und Lebensorientierungen aufnehmen.

Wann verdienen unsere Überzeugungen, als *Wissen* autorisiert zu werden? Ich unterstelle hierbei, daß wir nur von solchen Überzeugungen und dementsprechend von einem solchen Wissen reden, das sich auf unsere Erfahrungswelt bezieht und nicht – wie etwa die formale Logik oder die Mathematik – alleine auf Symbolwelten. Jedenfalls müssen wir, wenn wir von einem Wissen reden wollen, uns auf *Erfahrungen* berufen können, und zwar auf solche Erfahrungen, so scheint es, die auch anderen – im Prinzip sogar: allen anderen – zugänglich sind. Vergleichen wir also die Erfahrungen, auf die sich unser theoretisches Wissen stützt, mit den Erfahrungen, die wir zur Orientierung unseres Handelns und Lebens nutzen wollen.

Die Erfahrungen, auf die wir unser theoretisches Wissen stützen – ich will sie kurz die theoretischen Erfahrungen nennen –, werden nicht ohne Vorbereitung gewonnen. Der Idealfall der theoretischen Erfahrung, das Experiment, findet in der sorgfältig abgeschirmten und zurechtgerückten Welt des Labors statt. Ein Wechsel der Situation wird hier ausgeschlossen, die Unterschiedlichkeit der besonderen Einstellungen, der besonderen geistigen Welten der Handelnden, das heißt hier der experimentierenden

Personen, bleibt unerheblich. Der mit der Situation und dem unterstellten Begriffssystem gespannte *Rahmen muß gleichbleiben*, damit die Ergebnisse der experimentellen – und allgemein der theoretischen – *Erfahrungen vergleichbar werden*.

Eben diese »Rahmen-Gleichheit« besteht für die praktischen Erfahrungen – wie ich die Erfahrungen kurz nennen will, die wir für die Begründung unserer Handlungs- und Lebensorientierungen nutzen wollen – nicht. Die Handlungssituationen verändern sich und sind nicht in der gleichen Weise manipulierbar wie die Laborsituationen; ja, sie sind durch ihre kontingente Komplexität, ihre weder in unseren Gedanken vorwegnehmbare noch durch unser Handeln verhinderbare Mannigfaltigkeit, geradezu definierbar. Sicher verlieren die Situationen unseres Handelns darum nicht auch schon jede Ähnlichkeit miteinander. Dies verhindern schon die geistigen Traditionen und sozialen Institutionen, in denen wir leben und handeln. Aber sie sind eben nicht wie die Laborsituationen schlichtweg als gleich zu behandeln und erzwingen damit auch nicht gleiche Erfahrungen. Welche praktischen Erfahrungen irgend jemand, gleich wer er ist, gewinnen kann, dies hängt von der – kontingenten! – Geschichte ab, in der sich die Handlungssituationen entwickeln und verändern. Unsere praktischen Erfahrungen sind daher *historisch* bestimmt.

Welche praktischen Erfahrungen dann jemand tatsächlich gewinnt, dies hängt zudem noch davon ab, wie er die jeweiligen Situationen wahrnimmt und wie er – aus welchen Gründen und im Rahmen welcher Überzeugungen – er in diesen Situationen handelt. In diesem Sinne sind die tatsächlich gewonnenen praktischen Erfahrungen *subjektiv*.

Aus den besonderen Erfahrungen, so können wir unseren Vergleich nun weiterführen, gewinnen wir *Einsichten:* nämlich *in die Vernünftigkeit der Entscheidung* zur Übernahme oder Ablehnung allgemeiner Wissensbehauptungen oder praktischer Leitvorstellungen. Für unser theoretisches Wissen besteht der Sinn dieser Entscheidungen in einer Bestätigung oder Falsifikation allgemeiner Hypothesen. *Unsere theoretischen Erfahrungen*, so können wir kurz sagen, *sollen über die Wahrheit von Theorien entscheiden*. (Der Grund dafür, daß sie dies auch können, findet sich in der eindeutigen und wechselseitigen Übersetzbarkeit der empirischen und der theoretischen Aussagen. Im Idealfall antworten die theoretischen Erfahrungen – die empirischen Untersuchungen – mit einem schlichten Ja oder Nein genau auf die Fragen, die an die Wahrheit einer theoretischen Behauptung – für den jeweiligen Fall der Erfahrung – gestellt sind. Zwar bleibt auch dann der Aussagenbereich der empirischen Sätze immer noch geringer als der der theoretischen Sätze. Nicht alle Fälle, für die die Theorie gelten soll, können ja tatsächlich empirisch nachgeprüft werden: sonst bräuchte man ja keine Theorie. Aber die Differenz ergibt sich doch nur in einer festgelegten gleichen Bedeutungsschicht, weil die empirischen und theoretischen Aussagen ohne zusätzliche inhaltliche Interpretationsleistungen der in ihnen verwendeten Begriffe ineinander übersetzt werden können. Man kann daher diese Differenz auch vollständig mit formallogischen Mitteln darstellen.)

Unseren praktischen Erfahrungen können wir demgegenüber kein gleichermaßen eindeutiges Verhältnis zur Wahrheit unserer handlungsleitenden Überzeugungen – unserer Handlungs- und Lebensorientierungen im allgemeinen und unserer Zielvorstellungen im besonderen – bestätigen. Weil diese Überzeugungen ja erst verwirklicht werden *sollen*, es aber – zumindest zumeist – nicht auch schon *sind*, kann eine Erfahrung davon, was gewesen ist, nicht schlichtweg die Entscheidung darüber begründen, was sein soll. Gleichwohl besteht hier ein Zusammenhang.

Die Ergebnisse unseres Handelns sagen uns jedenfalls, in welchem Sinn und Ausmaß die Vorstellungen, die wir durch unser Handeln verwirklichen wollten, tatsächlich verwirklicht worden sind. Wir verwirklichen unsere Vorstellungen zwar niemals vollständig. (Dies ist schon aus logisch-begrifflichen Gründen unmöglich, da unsere Vorstellungen dazu genauer sein müßten, als sie sein können: Sie müßten die Geschichtlichkeit und also Kontingenz der durch sie in Gang gebrachten Entwicklungen bereits vorwegnehmen und in sich aufnehmen können. Oder aber sie müßten in einer Allgemeinheit verbleiben, die durch nahezu jede Entwicklung erfüllt werden könnte. Das erste ist aber unmöglich. Das zweite bezeugte nur ein opportunistisches oder dogmatisches Arrangement dürftiger Vorstellungen mit einer kärglichen Wirklichkeit.) Wir wissen daher nie, wie es denn wäre, wenn es ohne Einschränkung so ist, wie es nach unseren Vorstellungen sein sollte. (Wie gesagt, dies liegt nicht nur an den Einschränkungen für unser Handeln, sondern auch an der grundsätzlichen Unvollständigkeit unserer Vorstellungen.) Aber wir wissen, wie es ist, wenn wir *versucht* haben, es so werden zu lassen, wie wir uns vorgestellt haben, daß es sein sollte. Unsere praktischen Erfahrungen – so kann man es kurz formulieren – sind ein *Test* immer nur für einen *Teil* unserer handlungsleitenden Vorstellungen.

In welchem Sinne nun läßt sich hier überhaupt von einem Test reden? Sicher nicht in dem schlichten Sinne der theoretischen Wahrheitsbestätigung. Unsere Vorstellungen sind unvollständig und offen: Unsere praktischen Erfahrungen zeigen eine Wirklichkeit, die konkreter ist als unsere Vorstellungen. Damit ist überhaupt erst zu klären, was an unseren Vorstellungen denn in einem Zusammenhang mit welchen Ergebnissen unseres Handelns steht. Wir sind dadurch zur Konkretisierung unserer Vorstellungen gezwungen, wenn wir diese überhaupt mit unseren Erfahrungen konfrontieren wollen. *In diesem Sinne läßt sich sagen, daß unsere praktischen Erfahrungen uns zu einer genaueren Bestimmung der Bedeutung unserer handlungsleitenden Vorstellungen zwingen.*

Mit der Konkretisierung unserer Vorstellungen gewinnt aber auch die *Wahrheitsfrage* wieder einen Sinn. Einen Teil – allerdings auch nur einen Teil – unserer durch Erfahrung konkretisierten Vorstellungen können wir ja als verwirklicht oder auch nicht verwirklicht ansehen. Wir können damit erkennen, wie es ist, wenn eine unserer – nun allerdings konkreter gefaßten – Teilvorstellungen verwirklicht ist. Dies reicht zwar nicht aus, um über die Wahrheit der gesamten Vorstellung endgültig zu entscheiden. Aber wir haben doch *einen Grund für unsere Entscheidung* gewonnen, diese – bereits konkretisierte – Gesamtvorstellung weiterhin zu verfolgen oder aufzugeben. Einen Beweis im theoretischen Sinne gibt es hier nicht. Was wir hier beanspruchen müssen, ist die durch Erfahrung gestützte *Urteilskraft*, die die Bedeutung der Teilverwirklichung im Ganzen unserer Vorstellung abzuschätzen vermag und damit den durch unsere Erfahrung gewonnenen Grund nach ihrem Urteil für oder gegen unsere Vorstellung verwendet.

Man mag sich diesen Zusammenhang an einem für uns naheliegenden Fall verdeutlichen. Ich denke hier an die hochgemut begonnenen Reformen unseres Bildungswesens, insbesondere natürlich der Hochschulen und Universitäten. Die unleugbare Differenz zwischen den ursprünglichen Erwartungen und Zielen auf der einen und der bürokratischen und wissenschaftlichen Realität auf der anderen Seite zeigt ein mehrfaches: (1) Die – hinreichend oft: bedrückenden – Erfahrungen mit der Verwirklichung bloß eines Teils der ursprünglichen Zielvorstellungen lassen keine unmittelbare Übertragung auf die Beurteilung der gesamten Zielvorstellung zu. Der jetzige Zustand unseres Bildungswesens – für wie beklagenswert man ihn auch halten mag – beweist noch nicht, daß die ursprünglichen Reformpläne falsch waren. Denn diese Reformpläne gingen auf ein Ganzes, von dem nur ein Teil verwirklicht worden ist. (2) Aber man kann aus diesen »Teil-Erfahrungen« gleichwohl lernen, die eigenen Zielvorstellungen genauer zu fassen und damit auch zu verändern. (3) Gerade bei einer solchen Divergenz von großangelegten Ausgangsvorstellungen und ernüchternden Teilverwirklichungen sollte dann auch die Frage gestellt werden, worin das Ganze bestehen soll, in dem dann auch die dürftigen Teile zu einer glanzvolleren Gesamtwirklichkeit zusammengeführt werden. Dieses Ganze möchte ja auch dann noch nicht erreicht sein, wenn auch die anderen Teile des ursprünglichen Gesamtplans verwirklicht wären (was im übrigen noch schlimmer sein könnte als nach einer ernüchternden Teilverwirklichung). Dieses Ganze kann man nämlich auch erst dann erreicht sehen, wenn die Gesellschaft und alle Menschen in ihr so verändert worden sind bzw. sich selbst so verändert haben, daß sie – jetzt vernünftig, klug und gut geworden – nun endlich auch gute Folgen bei der Verwirklichung der Zielvorstellung gewährleisten. Mit anderen und deutlicheren Worten: Das Ganze wäre erst im pfingstlichen Gesamtkonsens erreicht, und die beharrliche Vertretung der Zielvorstellung angesichts auch der Teil-Enttäuschungen zöge den Wechsel auf dieses Pfingsten, für den hienieden keine Bank die Deckung übernimmt.

Ich resümiere im Vergleich: aus unseren theoretischen Erfahrungen gewinnen wir Gründe für die Bestätigung oder Widerlegung allgemeiner Wissensbehauptungen, die wir durch formale, das heißt logisch-mathematische, Beziehungen darstellen können. Unsere theoretischen Einsichten bestehen so aus Entscheidungen, die sich aus diesen formalen Beziehungen herleiten lassen. Sie sind *Ableitungen des Verstandes*. Aus unseren praktischen Erfahrungen gewinnen wir Gründe für die Konkretisierung wie für die Aufrechterhaltung oder Aufgabe unserer handlungsleitenden Vorstellungen, die jedoch erst durch ihre Eingliederung in das Ganze unserer Vorstellungen und Erfahrungen ihre genaue Bedeutung und ihr besonderes Gewicht erhalten. Unsere praktischen Einsichten bestehen so in Entscheidungen, die sich über die Einordnung unserer besonderen Erfahrungen in den »logischen Kosmos« unserer Überzeugungen ergeben. Sie sind *Abwägungen der Urteilskraft*.

Damit scheint der Vergleich eindeutig. Wo uns nur historisch und subjektiv bestimmte Erfahrungen zur Verfügung stehen und unsere Einsichten nur als die Ergebnisse von Abwägungen erreichbar sind, da scheint die Rede von einem Wissen ihren Sinn verloren zu haben. Und in der Tat, wenn wir den logischen Zwang zur Zustimmung – wie er durch die intersubjektive Überprüfbarkeit des theoretischen Wissens geschaffen wird – zum Begriff des Wissens rechnen, dann ist ein praktisches Wissen, das unsere Lebens- und Handlungsorientierungen sichern würde, nicht erreichbar. Auf der anderen Seite verfügen wir – wie ich zu zeigen versucht habe – durchaus über begründete Einsichten, mit denen wir unsere praktischen Orientierungen anderen verständlich machen und die wir für uns selbst darüber hinaus auch handlungsbestimmend und in diesem Sinne verbindlich werden lassen können.

Diese Unterscheidung zwischen praktischen Einsichten, die wir erreichen können, und einem praktischen Wissen, das wir nicht beanspruchen können, hat Folgen, bzw. hätte Folgen, wenn man sie beachten würde. (Denn – und hier möchte ich mir eine zeitdiagnostische Zwischenbemerkung erlauben – es scheint mir inzwischen geradezu ein Charakteristikum unseres philosophischen und wissenschaftlichen Denkens geworden zu sein, daß uns diese Unterscheidung abhanden gekommen ist. Eine einseitige Ausrichtung alleine am theoretischen Wissen hat dazu geführt, allem, was von diesem theoretischen Wissen verschieden ist, also auch unseren praktischen Einsichten, den Charakter einer ernstzunehmenden und rechtmäßigen Instanz für unser Denken und Handeln überhaupt abzusprechen, oder aber dazu, solche anderen Begründungsmöglichkeiten so umzudeuten, als ob sie zu einem theoretischen Wissen führen sollten. Durch diese Entwicklung ist die Urteilskraft als ein Thema und eine Herausforderung – und dies sowohl für die Philosophie als auch für die Wissenschaften – für unsere geistige Kultur verschwunden. Dieser Unkultur des Nicht-Theoretischen ist ein grassierender Theorienkult verbrüdert, der die Welt unserer Wahrnehmungen und

Handlungen – vom Denken nicht zu reden – nur noch dann selbst wahrzunehmen in der Lage ist, wenn sie zur Datenbasis dekonturiert worden ist, der aber, damit nicht genug –, darüber hinaus die Theoriefähigkeit zur Form unseres Wahrnehmens und Handelns, unseres Empfindens und Denkens tatsächlich auch machen möchte. Doch damit zurück zu unserer Unterscheidung zwischen praktischen Einsichten und praktischem Wissen.)

Wohin die Vernachlässigung dieser Unterscheidung führt, läßt sich an den sogenannten normativen Ethiken deutlich machen, das heißt an jenen Theorien der Moralbegründung, die Prinzipien zur verbindlichen Normierung unseres Handelns aufstellen. In allen diesen Ethiken wird de facto aus praktischen Einsichten eine allgemeine Verbindlichkeit konstruiert, und zwar dadurch, daß man den relativierenden Rahmen für diese Einsichten unterschlägt. Am Ende wird immer die eigene Einsicht in das, was man für gut oder recht, für verständlich oder verbindlich hält, als Wissen ausgehen von dem, was für alle gut und recht, verständlich oder verbindlich ist. Man kann einen guten Teil der Ethik eben durch den Versuch charakterisieren, für diesen bloß in unseren Vorstellungen getätigten Brückenschlag zwischen unseren praktischen Einsichten und einem praktischen Wissen Träger-Prinzipien aufzustellen und zugleich mit diesen Prinzipien das Bewußtsein dafür, daß es sich hier überhaupt um eine Kluft und eine Brücke handelt, aufzulösen. (Es ist dabei im übrigen gleichgültig, ob es sich um das Prinzip des kategorischen Imperativs oder des allgemeinen Nutzens handelt oder um irgendwelche anderen Prinzipien.) Alle diese normativen Ethiken folgen einem – wie man es nennen könnte – »Gesetz der natürlichen Trägheit«, wonach eine denkhemmende Schwerkraft die Anerkennung der anderen Einsichten anderer in den Grenzen der eigenen Einsichten festhält. Ich ziehe also den Schlußstrich unter die Geschichte der normativen Ethiken: Es gibt kein praktisches Wissen, das uns dazu berechtigen würde, unsere erfahrungsgestützten praktischen Einsichten als verbindlich auch für andere zu erklären.

Die beiden Rückfragen nach dem Sinn der Rede vom Wissen und vom Sollen sind damit beantwortet. Kehren wir also zu unserer Ausgangsfrage zurück: Wie können wir wissen, was wir tun sollen? Ich fasse meine Antwort in drei Punkten zusammen.

(1) Die praktischen Einsichten, die sich auf Erfahrungen berufen können, beziehen sich auf die Zielvorstellungen unseres Han-

delns, also auf das Gute. Sie begründen Handlungs- und Lebensformen, die sich entsprechend unseren Leitvorstellungen bewährt haben. In formelhaft verkürzter Formulierung läßt sich sagen: Wir versuchen, bestimmte Ziele zu erreichen, die sich – als unsere moralischen Ziele bzw. das »an sich Gute« – nicht mehr aus den Sach- und Sinnzusammenhängen unseres tatsächlichen Handelns ergeben, sondern die die Prinzipien – die begründenden Anfänge – dieses Handelns darstellen. Mit unserem, diesen Prinzipien folgenden – moralischen – Handeln stellen sich Ergebnisse ein, sammeln wir moralische Erfahrungen. Diese Erfahrungen können wir als Gründe für die weitere Bestimmung dieser Prinzipien nutzen. In der auf die moralischen Erfahrungen anderer gestützten Verständigung auch mit diesen anderen mögen wir dann diese Prinzipien so weit und so überzeugend verstehen, daß sie die Formen unseres Handelns und Lebens tatsächlich prägen. Wir können so aufgrund unserer moralischen Erfahrungen Einsichten in unsere obersten Ziele gewinnen, die unser tatsächliches Handeln und Leben durchformen. Diese Einsichten führen aber nicht zu verbindlichen Normen oder Gesetzen des Handelns, die wir auch anderen auferlegen könnten.

(2) Unsere moralischen Erfahrungen und Einsichten entwickeln sich in einem historischen und subjektiven Rahmen. Dies bedeutet aber nicht, daß sie in unzugänglichen Innenwelten isoliert wären. Trotz der historischen und subjektiven Relativität können wir uns über unsere Erfahrungen und Einsichten verständigen – und tun dies auch ständig. Darin liegt kein Widerspruch. Denn daß wir überhaupt unsere Zielvorstellungen auf Erfahrungen und Einsichten stützen und sie damit verständlich machen wollen, heißt ja nichts anderes, als daß wir sie auch für andere zustimmungsfähig machen. Ein Grund – der unser Handeln verständlich machen soll – stellt die eigene Überzeugung genau in dem Sinne dar, in dem man glaubt, daß sie auch für andere zustimmungsfähig ist. Und nur die Vorstellungen werden zu den eigenen Überzeugungen, für die man diese Zustimmungsfähigkeit – also eben Gründe – unterstellt. Wer also sein Handeln überhaupt verständlich machen und selbst verstehen will, entwickelt seine historischen und subjektiven Einsichten in einem Rahmen, der diese Einsichten für eine Verständigung mit anderen offenhalten soll.

In der Konsens-Euphorie einiger moderner Ethiken hat man

geglaubt, hierin eine Logik der Verständigung entdecken zu können, die die Prinzipien eines vernünftigen Handelns bereits mit den Bedingungen solcher Verständigung überhaupt mitliefere. Tatsächlich ist dies – wie nach einem Blick auf unsere Konsens-Welt nicht anders zu erwarten – ein Irrtum. Daß ich meine Gründe für zustimmungsfähig halte, bringt ihnen noch keine Zustimmung. Die bloß gedachte Zustimmung ist eben keine. Wollen wir die Unterstellung der Zustimmungsfähigkeit unserer Einsichten auch für andere tatsächlich erkennen und uns danach in unserem Handeln einrichten – was eben nicht schon mit dem Willen, überhaupt einsichtig zu handeln, erledigt ist! –, dann müssen wir uns auf die wirklichen und oft genug anderen Überzeugungen der anderen einlassen. Dies wäre dann – wie ich sie nennen will – die *Anerkennung fremder Subjektivität*, die nicht als stets abrufbare Unterstellung der tatsächlichen Verständigung bereits gegenwärtig ist, sondern die eigens und, wie sich immer wieder zeigt, durchaus mühsam abgefordert werden muß.

Die Anerkennung fremder Subjektivität ist nicht zu verwechseln mit der kritiklos blinzelnden Anbiederung an die Meinungen anderer. Sie ist durchaus zur kritischen Stellungnahme fähig. Allerdings scheint mir diese Kritikfähigkeit beschränkt auf die innere Stimmigkeit der jeweils vertretenen Überzeugungen im Rahmen der sie tragenden Gründe. Am Ende aber wird gerade eine solche kritische Auseinandersetzung (unter dem Prinzip der Anerkennung fremder Subjektivität) dazu führen, eine Pluralität von praktischen Einsichten nicht nur zu akzeptieren, sondern auch zu schützen.

Auch die Anerkennung fremder Subjektivität schafft damit kein praktisches Wissen. Aber sie erweitert die Möglichkeiten unserer praktischen Einsicht, indem sie unsere Urteilskraft in Anspruch nimmt. Denn das Ganze der Überzeugungen und Erfahrungen anderer zeigt das Wirken der Urteilskraft dieser anderen. Die Verständigung unter dem Prinzip der Anerkennung fremder Subjektivität vergegenwärtigt und führt zugleich fort eine Kultur der Urteilskraft, die aus der kritisch korrigierenden Intersubjektivität lebt. Ich sehe damit in dieser Anerkennung fremder Subjektivität das Prinzip zur Kultivierung unserer Urteilskraft.

Bezieht man die Anerkennung fremder Subjektivität dagegen auf ihren Gegenstand, nämlich die moralischen Einsichten anderer,

lebt nur von Truismen

so läßt sie sich verstehen als eben das Verhalten, durch das Moralität definiert und realisiert wird.

(3) Die *Pluralität* der Überzeugungen kann zum *Konflikt* werden, der durch Einsicht nicht mehr gelöst, von uns aber auch nicht mehr ertragen werden kann – weil er die Bedingungen unseres Lebens bedroht. Die Pluralität ist – prinzipiell – zu schützen, weil ich die Einsichten anderer weder antizipieren kann noch normieren darf. Die Anerkennung fremder Subjektivität ist nur als historisch konkrete Leistung, nicht als nur gedankliche Unterstellung möglich. Die historische Wirklichkeit dieser Leistung ist es aber auch, die damit den Konflikt verschärft, weil sie nämlich nicht mehr den – in der Tat dogmatischen – Anspruch vertreten kann, diesen Konflikt durch eine übergeordnete Einsicht aufzulösen.

In dieser Situation ist es nun eine neue Entscheidung, jenseits der Grenzen für unsere Einsicht nicht dem *Kampf* – und sei es auch nur dem unblutigen Kampf des Niederstimmens von Minderheiten –, sondern den *Gesetzen* die Herrschaft zu übertragen. Das Prinzip für diese Gesetze – ihre Aufstellung und ihre Anwendung – ist nicht mehr nur die Anerkennung fremder Subjektivität – also eine auf die Überzeugungen anderer bezogene Verstehensleistung –, sondern *die tätige Sicherung anderer Subjekte*, nämlich ihrer Existenzbedingungen, unter denen sie überhaupt Subjektivität ausbilden und verwirklichen können.

Mir scheint es nicht unwichtig, darauf hinzuweisen, daß hier wiederum kein logischer oder begrifflicher Zusammenhang besteht, nach dem diese Existenzsicherung als Sinnbedingung für die Anerkennung fremder Subjektivität gezeigt und damit als Problem für uns beseitigt wird. Es stellt leider keinen logischen Widerspruch dar, die Überzeugung anderer anzuerkennen oder sogar zu vertreten und zugleich diese anderen selbst zu vernichten. Die Koexistenz in der Heiligung von Überzeugungen und der Vernichtung von Existenzen ist verträglich mit der Entscheidung – und sogar ein Indiz dafür –, sein Leben *allein* auf die *mir* erreichbaren Einsichten zu setzen. Der pfingstliche Himmel der Konsensvertreter und die alltägliche Hölle der Überzeugungstäter sind jedenfalls nicht durch eine logische Schranke getrennt.

Damit stehen wir am Ende unseres Weges. Das, was als Paradox und Provokation ihn zu gehen herausforderte, ergibt sich nun als sein Ergebnis. Gerade wer nicht Autoritäten und Traditionen in seinem Leben und Handeln blind folgen, sondern nach eigenen Einsichten sich verhalten will, wird in Erkenntnis der Grenzen dieser Einsichten auch die Verbindlichkeit von Gesetzen als übergeordnete Instanz für diese seine Einsichten erkennen können. Diese Erkenntnis muß nun aber nicht länger als provozierendes Paradox beargwöhnt werden, sondern sie kann ihre Rechtfertigung durch praktische Vernunft vorlegen – durch eine praktische Vernunft, die zwischen praktischer Einsicht und praktischem Wissen, zwischen Verbindlichkeit und Verständlichkeit zu unterscheiden gelernt hat.

Daß die Verbindlichkeit von Gesetzen nur unabhängig von den praktischen Einsichten und das heißt ja, unabhängig von deren legitimer Pluralität, vernünftig ist und wirklich werden kann, heißt nicht, daß dieser Verbindlichkeit keine Grenzen gesetzt sind. Gerade weil sie sich nur unabhängig von der Pluralität unserer Einsichten ergibt, begrenzt sich der Bereich ihrer Geltung auch auf die – durch die Existenzsicherung anderer Subjekte begründeten – Einschränkungen für den *»Spielraum«* des Verhaltens. Dessen *Form* gehört schon begrifflich – wie ich zu zeigen versucht habe – einer anderen Welt an. Und aus eben diesem Grunde gewinnt die *Verbindlichkeit von Gesetzen ihre Legitimation* – wie Kant dies im übrigen durchaus richtig für den falschen Gegenstand, nämlich für unsere Handlungs- und Lebensformen, gesagt hat – *alleine aus ihrer formalen Allgemeinheit*, gemäß der der Gesetzgeber selbst und jeder wie der andere ihnen unterworfen ist. Diese Grenzen zeigen bereits, daß nicht jede rechtliche Regelung, die de facto besteht, eine kritische Revision überstehen würde.

Dies sind nur Andeutungen. Aber sie skizzieren die Richtung des weiteren und langen Weges, auf die die Frage nun nicht mehr nur nach der Unterscheidung zwischen dem Guten und dem Rechten, sondern nach der *Gerechtigkeit* unserer Rechtsnormen (auf der einen Seite) und nach der Tragfähigkeit unserer Traditionen (auf der anderen Seite) führt – über Sokrates hinaus zu Platon und Aristoteles und in die weitere Geschichte unserer ethisch-politischen Kultur. Hier habe ich nur das erste Wegstück wiederholt, das uns die Sokratische Anfangseinsicht der praktischen Philosophie vergegenwärtigen sollte.

Daß dies kein bloß historisch archivierendes Unternehmen war, zeigt schon ein kurzer und bestürzter Blick in die Gegenwart. Die beängstigend ansteckenden Beschwörungen des Guten hier und des Bösen (durchaus auch als Person vorgestellt) dort, des guten Gewissens und wahren Wissens wiederum hier, der Verstocktheit und Blindheit dort, sind eine bedrückende Bestätigung der philosophischen Bemühung um die Sokratische Einsicht in das eigene praktische Nichtwissen. Philosophie löst keine praktischen Probleme. Aber sie kann den Knoten lösen, in den sich unsere Gedanken verwirrt und gefesselt haben. Es kann dann die Chance entstehen, daß wir mit befreiten Gedanken und bedachten Unterscheidungen an die Lösung unserer Probleme gehen und hin und wieder auch Erfolg haben.

Moralisches Argumentieren im Wandel der Werte und Normen

Der Universalitätsanspruch der Vernunft und der Wandel moralischer Erfahrungen

Ein Wandel von Werten und Normen kann sich in vielfacher Form vollziehen: als mit aller Gewalt betriebener völliger Umsturz, als überlegt geplante Teil-Erneuerung, als erst im nachhinein bemerkte und sich mit der Zeit ergebende allmähliche Veränderung. Die Revolutionen werden dabei – auch dort, wo sie dann doch nicht stattfinden – im Namen der Vernunft ausgerufen, der alleine man die Autorität zuschreibt, Veränderungen im Ganzen begründen zu können. Diese Autorität gewinnt die Vernunft durch die Autonomie gegenüber allen Erfahrungen, auf der sie nicht nur besteht, sondern durch die sie sich immer wieder auch – in der Tradition unserer Philosophie – definiert hat. In dieser selbstverfügten Autonomie kann sie dann auch ihren Universalitätsanspruch erheben, den Anspruch auf die allgemeine Gültigkeit und Verbindlichkeit ihrer Forderungen, die dem allmählichen Wandel überhoben sind, dafür aber das Ganze unserer Welt verändern sollen.

Unseren Erfahrungen, die wir im Bereich des Handelns gewinnen können, bleibt demgegenüber nur die Rolle einer partiellen Aufklärung, die uns lehrt, es hier und da unter diesen oder jenen Umständen besser zu machen. Erfahrungen vergegenwärtigen das Geschehene, gewinnen ihm dabei zwar eine – durchaus begrenzte – Verständlichkeit ab, bleiben aber auch in den Lauf und eben den Wandel der Geschehnisse eingebunden. Wer seinen Erfahrungen vertraut, wird daher auch in den Wandel dieser Geschehnisse, in dem sich auch die Werte und Normen wandeln, hineingezogen: ändert sich mit anderen Erfahrungen in einer sich verändernden Welt.

Der allmähliche Wandel der Geschehnisse, der sich auch in unseren Erfahrungen zeigt, vollzieht sich an der Vernunft mit ihren universellen Ansprüchen vorbei, sozusagen hinter ihrem Rücken und jedenfalls nicht unter ihrer Aufsicht. Will man diesen

»unbeaufsichtigten« Wandel nicht nur in seiner tatsächlichen Entwicklung beschreiben, sondern auch daraufhin verstehen, ob und in welchem Sinne aus ihm Argumente abzulesen sind für oder gegen die gewandelten Werte und Normen, so wird man das Aufsichtsrecht einer universellen Vernunft erörtern und die Einsichtsmöglichkeiten aus unseren moralischen Erfahrungen aufklären müssen.

Damit stelle ich keine neuen Fragen. Es sind eben die Fragen, durch die die praktische Philosophie seit ihren Anfängen sich selbst ihren Gegenstand gegeben hat. Wenn ich sie wieder aufnehme, so darum, weil ich glaube, daß wir mit den Antworten immer noch nicht zufrieden sein dürfen. Und ich glaube, daß dies auch nach meinem Vortrag noch so bleiben wird.

1. Der Universalitätsanspruch der praktischen Vernunft und die Universalität der empirischen Wissenschaften

Die Universalität, so scheint es, gehört zur Definition der Vernunft. Die Berufung auf die eine Vernunft bei jedermann verbietet jeglichen Einspruch. Denn in wessen Namen oder mit welchem Recht könnte man sonst überhaupt noch Zeugnis geben oder einfordern und Einspruch – auch diesen gegen die Einheit der Vernunft – erheben? Die Eleganz der transzendental-philosophischen Begründungskultur lebt seit eh und je davon, daß der Angriff auf die Einheit und Allgemeinheit der Vernunft beide, wie es scheint, in Anspruch nehmen muß.

Aber trotz der weiten bis nahezu allgemeinen Verbreitung, die dieses Argument unter Philosophen gefunden hat – wo es doch in Wahrheit nur eine definitorische Verfügung in Sachen Vernunft ist –, stützt sich die Überzeugung von der Universalität der Vernunft tatsächlich auf andere und, wie mir scheint, auch gewichtigere Gründe.

Die Vernunft braucht sich nämlich nicht erst in den Postulaten der (normativen) Philosophen auszuweisen. Sie hat sich längst gezeigt und ausgewiesen und bedarf keiner begrifflichen Herbeizitierung mehr. In den Wissenschaften – und zwar genauer gesagt: in den Wissenschaften, die uns in fortschreitender Entwicklung allgemein anerkannte bzw. sachlich zwingende Ergebnisse anbieten können, also in den mathematisch-experimentellen

Wissenschaften – finden wir eben die Universalität nicht nur des Geltungsanspruchs, sondern auch seiner Einlösung, mit der die Vernunft ihre Definition bestreitet. Nicht die – wie man (leider?) sieht, praktisch erfolglosen, aber sicher nicht daher auch schon sinnlosen – Appelle der Philosophen an die Einheit und Allgemeinheit der Vernunft und in ihrem Namen bezeugen tatsächlich deren Universalität, sondern die Entwicklung der Wissenschaften. Und weil die Vernunft – so kann man sich nun mit der philosophischen Tradition wieder verbinden – in den Wissenschaften doch keine andere ist als sonst auch – also in der alltäglichen »Lebenswelt« –, muß ihr die in den Wissenschaften ausgewiesene Universalität auch als praktische Vernunft, als Vernunft für die Probleme unseres Handelns und Lebens und insbesondere als Vernunft unserer Werte und Normen, zukommen.

Nun scheinen einer solchen Berufung auf die Universalität der mathematisch-experimentellen und im weiteren überhaupt der – am Vorbild der mathematisch-experimentellen Wissenschaften sowohl in ihrer Theoriebildung als auch in ihrer empirischen Arbeit ausgerichteten – empirischen Wissenschaften einige grundlegende Einwände entgegenzustehen, die den Legitimationszusammenhang zwischen der Universalität der empirischen Wissenschaften und dem Universalitätsanspruch der praktischen Vernunft eher einer naiven Betrachtung dieser Wissenschaften zugute halten als sachlichen Einsichten. Tatsächlich wäre eine solche Unterscheidung für meine Überlegungen nur am Rande bedeutsam. Geht es mit dem Universalitätsanspruch der praktischen Vernunft doch eher um eine – in ihrer Legitimität inzwischen selbstverständlich gewordene – Erbmasse als um ein hier und jetzt ständig neu zu erarbeitendes – sprich: zu legitimierendes – Vermögen. Anders gesagt: Es geht nicht um die Frage, ob und wie denn der Universalitätsanspruch der praktischen Vernunft tatsächlich aus einer womöglich ja nur scheinbaren Universalität der empirischen Wissenschaften begründet werden kann, sondern lediglich darum, wie die tatsächliche – und trotz aller subtilen Einwände und Einschränkungen immer noch weithin bis allgemein verbreitete – Überzeugung von der universalen Geltung der empirischen Wissenschaften ein Fundament liefern kann für die Legitimität auch der Geltungsansprüche, die die praktische Vernunft erhebt. Obwohl ich daher ohne kritische Rückfragen an den tatsächlichen Überzeugungen von der Universalität

der empirischen Wissenschaften anknüpfen kann, möchte ich doch durch zwei Bemerkungen das Recht dieser Überzeugungen zu bestätigen versuchen.
Wir sind nämlich inzwischen eindrücklich darüber belehrt worden, daß die wissenschaftlichen Beobachtungsergebnisse abhängig sind von den terminologischen, theoretischen und methodischen Rahmenfestlegungen, gemäß denen sie gewonnen wurden. Daten sind »theorie-imprägniert«, lautet eine der dafür gängigen Formulierungen. Außerdem ist uns in der Auseinandersetzung um die »Struktur wissenschaftlicher Revolutionen« jedenfalls gezeigt worden, daß diese Rahmenfestlegungen – und zwar trotz Kant – gewechselt haben, sei es nun im Sinne einer stetigen Entwicklung oder Evolution, sei es im Sinne alles umstürzender Revolutionen.
Was den ersten Einwand angeht, so können wir die Voraussetzung der Universalität für die empirischen Wissenschaften gleichwohl beibehalten. Denn *wenn* wir eine bestimmte Rahmenfestlegung getroffen haben, *dann* erscheint dieses und nur dieses Ergebnis unserer Beobachtungen. In einer Formulierung von Kurt Hübner: »Nicht in der Theorie, sondern erst in der Metatheorie (das heißt in diesem Wenn-Dann-Zusammenhang) erscheint die Realität«[1] und damit, wie wir hinzufügen können, die universelle Geltung der wissenschaftlichen Ergebnisse.
Und auch der zweite Einwand zwingt uns nicht zu einer grundlegenden Revision. Denn auch dann, wenn die Rahmenfestlegungen wechseln, können wir eine kontinuierliche Entwicklung in den (empirischen) Wissenschaften feststellen. Trotz geänderter Perspektiven und Interpretationen – und seien sie für den empirischen Aufbau noch so fundamental – beiben das empirische Material und die technischen Methoden seiner Erarbeitung sozusagen als empirischer »Kern« für die (theoretischen) Perspektiven und Interpretationen erhalten. Dies ist nicht im Sinne einer »reinen«, nämlich theoriefreien, Empirie zu verstehen, sondern im Sinne einer »relativen Autonomie« technischer Kompetenz, die im Rahmen vieler theoretischer Konzeptionen – und auch »Paradigmenwechsel« durchaus überdauernd – die Bedingung für die theoretische Verwendbarkeit der (zum Teil ja in höchst

1 Kurt Hübner, *Kritik der wissenschaftlichen Vernunft*, Freiburg/München 1978, S. 71.

aufwendigen Verfahren gewonnenen) empirischen Daten überhaupt ist.

Und man kann dieser technischen Kompetenz der Experimentatoren (und der Beobachter im allgemeinen) noch die theoretische Kompetenz der systematisierenden Interpreten zur Seite stellen, die zur Erkennung einer »Revolution« oder auch einfach einer grundlegenden Änderung ja erforderlich ist. Das Erkennen der Neuheit des Neuen verlangt dessen Identifikation als einer Verbesserung des Alten, dessen Einordnung in die Geschichte der begrifflichen Zusammenhänge und theoretischen Interpretationen.

Selbst die dramatischsten Wechsel theoretischer Konzeptionen stützen sich so auf eine kontinuierliche Entwicklung der technischen und theoretischen Kompetenzen, in der ich die Universalität der wissenschaftlichen Erkenntnis sehe. Genauere und zuverlässigere Meßgeräte mit einem immer besseren Wissen über ihre Einsatzmöglichkeiten auf der einen Seite und eine in ihrer theoretischen Interpretationsgeschichte immer besser durchschaute und weiterentwickelte Begrifflichkeit auf der anderen Seite bilden den universellen »harten Kern« all der Konzeptions-Kämpfe, deren Widerlegungsrituale doch eher zu den Grenzstreitigkeiten am Rande der Wissenschaften – nämlich nach »außen« zu den übrigen Verständnisgebieten und insbesondere den »Weltbildern« der Menschen hin – gehören.

Die tatsächliche Überzeugung von der Universalität der empirischen Wissenschaften scheint mir daher ihr Recht zu gewinnen daraus, daß in den Wissenschaften, die sich überhaupt um einen solchen Kern technischer und theoretischer Kompetenz entwikkeln, durchaus auch deren universelle Geltung begründet ist, und zwar sowohl im Sinne einer für jedermann prinzipiell erreichbaren Verständlichkeit (und Nachprüfbarkeit) ihrer Erklärungen und Begründungen als auch im Sinne einer prinzipiell jederzeit unterstellbaren Verläßlichkeit ihrer »Kern-Ergebnisse«.

Anerkennt man in diesem Sinne die Universalität der (empirischen) Wissenschaften, so kann sich unsere Frage nun auf die Gründe für diese Universalität konzentrieren. Die Antwort darauf muß festhalten, daß die Allgemeingültigkeit der wissenschaftlichen Erkenntnisse letztlich durch *Erfahrungen* gesichert wird: nämlich durch die *technischen Erfahrungen* im Sinne der experimentellen Praxis bzw. der methodisch betriebenen Empirie auf

der einen Seite und durch die *theoretischen Erfahrungen* im Sinne der historischen Entwicklung der jeweiligen Begriffe und Theorien und der Arbeit mit ihnen auf der anderen Seite.
Wenn nun am Ende die Erfahrungen es sind, die den (empirischen) Wissenschaften die universelle Geltung ihrer Ergebnisse sichern, so haben wir auch für die praktische Vernunft zu fragen, in welcher Weise sie sich auf Erfahrungen bei der Einlösung ihrer Geltungsansprüche berufen kann. Der Zwang zu dieser Frage ergibt sich natürlich nur für den, der – wie hier unterstellt ist – nicht an die rein begriffliche Selbsterschaffung dieses Universalitätsanspruchs durch eine (definierende) Vernunft glaubt. Auch die Berufung auf ein »Faktum der Vernunft«, also auf das universelle Bewußtsein moralischer Verbindlichkeit, soll hier im gleichen Unglauben geopfert werden, da es ja nicht ein Faktum im Sinne eines tatsächlichen Befundes ist, sondern ein durch die normative Selbst-Definition der Vernunft verfügtes, ein in diesem Sinne »deduziertes« Faktum.[2] Einen Weg an der Erfahrung vorbei gibt es nicht. Daß er gleichwohl immer wieder – und zwar insbesondere immer wieder in der Philosophie – empfohlen und gefordert worden ist, liegt wohl alleine daran, daß er nur von Überzeugten für Überzeugte geebnet wurde, also von denjenigen und für diejenigen, die ihn nicht mehr zu gehen brauchten. Ich belasse daher dem Weg aus bloßen Begriffen, das heißt den Weg aus »reiner Vernunft«, seine Existenz und Legitimation in den Vorstellungen der Überzeugten und stelle mich der Frage nach dem Weg, auf dem die praktische Vernunft ihre Geltungsansprüche über unsere Erfahrungen einlösen kann.

2 Ausführlicher habe ich diesen Zusammenhang darzustellen versucht in meinem Aufsatz »Das ›Faktum der Vernunft‹ und die Realität des Handelns. Kritische Bemerkungen zur transzendentalphilosophischen Normbegründung und ihrer handlungstheoretischen Begriffsgrundlage im Blick auf Kant«, in diesem Band, S. 182 ff.

2. Die Begründung praktischer Einsichten durch lebensweltliche Erfahrungen

2.1 Die Historizität unserer lebensweltlichen Erfahrungen

In den empirischen Wissenschaften gewinnen wir unsere Erfahrungen nicht ohne Vorbereitung. Der Idealfall der wissenschaftlichen Erfahrung, das Experiment, findet in der sorgfältig abgeschirmten und zurechtgerückten Welt des Labors statt. Die natürliche Mannigfaltigkeit und Entwicklung unserer Wirklichkeit wird dadurch in eine überschaute und beherrschte Versuchssituation umgebildet. Die Identität der Situationen macht unsere Erfahrungen darin vergleichbar. Und diese Vergleichbarkeit sichert den wissenschaftlichen Erfahrungen prinzipiell die Möglichkeit, allgemeine theoretische Behauptungen zu bestätigen oder zu widerlegen.

Schauen wir demgegenüber auf unsere alltäglichen, lebensweltlichen Erfahrungen. Denn auf sie alleine können wir uns ja berufen, wenn wir für oder gegen bestimmte praktische – nämlich handlungsleitende – Überzeugungen argumentieren wollen. Der Unterschied zu den wissenschaftlichen Erfahrungen wird sogleich unübersehbar deutlich: Die alltäglichen Erfahrungen finden nicht in standardisierten Situationen statt, sondern in der mannigfaltigen und wechselnden, nur teilweise überschauten und noch weniger beherrschten Wirklichkeit unseres Handelns und Lebens. Sie besitzen daher auch nicht dieselbe Vergleichbarkeit, die die wissenschaftlichen Erfahrungen auszeichnet.

Trotzdem sind auch sie nicht schlichtweg unvergleichbar. Auch unsere lebensweltlichen Erfahrungen bestehen ja gerade darin, aus dem vielfältig geknüpften und sich knüpfenden Netz unserer Wahrnehmungen eben die miteinander in Verbindung zu bringen, die – unter einem gewissen Gesichtswinkel zumindest – Vergleichbares zeigen. *Erfahrungen gewinnen heißt damit auch Vergleiche ziehen.* Und dieses Vergleichen ist selbst wiederum *ein Tun im sozialen Zusammenhang*. Wer vergleicht, schafft nicht nur im eigenen Kosmos seiner Wahrnehmungen Verbindungen, sondern macht dadurch seine Wahrnehmungen auch mit denen anderer vergleichbar und so diesen anderen verständlich. *Vergleichen heißt damit, das unüberschaute Mannigfaltige sich selbst und anderen verständlich machen.*

Mit unseren Erfahrungen verknüpfen wir Wahrnehmungen aus dem komplexen Ganzen unserer Wahrnehmungswirklichkeit so miteinander, daß wir selbst diese Wirklichkeit zu verstehen beginnen und sie anderen verständlich machen können. Aber – und dies bedeutet nun einen entscheidenden Unterschied zu unseren wissenschaftlichen Erfahrungen – diese Verständlichkeit ergibt sich nur in gewissen Grenzen und unterliegt einem Wandel. Mit den in unseren Erfahrungen geknüpften Verbindungen zwischen unseren Wahrnehmungen wird gleichsam nur ein bestimmter Teil unseres Wahrnehmungsganzen ausgeleuchtet, und auch dies nur von einer Seite her. Das in der jeweils verwendeten Begrifflichkeit fixierte kollektive Interesse an bestimmten Zusammenhängen lenkt unseren Blick auf eben die in unseren Erfahrungen miteinander verknüpften Wahrnehmungsseiten. Und dieses Interesse wandelt sich – nicht zuletzt gerade aufgrund der durch es selbst hervorgerufenen Erfahrungen. Dieser Wandel kann zu einem inneren Wandel unserer Erfahrungen selbst führen. Aus einer geänderten Blickrichtung zeigen sich andere Verbindungen und Konturen unserer Wahrnehmungen, verblassen unsere »alten« Erfahrungen und verändern sich zu Fällen neuer Zusammenhänge.

Unsere praktischen Erfahrungen, so läßt sich der Gedanke zusammenfassen, konturieren in einer bestimmten und auch wechselnden Sicht Teile aus unserer komplexen Wahrnehmungswelt, vergegenwärtigen diese so in einer begrenzten Verständlichkeit, bleiben dabei aber eingetaucht in den Strom der Geschehnisse, in unsere Geschichte, nicht nur unserer Handlungen und Widerfahrnisse, sondern auch unserer Interessen und Perspektiven. *Praktische Erfahrungen bleiben so offen für ihre eigene Veränderung*, gewinnen niemals eine jederzeit und von jedermann abrufbare Identität, die unsere wissenschaftlichen Erfahrungen zu den Bestätigungs- oder Widerlegungsinstanzen für unsere theoretischen Überzeugungen macht.

Trotz dieser *Historizität unserer praktischen Erfahrungen* – insbesondere ihrer *offenen Identität* und nur *begrenzten Vergleichbarkeit* – verlieren sie nicht ihr Gewicht als Gründe für und gegen unsere handlungsleitenden Überzeugungen. Wenn diese Erfahrungen aber nicht in der gleichen Weise wie unsere wissenschaftlichen Erfahrungen Bestätigungen oder Widerlegungen liefern, wie kann man dann verstehen, daß sie gleichwohl Gründe – mit dem Anspruch auf Verläßlichkeit – sein können?

Gründe erzeugen eine besondere Art der Verständlichkeit. Sie heben die Komplexität unserer Wahrnehmungs- und Handlungswirklichkeit in das Licht begrifflicher Zuordnungen und schaffen dadurch eine überschaubare geistige Welt, in der die konkreten Situationen der Wirklichkeit zu den (besonderen) Fällen allgemeiner, begrifflich geordneter Zusammenhänge werden. Und zwar liegt die begründende Kraft dieser Fälle darin, daß sie als Fälle unserer handlungsleitenden Vorstellungen zeigen, wie es denn ist, wenn man diese handlungsleitenden Vorstellungen zu verwirklichen versucht hat.

Dies ist nun ein entscheidender Punkt, den ich erläutern möchte. Die Redeweise, daß unsere Erfahrungen die Wirklichkeit unserer Vorstellungen zeigen, könnte dazu verleiten, an einen unmittelbaren Vergleich unserer Vorstellungen mit der in unseren Erfahrungen gegenwärtigen Wirklichkeit zu denken. Tatsächlich ist ein solcher unmittelbarer Vergleich aber unmöglich. Unsere Vorstellungen sind viel zu ungenau, als daß sie zum unmittelbaren Vergleich mit der tatsächlichen Wirklichkeit taugen würden. Sie müßten dazu die Geschichtlichkeit und also Kontingenz der durch sie in Gang gebrachten Entwicklungen bereits vorwegnehmen. *Wir wissen daher nie, wie es denn wäre, wenn es ohne Einschränkung so ist, wie es nach unseren Vorstellungen sein sollte. Aber wir wissen, wie es ist, wenn wir versucht haben, es so werden zu lassen, wie wir uns vorgestellt haben, daß es sein sollte.*

Unsere Erfahrungen zeigen uns dabei eine Wirklichkeit, die konkreter ist als unsere Vorstellungen. Zugleich ist es aber auch eine Wirklichkeit, die nicht nur durch unsere Vorstellungen geprägt worden ist, sondern in die auch andere – von uns nicht überschaute und beherrschte – Faktoren eingegangen sind. Man kann dieses Fremd- oder Außenbestimmtsein der erfahrenen Wirklichkeit als ein Argument dafür anführen, unseren Erfahrungen ihre begründende Kraft für die Formulierung unserer Vorstellungen überhaupt abzusprechen. Eine solche Haltung würde sich auf die einsame Welt der eigenen Vorstellungen bescheiden und die gemeine Wirklichkeit höchstens als Darstellungs- oder Arbeitsfeld ihrer eifernden Unbelehrbarkeit wahrnehmen können. *Man kann sich aber auch durch seine Erfahrungen dazu zwingen lassen*, das wirkliche Ergebnis den Vorstellungen zuzurechnen und damit *die tatsächliche und durchaus kontingente Entwicklung unserer Handlungswirklichkeit als Konkretisierung unserer Vorstellungen anzuerkennen*.

Mit einer solchen Haltung verliert man die Möglichkeit, die Vorstellungen von der Wirklichkeit, die in ihrem Namen geschaffen werden sollte und die sich nun entwickelt hat, freizusprechen. Unsere Vorstellungen sind dann nicht mehr die Erzeugnisse lediglich unseres Denkens (und Wollens), sondern die Ergebnisse auch einer Geschichte, deren kontingente Entwicklung die (vermeintlichen) »Denknotwendigkeiten« der Philosophen auflöst und auch deren Begriffen erst ihre Bedeutung verleiht. Wer auf diese Weise die Entscheidung getroffen hat, sich durch Erfahrung belehren zu lassen, begibt sich der Freiheit autonomer Begriffskonstruktionen und gewinnt die Möglichkeit, die Bedeutung der (normativen) Begriffe nach der Geschichte ihrer Verwirklichungsversuche zu differenzieren. Auch die Vernunft selbst wechselt damit ihre Rolle vom *praeceptor mundi*, dem die Welt belehrenden Vordenker, zum *interpres historiae*, dem durch die Geschichte belehrten Darsteller der jeweiligen Entwicklungen.

Ob wir allerdings diesen Rollenwechsel vollziehen und damit unsere Erfahrungen tatsächlich zu Gründen für die Formulierung unserer handlungsleitenden Vorstellungen werden lassen, dies ist eine Sache der Entscheidung und jedenfalls kein logischer Zwang.

2.3 Begründen als modifizierendes Konkretisieren unserer Vorstellungen

Wenden wir noch einmal den Blick auf die Art, in der unsere Erfahrungen zu Gründen für die Formulierung unserer handlungsleitenden Vorstellungen werden können. Ich sagte, daß diese Vorstellungen durch unsere Erfahrungen konkretisiert werden.

Diese Konkretisierungen sind aber nicht einfach als eine »Auffüllung« der ursprünglichen allgemeinen Vorstellungen mit Details zu verstehen. Dadurch, daß uns mit unseren Erfahrungen vieles in den Blick gerät, was wir vorher überhaupt nicht gesehen bzw. bedacht haben, anderes sich hingegen als praktisch irrelevant herausstellt und wieder anderes sich schlichtweg anders ergibt als wir gedacht haben, verändern sich unsere Vorstellungen nicht nur wie ein Haus, das man bezogen hat und nun bewohnt, mit Möbeln einrichtet, hier und da auch ausbessern muß, sondern eher wie eine Stadt, in der neue Häuser gebaut und andere abgerissen werden, in der ganze Viertel hinzukommen und sich verändern, so daß u. U. nur noch die ungefähre geographische Lage – und nicht einmal in jedem Fall auch ihre Umgebung – gleichbleibt.

Bei einer solchen Konkretisierung verschwimmen denn auch die Grenzen zwischen dem zumindest verbal beharrlichen Bestehen auf bestimmten Vorstellungen – obwohl doch auch sie mit Erfahrungen angereichert werden – und dem auch verbalen Aufgeben alter Vorstellungen – obwohl sie doch kontinuierlich in die neuen Vorstellungen übergegangen und in ihnen aufgegangen sind. Auch die Begründung unserer Vorstellungen durch Erfahrungen ist so als eine historische Entwicklung zu verstehen, als eine Geschichte, die sich in einer kontingenten Komplexität – und nicht nach antizipierbaren Mustern oder determinierenden Gesetzen – entfaltet

2.4 Resümee

Damit ist die Gelegenheit gegeben sowohl für ein erstes Resümee als auch für weitere Folgerungen im Blick auf das philosophische Verständnis des Werte- und Normenwandels. Zunächst das Resümee:

Während unsere wissenschaftlichen Erfahrungen die Allgemeingültigkeit unserer theoretischen Erkenntnisse – in dem dargestellten Sinne – sichern, liefern unsere alltäglichen Erfahrungen für unsere praktischen Überzeugungen Gründe zu deren modifizierenden Konkretisierung. Diese Gründe führen zwar zu praktischen Einsichten, denen wir in unserem Handeln und Leben folgen können, bleiben aber in einen historischen Kontext eingebunden, mit dem auch sie sich verändern können.

Rechnet man »Gewinn« und »Verlust« gegeneinander auf, so kann man sagen: Auf der »Gewinnseite« können die alltäglichen Erfahrungen gegenüber den wissenschaftlichen Erfahrungen für sich verbuchen, daß sie sich auf die tatsächliche (kontingente) Komplexität unserer Lebenswirklichkeit beziehen und nicht lediglich auf die zurechtgerückte Labor- oder Modellwelt unserer Theorien. Daher liefern sie auch Gründe für unser tatsächliches Handeln und Leben, für die konkreten Situationen, in die wir in unserer Lebenswirklichkeit immer wieder verwickelt werden. Auf der »Verlustseite« ist dann gegenüber der Allgemeingültigkeit unserer wissenschaftlichen Erfahrungen die Einschränkung der Geltung unserer alltäglichen Erfahrungen auf historische – und das heißt unter Umständen auch: biographische oder sogar situative – Zusammenhänge einzutragen.

Und dabei ist auch zu sehen, daß diese Einschränkung nicht – auf einer höheren Ebene – theoretisch aufgelöst werden kann: etwa dadurch, daß man allgemeingültige Theorien über den Zusammenhang zwischen einem bestimmten historischen Rahmen und den Ergebnissen des Handelns in diesem Rahmen aufstellt. Dies verbietet die unüberschaubare Komplexität unserer Lebenswirklichkeit, die sich theoretisch weder vollständig antizipieren noch modellieren läßt. Wir bleiben hier auf die Abwägungen unserer erfahrungsgestützten Urteilskraft angewiesen.

Damit scheint sich aber als Folgerung für unsere Frage nach dem Verständnis des Werte- und Normenwandels aufzuzwingen, daß uns lediglich übrigbleibt, uns möglichst gut – und das heißt möglichst klug mit dem Einsatz unserer Urteilskraft – in diesem Wandel der Werte und Normen zurechtzufinden und jedenfalls nicht zu versuchen, mit einer ja bloß definitorisch verfügten Vernunft uns diesem Wandel entgegenzustellen oder uns als dessen Beurteiler im Namen der Vernunft über ihn zu erheben.

Die Antwort auf diese Frage nach der Folgerung aus den vorgetragenen Überlegungen verlangt einige Unterscheidungen: und zwar insbesondere die Unterscheidungen zwischen persönlichen moralischen Überzeugungen, gemeinsamen Werten und allgemeinen Normen. Entsprechend diesen Unterscheidungen teile ich meine Antwort auf.

3. Der Wandel persönlicher moralischer Überzeugungen

3.1 Moralische Einsichten

Bisher habe ich nur von praktischen Erfahrungen und Überzeugungen im allgemeinen geredet, nicht aber auch von unseren

besonderen moralischen Erfahrungen und Überzeugungen. Tatsächlich ist hier aber ein Unterschied zu machen. Nicht alle Erfahrungen und Überzeugungen, die sich mit unserem Handeln ergeben oder dieses leiten, sind moralisch. Von Kant stammt bekanntlich die Definition der Moralität durch die Unbedingtheit der in ihrem Namen auferlegten Verpflichtung, die er in seinem Kategorischen Imperativ expliziert. In der Tradition des Aristoteles, wie sie auch vom Utilitarismus im wesentlichen aufgenommen wird, geht es bei der Moral hingegen um möglichst vernünftige Sitten und Gebräuche, Haltungen und Fähigkeiten und dabei vor allem um Tugenden. Ich selbst möchte hier auf die gemeinsame Wurzel beider Konzeptionen zurückgehen, nämlich auf die *historisch errungene Tatsache*, daß wir es als ein verpflichtendes Ideal für uns betrachten, *für unser Handeln im Ganzen des Lebenzusammenhangs Rechenschaft abzugeben*, und zwar vor einer von uns selbst als unbestritten anerkannten Instanz.
Dieses *Ideal der Moralität* – wie ich es kurz nennen möchte – ist durchaus nicht immer und überall, und zwar auch nicht in unserem Kulturkreis, in der gleichen Weise verstanden worden. In der Ethik haben sich eindrucksvoll markierte Positionen versammelt und streiten um den Sieg ihrer jeweiligen Auslegung dessen, was es heißt, Rechenschaft abzulegen, wie weit diese Verpflichtung zur Rechenschaft in unser konkretes Handeln hineinreicht, ob sie eher für unsere Gesinnung oder für die Folgen unseres Handelns zuständig ist, auf welche Weise sie überhaupt bindet, usw.. Diese Fragen möchte ich mir hier nicht zum Thema machen. Mir kommt es lediglich darauf an, daß wir unsere moralischen Überzeugungen aus den allgemein handlungsleitenden Überzeugungen jedenfalls in der Weise herausheben können, daß sie unter einem als verpflichtend anerkannten Ideal abzulegender Rechenschaft gebildet worden sind und vertreten werden.
Ersichtlich erlaubt aber eine solche moralische Qualität unserer Überzeugungen nicht, diese durch die (auf sie bezogenen und sie stützenden) moralischen Erfahrungen für verläßlicher als die anderen praktischen Überzeugungen oder für allgemein verbindlich zu erklären. Weder der persönliche Ernst und Einsatz noch die gedankliche Sorgfalt, mit der wir unsere moralischen Überzeugungen bilden und vertreten, ändern die kontingente Komplexität unserer Welt, in der unsere Erfahrungen eben immer nur

Gründe, aber niemals *Beweise* an die Hand geben, immer nur – wie ich auch sagen möchte – (individuelle) *Einsichten*, aber niemals ein (allgemeines) *Wissen* begründen können. Insbesondere aber begründet die Unbedingtheit der Verpflichtung zum moralischen Ideal, die jemand als Wesenskern der Moralität ansehen und unter die er auch sein eigenes Leben stellen mag, keine Verpflichtung der eigenen moralischen Überzeugungen auch für andere – ja nicht einmal in allen künftigen Situationen für ihn selbst.

Man mag *Moralität als Selbstverpflichtung zur Rechenschaft* definieren und realisieren. Und man mag die moralischen Überzeugungen als unser Gewissen zur richterlichen Höchstinstanz für unser Leben, die uneingeschränkt allen anderen Argumenten übergeordnet ist, erklären und anerkennen. Trotzdem entsteht dadurch keine auch auf andere (und nicht einmal für alle anderen Situationen des eigenen Lebens) übertragbare Verbindlichkeit. Das Gewissen bleibt fehlbar und muß als solches anerkannt werden, obwohl es dadurch seine Verbindlichkeit für den Handelnden selbst nicht verliert.

Es ergibt sich damit eine erste Folgerung. Auch unsere besonderen moralischen Einsichten bleiben wie unsere praktischen Einsichten im allgemeinen eingeschlossen in die historisch sich entwickelnden Erfahrungsmöglichkeiten, die sich aus der kontingenten Komplexität unserer jeweiligen Lebenswirklichkeit ergeben.

3.2 Moralische Prinzipien

Wenn sich nun auch die moralischen Einsichten im historischen Wandel der Lebenswirklichkeit auf veränderte Erfahrungen stützen müssen und damit im Prinzip selbst einem Wandel unterliegen, kommt ihnen doch eine »relative Autonomie« zu – und zwar im Unterschied zu den übrigen praktischen Einsichten und Überzeugungen oder doch jedenfalls in einem deutlich unterschiedenen Maße. Denn in dem Bemühen um eine Rechenschaft über das Handeln im Ganzen des Lebenszusammenhangs werden *Prinzipien* des Handelns und Lebens erreicht, die zugleich mit ihrer hohen Integrationskraft eine gewisse Eigenständigkeit gegenüber den durch sie integrierten Handlungen und Handlungsweisen gewinnen.

So kann man in dem Kategorischen Imperativ Kants oder dem utilitaristischen Prinzip (in seinen unterschiedlichen Auslegungen), aber auch in so allgemeinen moralischen Imperativen wie denen, daß man niemanden betrügen und niemals einen Menschen wie eine Sache bloß verwenden dürfe, daß man die Ehrfurcht vor dem Leben wahren müsse usw., sozusagen die moralische Essenz der eigenen Versuche zu einer Handlungsrechenschaft verdichtet sehen. Ihre Integrationskraft für unser Handeln besteht darin, daß diese Prinzipien die Handlungen, für die sie überhaupt relevant werden, in das moralische Selbstverständnis einer Person, in deren *moralische Identität*, einzuordnen erlauben.

Eine Bedingung für diese *Integrationskraft* ergibt sich aus ihrer *Interpretationsoffenheit*. Weil sie mit wertenden bzw. normativen Prädikaten formuliert sind, sind sie auch nur über wertende bzw. normative Interpretationen überhaupt der jeweiligen Handlungswirklichkeit zuzuordnen. Damit können sie sich aber auch von dieser Handlungswirklichkeit ablösen, ihre eigene interne Überzeugungskraft gewinnen und sogar aus eigener Autorität einen Wandel zur Wirklichkeit fordern oder verurteilen, in Gang zu setzen, zum Stillstand zu bringen oder auch umzukehren versuchen.

Wenn sie auch alleine für sich genommen in ihrer satzhaften Ausformulierung als inzwischen sogenannte »Leerformeln« analysiert werden mögen – die nur zirkulär begründet werden können und alleine zu tautologischen Urteilen führen –, so behalten sie doch für unsere Handlungswirklichkeit einen Gehalt und ihre Überzeugungskraft. *Nicht aus sich selbst, sondern als Ergebnisse der moralischen Rechenschaft unseres Handelns und damit auch bleibend bezogen auf bestimmte moralische Erfahrungen werden unsere moralischen Prinzipien gehaltvoll und praktisch bedeutsam.* Zugleich damit gewinnen sie aber auch ihre eigene und in einem gewissen Maße eigenständige Identität, da sie mit ihrer Entwicklung und ihrem Verbindlichwerden die (moralisch reflektierte) Handlungswirklichkeit nur noch als eine Instanz ihrer Geltung erfassen lassen.

Der Tendenz nach bleiben unsere moralischen Prinzipien der jeweiligen Lebenswirklichkeit gegenüber verspätet und utopisch in eins: verspätet in ihrer Begründung aus vergangenen und einfacher strukturierten – und zumeist sehr frühen – Erfahrungen, utopisch in ihrer Begründung eines Neuen, das doch wieder das Frühere und vielfach das sehr Frühe sein soll – und jedenfalls ein Einfaches ist. Die mit der Suche nach der *Einheit der moralischen Person* sich ergebende *Tendenz zur Einfachheit* macht es auch erklärlich, daß die in unserer Tradition entwickelten moralischen Prinzipien in einer engen Verwandtschaft miteinander verbunden geblieben sind, obwohl sich die Handlungswirklichkeit immer komplexer gestaltet hat.

Dies als Bestätigung der logischen Autonomie dieser Prinzipien verstehen zu wollen, ist nach meinem Verständnis ein begrifflicher Fehler. Daraus aber die Minderung ihrer Verbindlichkeit ableiten zu wollen, wäre nicht nur ein begrifflicher Fehler – mit dem man leben kann –, sondern ein existentieller Irrtum, der entscheidende Lebensmöglichkeiten verstellt. Er entzöge uns nämlich die einzigen Möglichkeiten, die wir für ein selbstverantwortetes Lebensverständnis in unserer Geschichte erreicht haben: das Vertrauen auf unsere Erfahrungen und die darauf aufbauende Bemühung um Prinzipien einer im Kern einheitlichen Lebensführung.

4. Der Wandel gemeinsamer Werte

Damit komme ich zu meiner zweiten Folgerung. Ich beginne sie mit der Unterscheidung zwischen Prinzipien und Werten. Prinzipien, in denen sich unsere praktischen und insbesondere unsere moralischen Überzeugungen verdichten, können zu durchaus verschiedenen Handlungsweisen führen. Und unterschiedliche Prinzipien können wiederum – wie kulturelle und gesellschaftliche Traditionen zur Genüge zeigen – zu gleichen oder ähnlichen Handlungsweisen führen. Ich möchte nun solche Handlungs- und Lebensweisen, die sich in einer Gruppe – oder besser: in einer Kultur oder Gesellschaft – als ein gemeinsamer Bestand des Handelns und Verhaltens herausbilden, *Handlungs- und Lebensformen* nennen. Kann man sich auf sie als auf die *selbstverständlich geltenden Muster* für unser Handeln oder Verhalten berufen, so will ich sie als (gemeinsame) *Werte* verstehen.

Die als Werte verstandenen Handlungs- und Lebensformen sind gegenüber den Prinzipien Konkretisierungen, die sich über die alltäglichen Erfahrungen in der gemeinsamen Lebenswirklichkeit einer Gesellschaft herausgebildet haben. Die *Gemeinsamkeit dieser Lebenswirklichkeit* – und die dadurch bedingte Gleichheit oder Ähnlichkeit der Erfahrungen, die sich wiederum auf gemeinsame Interessen und gleiche oder ähnliche Bedürfnisse beziehen – und *nicht* so sehr die *Gemeinsamkeit bestimmter Prinzipien* ist es denn auch, die die Verfestigung bestimmter Handlungs- und Lebensweisen zu gemeinsamen Handlungs- und Lebensformen bewirkt.

Will man diese Handlungs- und Lebensformen in ihrem Sinn verstehen und kritisch beurteilen, dann wird man daher auch weniger danach fragen, welche praktischen und insbesondere moralischen Prinzipien in ihnen verwirklicht werden – die Antworten wären ohnehin viele und mehrdeutige –, sondern vielmehr danach, ob sie in der gegenwärtigen Lebenswirklichkeit denn auch noch – relativ zu den vertretenen Interessen und bestehenden Bedürfnissen – die Aufgaben, die ihnen zugedacht waren, erfüllen oder die Leistungen, die von ihnen erwartet werden, erbringen. Es sind dann *utilitaristische Prinzipien*, die zu einer kritischen Beurteilung der Werte in einer Gesellschaft führen und die mit dem *Wandel der Lebenswirklichkeit* auch einen *Wandel dieser Werte* einfordern können.

Was die *moralischen Werte* im besonderen angeht, so erscheint die Antwort auf die Frage nach den Möglichkeiten einer kritischen Beurteilung schwieriger. Die »relative Autonomie« der moralischen Prinzipien gegenüber der Handlungs- und Lebenswirklichkeit besagt ja auch, daß die Zuordnung dieser moralischen Prinzipien zur Handlungs- und Lebenswirklichkeit, also auch zu bestimmten Handlungs- und Lebensformen, von vielfachen Interpretationen abhängt. Es kann dabei insbesondere auch der Fall eintreten, daß die Musterbeispiele, die als die prägenden Instanzen der moralischen Prinzipien diesen ihren Gehalt geben, wechseln, ohne daß sich damit im Verständnis der Handelnden auch die Prinzipien selbst gewandelt hätten.

Für den Versuch einer moralischen Argumentation im Namen der praktischen Vernunft – und das heißt ja: im Namen der moralischen Prinzipien – entsteht dadurch die Schwierigkeit, überhaupt eine allgemeingültige bzw. begründbare Zuordnung von Moralität auf der einen und bestimmten Handlungs- oder Lebensformen auf der anderen Seite vorzunehmen. Eine kritische Interpretation ist zwar – wie gesagt – für die Abschätzung der

Handlungsfolgen in ihrer Bedeutung für bestimmte Interessen und Bedürfnisse möglich: und insoweit solche Abschätzungen mit zur Konkretisierung der Moralität gehören, gibt es hier natürlich auch moralische Argumentationen. Was aber den Versuch angeht, bestimmte Handlungs- und Lebensformen aus moralischen Prinzipien nach einer allgemein verfügbaren Methode abzuleiten, so erscheint mir einzig der Verzicht darauf vernünftig und moralisch.

Die Anerkennung auch einer anderen moralischen Interpretation von Werten als es die eigene ist, oder – wie ich selbst zu sagen vorziehe – die *Anerkennung fremder Subjektivität*, ergibt sich hier als das Prinzip, das alleine Einsichtigkeit für sich beanspruchen kann. In bezug auf unsere Werte und deren Wandel käme danach einer moralischen Argumentation nur eine deutlich untergeordnete Rolle zu.

5. Der Wandel allgemeiner Normen

Damit komme ich zu meiner dritten und letzten Folgerung. Weder unseren (persönlichen) praktischen Überzeugungen noch unseren (gemeinsamen) Werten kommt eine allgemeine Verbindlichkeit zu. (Die Allgemeingültigkeit bestimmter Werte in einer Kultur oder Gesellschaft ist ja nicht ein begründetes Postulat, sondern – als Ergebnis einer bestimmten Entwicklung – ein Faktum, das nicht mehr zu postulieren ist, sondern von dem bei den tatsächlichen normativen Begründungen ausgegangen wird.) Der Anspruch auf allgemeine Verbindlichkeit definiert dagegen die *Normen* für unser Handeln und Verhalten.

Zur Erläuterung sei hier eingefügt, daß ich diese Bestimmung tatsächlich als eine Definition und nicht etwa als eine (begründete) Charakterisierung verstehen möchte. Daß eine Forderung als Norm ausgegeben wird, hieße nach dieser Sprachregelung, daß mit ihr der Anspruch auf allgemeine Verbindlichkeit erhoben wird. Erst aufgrund dieser Definition entsteht die – sachlich – entscheidende Frage, ob und in welchem Sinne wir überhaupt bestimmte Forderungen als Normen verstehen dürfen. Die folgenden Überlegungen sind als ein Versuch zur Antwort auf diese Frage zu verstehen.

Aus dem Bisherigen scheint sich jedenfalls als Folgerung zu

ergeben, daß Normen nicht aus unseren praktischen Einsichten abgeleitet werden können – wenngleich diese Einsichten natürlich Gründe für die Aufstellung von Normen darstellen –, da diesen Einsichten keine Verbindlichkeit zukommt. Der Wechsel unserer praktischen Einsichten kann damit einen Wandel auch unserer Normen nicht begründen. Im Rahmen dieses Vortrags möchte ich mich auf einige wenige Bemerkungen zu diesem Verhältnis der praktischen Einsichten und Werte auf der einen Seite und der Normen auf der anderen Seite beschränken.

Rein formal betrachtet kann man den Anspruch auf Verbindlichkeit, durch den Normen definiert sind, mit der Forderung charakterisieren, diese Normen unabhängig von unseren praktischen Einsichten zu befolgen: also auch dann, wenn unsere praktischen Einsichten gegen die Befolgung einer Norm sprechen. Für eine rein formale Betrachtung ergibt sich daraus noch kein unmittelbarer Konflikt zwischen Normen und Einsichten. Denn die Normen beziehen sich in einer anderen Weise auf unser Handeln als unsere praktischen Einsichten.

Weil die Normen unseres Handelns ihren Anspruch auf Verbindlichkeit im Prinzip allen Personen gegenüber in gleicher Weise erheben, können sie sich auf unser Handeln auch nur *insofern* beziehen, *als es sich für alle in gleicher Weise darstellen läßt*. Eine solche – wie ich sie nennen will – *verallgemeinerbare Handlungsdarstellung* muß aber von dem wechselnden Sinn und der unterschiedlichen Bedeutsamkeit, die ein bestimmtes Handlungsgeschehen in unterschiedlichen Zusammenhängen und für verschiedene Personen hat, absehen. Für sie gerät unser Handeln erst dort in den Blick, wo es als Geschehen und insbesondere in seinen Folgen für jedermann in gleicher Weise sichtbar wird oder gemacht werden kann. Normen unterscheiden Handlungen von anderen Geschehnissen daher nur insoweit, als man Handlungen unmittelbar verbieten, erlauben oder gebieten kann, andere Geschehnisse aber nicht. Wie diese anderen Geschehnisse und auch irgendwelche Zustände sonst werden die Handlungen im wesentlichen alleine als Bedingungen unserer Existenz und insbesondere unseres weiteren Handelns identifiziert. Die Ausführung einer Handlung – so könnte man es pointiert sagen – ist die Existenz eines Geschehens mit bestimmten Folgen (für unsere eigene Existenz und unser Handeln), dessen Eintreten von einer Person herbeigeführt oder verhindert werden kann.

Unsere praktischen und insbesondere unsere moralischen Einsichten beziehen sich demgegenüber auf den *Sinn* und die *Bedeutsamkeit* unseres Handelns. Ein gleiches Handlungsgeschehen kann in unterschiedlichen Handlungszusammenhängen bzw. – in der Sprache der Linguisten formuliert – in unterschiedlichen Kontexten einen unterschiedlichen Sinn gewinnen und dadurch auch mehr oder weniger bedeutsam werden. Für unsere moralischen Einsichten besteht dieser Sinn eines Handelns in der *Position*, die wir diesem Handeln *im Ganzen unseres Lebenszusammenhangs*, für den wir uns um Rechenschaft bemühen, geben können.

Auf diese Weise kann aber dasselbe Handlungsgeschehen, das von unseren Normen in immer gleicher Weise verboten, erlaubt oder geboten wird, für verschiedene Personen und für uns selbst in verschiedenen Kontexten durchaus unterschiedlich – und manchmal überzeugend und manchmal gar nicht – begründet sein. Aus eben diesem Grunde besteht auch kein unmittelbarer Konflikt zwischen dem allgemeinen Anspruch auf Verbindlichkeit, wie er mit unseren Normen gestellt ist, und unseren praktischen Einsichten.

Gleichwohl entstehen in unserer Handlungswirklichkeit immer wieder solche Konflikte: und dies nicht nur zwischen unseren persönlichen Überzeugungen und den allgemeinen Normen für unser Handeln, sondern auch zwischen allgemeinen Normen und gemeinsamen Werten und zwischen Werten und Überzeugungen untereinander. Gerade diese Konflikte zwischen Überzeugungen und Werten untereinander, also zwischen verschiedenen – individuellen oder kollektiven – Überzeugungen liefern die entscheidenden Gründe für die Festlegungen von Normen.

Denn wenn man nicht auf einer übergeordneten Einsicht oder auf den eigenen Überzeugungen als den höheren bestehen will und damit dogmatisch die eigene Einsicht – im besten Falle – für ein allgemeines Wissen ausgibt, steht man vor der Wahl zwischen dem Kampf der Überzeugungen – und zwar vom unblutigen Kampf des Niederstimmens von Minderheiten bis hin zum Überzeugungskrieg – und dem allgemein verteilten Zwang der Normen. Nicht mehr die Anerkennung fremder Subjektivität, sondern *die tätige Sicherung und der Schutz auch der anderen Subjekte* in ihren Existenz- und grundlegenden Handlungsmöglichkeiten bilden dabei das Prinzip, das die Wahl zugunsten der

Normen entscheidet. Und es ist eben diese Entscheidung, als deren Artikulation und Durchsetzung sich unsere politische Geschichte schreiben läßt. Es wäre dies dann die Geschichte der Herausbildung einer Rechtsordnung, in der den *Gesetzen* – und zwar nur den Gesetzen – die allgemeine Verbindlichkeit der Normen zukommt.

Daß die Normen bzw. Gesetze unabhängig von unseren praktischen Einsichten verbindlich sein sollen, heißt nicht, daß solche Einsichten und damit auch Werte nicht in die Begründung für ihre Aufstellung und also in ihre Formulierung eingehen sollen. Normen bzw. Gesetze werden in einer bestimmten kulturellen und gesellschaftlichen Situation von bestimmten Personen aufgestellt. Diese Personen folgen ihren Überzeugungen – ihren Einsichten und den Werten, die sie vertreten – und werden daher diesen Überzeugungen entsprechend auch die Normen bzw. Gesetze zu formulieren versuchen. Aber – und dies entscheidend – sie haben dies nicht im bloßen Abstimmungskampf oder Überzeugungskrieg zu tun, sondern in einem *Verfahren*, das im Idealfall auch zwischen Gründen und bloßen Behauptungen oder Forderungen zu unterscheiden weiß – wobei hier unter Gründen eben die erfahrungsgestützten Einsichten oder wertbezogenen Abwägungen verstanden werden, die durchaus keine Allgemeingültigkeit zu beanspruchen und lediglich »intern«, in der Lebenswelt der Handelnden ihre Überzeugungskraft zu entfalten brauchen.

Und man kann noch weitere Forderungen formulieren wie etwa die, daß die Gesetzgeber nicht einer völlig anderen Handlungs- und Lebenswelt entstammen dürfen als diejenigen, für die die Gesetze gelten sollen. Denn dann würden die Einsichten und Werte der Betroffenen überhaupt keinen Eingang in die Gesetze finden. Dies würde dann tatsächlich zu dem genannten Konflikt zwischen Gesetzen bzw. Normen auf der einen Seite und den Überzeugungen auf der anderen führen, der auch die Gesetze bzw. Normen in ihrer Geltung nicht unangefochten belassen würde. Schließlich wäre auch als ein definierendes Charakteristikum von einem jeden Gesetz die wirkliche Allgemeinheit in dem Sinne zu fordern, daß sich auch die normierenden Gesetzgeber selbst und überhaupt jeder wie der andere ihm unterwerfen.

Dies zeigt bereits, daß vielfache Wechselbeziehungen zwischen unseren persönlichen praktischen Überzeugungen – insbesondere natürlich im Sinne unserer moralischen Prinzipien –, unseren gemeinsamen Werten und unseren allgemeinen Normen bzw. Gesetzen bestehen. In diesem Zusammenhang sollten die Bemerkungen zu den Normen bzw. Gesetzen lediglich zeigen, daß deren Verbindlichkeit nicht unmittelbar auf der Überzeugungskraft der sie begründenden Einsichten und Werte beruht. Und auch ihr normativer Begriff – den man für den Idealfall der bestmöglichen Gesetze formulieren kann – ist nicht durch die besonders gute Begründung der Einsichten und Werte bestimmt, sondern durch formale Eigenschaften wie die der Allgemeinheit oder der Identität der Gruppe der die Gesetze Beschließenden und von ihnen Betroffenen.

Ihre Verbindlichkeit gewinnen die Gesetze damit auch alleine aus der Tatsache, daß sie im Rahmen solcher formalen Bedingungen aufgestellt und angewendet werden. Es ist dabei durchaus kontingent, welche Einsichten und Werte für ihre Aufstellung und Auslegung – ihre Anwendung in einzelnen Urteilen – dominant werden. Solange überhaupt der Rahmen erhalten bleibt, daß es sich jedenfalls um Einsichten und Werte auch derjenigen handelt, für die die Gesetze gelten sollen, wird man diese Kontingenz anerkennen müssen und nicht als eine Minderung der Verbindlichkeit verstehen dürfen.

Auf der anderen Seite bewirkt eben diese Kontingenz, daß die Gesetze – und zwar in der sich wandelnden Bedeutung, die ihnen in der Geschichte ihrer Auslegung bzw. Anwendung zuwächst – zum Gegenstand immer neuer Beratungen werden, die auch zu ihrer Änderung führen. Der Wandel unserer Normen bzw. Gesetze ist eine geplante Änderung in bezug oder in Antwort auf eine gewachsene Entwicklung insbesondere der Werte einer Gesellschaft oder Kultur. Entscheidend scheint mir dabei, daß jedenfalls die Verbindlichkeit der Normen bzw. Gesetze durch diesen Wandel nicht berührt wird.

Wendet man den Blick noch einmal auf die unterschiedlichen Formen eines Wandels, die ich zu Anfang erwähnt habe, so wird man im *Wertewandel* eine zumeist *allmähliche Entwicklung* erkennen, die vor allem von den Erfahrungen in einer sich verändernden Lebenswirklichkeit bestimmt wird. In der Entwicklung und im Wandel der Werte sammeln sich die vielen praktischen Einsichten der einzelnen und vermitteln und glätten sie sich zu einem gemeinsam einsichtigen Ergebnis.

Der *Normenwandel* hingegen ist eine *geplante Veränderung*, für die man bestimmte Entwicklungsformen nur anraten, aber nicht behaupten kann. Jedenfalls aber ist es ein Wandel, der nicht unbemerkt und »hinter dem Rücken« der Vernunft vonstatten geht oder gehen sollte, sondern der sich jederzeit auf eben diese Vernunft – die politische Vernunft – berufen können müßte. Weil die Vernunft der Normen bzw. Gesetze aber eben *nicht* die *moralische Vernunft* der einzelnen ist, die sich der Radikalität ihrer Prinzipien verpflichten und diese Prinzipien auch – in einer Umkehr im Ganzen – wechseln kann, sondern die *politische Vernunft*, die die *Kontingenz ihrer Begründungen* kennt – ohne darum auch schon auf ihre Verbindlichkeit zu verzichten –, wird ein vernünftiger Wandel unserer Normen bzw. Gesetze sich nicht über die Allmählichkeit der Werteentwicklung hinwegsetzen dürfen und daher – mit den Worten unseres Tagungsthemas – ein Gleichgewicht zwischen Innovation und Tradition anstreben müssen. Die Revolutionen hingegen – also die Umkehrungen im Ganzen – wird man, dem bewährten Rate Kants folgend, nach wie vor alleine unserer Denkungsart zuzubilligen und zuzumuten haben.

III
Die Rationalität des Handelns

Aspekte der Handlungsrationalität

Überlegungen zur historischen und dialogischen Struktur unseres Handelns

Die Frage nach der Rationalität unseres Handelns fächert sich – je nach den wahrgenommenen Problemen, anerkannten Schwierigkeiten, zugelassenen Skrupeln und angestrebten Antworten – in verschiedene Fragen auf: Wie können wir rationales Handeln vor irrationalem Verhalten auszeichnen, wie mehr oder weniger Rationalität einem bestimmten Handeln zusprechen? Wie können wir überhaupt – ›rational‹ – unsere Rationalitätsnormen begründen? Warum wollen wir überhaupt ein rationales Handeln vor anderen Handlungs- oder Verhaltensweisen auszeichnen – ist unser Rationalitätsstreben überhaupt ›rational‹? In diese Richtung – nämlich der Versuche, einen Rationalitätsbegriff für unser Handeln zu bestimmen und in seinem Sinn abzuklären – zielen die grundlegenden Fragen nach der Rationalität unseres Handelns. Auf dem Weg zur Beantwortung dieser Fragen ergeben sich ›Vor-‹ und ›Zwischenfragen‹, deren Sichtung und Beantwortung gleichwohl über den Sinn auch des Rationalitätsbegriffs entscheiden kann. Ich möchte mich hier mit zwei dieser ›Vor-‹ oder ›Zwischenfragen‹ beschäftigen, die für meine eigenen Überlegungen zur praktischen Rationalität von grundlegender Bedeutung geworden sind.

Meine Fragen betreffen zwei Punkte, die man – bei einem liberalen Verständnis – der Logik und Methodologie der Rationalitätsfrage zurechnen kann. Dazu eine Bemerkung, die auch den Zusammenhang zu den ›Hauptfragen‹ nach dem Rationalitätsbegriff für unser Handeln herstellen soll. Mit der Frage nach dem Begriff der Handlungsrationalität werden zwei Denkinteressen miteinander verknüpft, deren jedes für sich bereits in bestimmten Begriffen eine theoriefähige Darstellungsform gefunden hat: einmal das Interesse an der Sonderstellung des menschlichen Handelns gegenüber allem anderen Verhalten, das zur Ausbildung von Handlungsbegriffen geführt hat, und zum anderen das Interesse an der Sonderstellung menschlicher Rationalität, das zur Ausbildung von Vernunft- und Wissenschaftsbegriffen geführt hat. Beide Interessen erscheinen dabei aber von einem durchaus unterschiedlichen Gewicht. Und dies ist leicht zu erklären. Schließlich soll ja auch die Bildung des Handlungsbegriffs ein rationales Unternehmen sein: Schon um dem kritischen Leser oder Hörer überhaupt verständlich zu werden, müssen wir den Prinzipien rationaler Argumentation bei der Darstellung der Rationalitätsfrage folgen bzw. zu folgen versuchen. Das Interesse an einer überzeugenden Darstellung verpflichtet uns damit einem Rationalitätsbegriff, den wir bei unserer Frage nach einem angemessenen Handlungsbegriff bereits unterstellen. Dadurch gewinnt der Rationalitätsbegriff in der Frage nach der Rationalität unseres Handelns eine Dominanz, die eben darin besteht, daß mit dieser Frage nach den Aspekten oder Elementen unseres Handelns gesucht wird, die sich als rational im Sinne eben des bereits unterstellten Rationalitätsbegriffes verstehen lassen.

Da sich unser Rationalitätsbegriff (wie ich hier lediglich feststellen möchte)[1] in den Wissenschaften bildet und bestätigt, wird damit auch das in unseren Wissenschaften leitende (wenn darum auch nicht immer schon verwirklichte) Rationalitätsverständnis diese Suche bestimmen. Wissenschaftliche Rationalität läßt sich charakterisieren durch ihr Ziel der Theoriebildung, und zwar letztlich im Sinne der Bildung empirischer Theorien. Solche angezielten (empirischen) Theorien sind dabei logisch geordnete und empirisch überprüfbare Systeme allgemeiner Aussagen in einer methodisch aufgebauten Terminologie. Die Frage nach der Rationalität unseres Handelns wird damit in diesem Sinne von ›Theorie‹ zur Frage nach den theoriefähigen Aspekten oder Elementen unseres Handelns.

Theoriefähig kann unser Handeln dabei sowohl unmittelbar als Objekt einer Theorie sein (als guter Fall für eine Theorie) als auch zunächst als ›Subjekt‹ einer Theorie, das heißt als Handeln zur Bildung einer Theorie (als Fall einer guten Theorie) – welches wir dann natürlich wiederum zum Objekt theoretischer Überlegungen machen können. Extreme Beispiele für ein theoriefähig dar-

1 Die eindrücklichste und für die philosophische Reflexion ergiebigste Darstellung sehe ich in Husserls »Krisis-Schrift«; vgl. E. Husserl, *Die Krisis der europäischen Wissenschaften und die transzendentale Phänomenologie. Eine Einleitung in die phänomenologische Philosophie*, Kap. I und II, *Husserliana*, Bd. VI, Den Haag [3]1969, und die Ausgabe in der Philosophischen Bibliothek: Hamburg [2]1982.

gestelltes Handeln scheinen mir einerseits die Versuche zu sein, unser Handeln als Teil einer kausaldeterminierten Ereignisfolge zu erklären[2], andererseits die Entwürfe, unser Handeln als Ergebnisse einer syllogistisch bereinigten Überlegung zu verstehen.[3] Auch die Konzeption, Handeln als Befolgung von – institutionalisierten und internalisierten – Regeln zu deuten, bildet einen bestimmten Typ der Theoriebildung und von Theorieobjekten – nämlich von Systemen kalkülisierter Regeln – auf unser Handeln ab.[4]

Damit bin ich nun bei meinen beiden Punkten: bei der Frage nach der Rationalität unseres Handelns wird der Blick auf den Gegenstand gelenkt und eingeschränkt durch die vorweg festgelegten Sichtmöglichkeiten. Was als Handeln dargestellt und wahrgenommen und was als rational anerkannt bzw. als rationale Argumentation oder Begründung verstanden werden kann, dies bemißt sich nach einigen grundlegenden Mustern des Darstellens und Begründens, die zur Definition von wissenschaftlichen Theorien gehören. Meine beiden Fragen möchte ich nun stellen als die Fragen nach der Angemessenheit einmal dieser Darstellungsmuster und zum anderen dieser Begründungsmuster, durch die auf der einen Seite unser Handlungsverständnis und auf der anderen unser Rationalitätsverständnis geprägt werden.

In den auf Theoriefähigkeit bedachten Handlungsverständnissen wird eine Handlung als Funktion von etwas anderem dargestellt: als Mittel zu einem Zweck, als Fall einer Regel oder als Wirkung einer Ursache. Nicht unser Handeln in seinem jeweiligen Ablauf und seinen besonderen Umständen, nicht die konkrete Einzel-

2 Vgl. dazu etwa A. Beckermann (Hg.), *Analytische Handlungstheorie. Bd. 2: Handlungserklärungen*, Frankfurt/M. 1977.

3 G. H. v. Wright, *Erklären und Verstehen*, Frankfurt/M. 1974; O. Schwemmer, *Theorie der rationalen Erklärung. Zu den methodischen Grundlagen der Kulturwissenschaften*, München 1976.

4 Ich denke hier nur an die ›strenge‹ Variante des Regelverständnisses, das sich am Paradigma der Kalkülregeln orientiert. Demgegenüber läßt sich das am Paradigma der Spiele, und zwar gerade der Verschiedenartigkeit von Spielen, gewonnene Regelverständnis – wie es vor allem im Anschluß an L. Wittgenstein durch P. Winch (*Die Idee der Sozialwissenschaft und ihr Verhältnis zur Philosophie*, Frankfurt/M. 1966, 1974) für die Fragen des Handlungsverständnisses expliziert worden ist – durchaus mit den hier vorgetragenen Überlegungen verbinden.

handlung, wird dargestellt, sondern eine prinzipiell auswechselbare Handlungseinheit, die ihre Identität durch ihre Funktion für etwas anderes erhält. Eine solche funktionsbestimmte Darstellung unseres Handelns möchte ich eine *funktionale* nennen.

Mit einer funktionalen Handlungsdarstellung verdeckt man einige entscheidende Charakteristika unseres Handelns. Zunächst kann man den schlichten Hinweis geben, daß es in vielen Fällen für uns nicht gleichgültig ist, welche Handlung wir ausführen, auch wenn sie wie eine andere ein Mittel zum gleichen Zweck oder eine ebenso anerkannte Regelbefolgung wäre. Entscheidend aber scheint mir zu sein, daß wir mit einer funktionalen Handlungsdarstellung nicht mehr in der Lage sind, die Differenz von Handelnwollen und Handlungswirklichkeit angemessen zu erfassen. Die grundlegende Erfahrung, daß sich vielfach erst im Handeln selbst herausstellt, was wir wollen und was wir tun, können wir durch die funktionale Darstellungsweise als eine zum Handeln selbst gehörende Willensbildung nicht mehr wahrnehmen, sondern lediglich als einen Entschluß zum Handeln oder ein Verständnis des ausgeführten Handelns, die beide vom Handeln selbst getrennt sind: von ihm nur berührt werden, soweit sie sich auf den früheren Entschluß zum ausgeführten Handeln oder auf das frühere Verständnis dieses Handelns beziehen. Der Übergang vom Wollen eines Handelns zum wirklichen Handeln ändert für die funktionale Darstellungsweise unseres Handelns an der Bestimmung dieses Handelns nichts: es wird eben – mehr oder weniger – mit dem wirklichen Handeln das getan, was wir vorher zu tun gewollt haben. Die Handlungswirklichkeit liefert keinen Beitrag zur Bestimmung unseres Handelns. Sie reduziert sich auf Verwirklichung oder Ausführung. Auf eben diesen Unterschied zwischen Handelnwollen und wirklichem Handeln möchte ich aber bestehen, und zwar auch in dem Sinne, daß durch das wirkliche Handeln – an Kleist erinnernd – unser Handlungsverständnis und unser Wollen selbst erst ›allmählich verfertigt‹ werden. Ich möchte dies durch den Versuch einer kurzen Vergegenwärtigung unserer Handlungswirklichkeit verdeutlichen.

Würde die funktionale Handlungsdarstellung angemessen sein, so müßten wir gleichsam in Blöcken handeln: Ich spreche mit meinem Kollegen, um ihn für meinen Vorschlag zu gewinnen. Das Gespräch mit dem Kollegen wird in dieser Darstellung zu einem Block dekonturiert, zu einem Gesamtgeschehen unter einem im voraus festgelegten Zweck, das schlichtweg abläuft. Einsprüche und Antworten sind dabei lediglich Hindernisse und deren Überwindung. Sie verlängern oder verkürzen, erschweren oder erleichtern das Gespräch, geben ihm aber keine neue Bestimmung. Tatsächlich mögen wir immer wieder geneigt sein, auf diese Weise ›in Blöcken‹ zu handeln und Zwecke erreichen zu wollen. Jedenfalls dann aber, wenn wir uns nicht in solche Handlungsblöcke einpanzern, gelingen uns auch andere Handlungswahrnehmungen. Wir können die Verknüpfungen verschiedener Ereignisse und Stellungnahmen, Fortsetzungen und Abbrüche feststellen, die unseren Handlungen jeweils eine ganze Geschichte zuordnen. Wir können diese Handlungsgeschichten ausschreiben, die Verknüpfungen der verschiedenen Ereignisse und Einzelhandlungen deutlich machen. Die Rede von den Verknüpfungen soll dabei darauf hinweisen, daß unsere Handlungsgeschichten aus verschiedenartigen Elementen bestehen: aus schematisierten Handlungsabläufen, aus fremd gewirkten Widerfahrnissen, aus eigenen Stellungnahmen. Diese Stellungnahmen sind es, in denen wir selbst die Geschichte gestalten, sie in eine bestimmte Richtung sich entwickeln lassen. Je nachdem, wie jemand antwortet, mitspielt oder sich verweigert, ändert oder weiterführt, wird unser Handeln seine weitere Entwicklung nehmen. Würde man ein graphisches Schema benutzen wollen, könnte man eine Handlungsgeschichte durch einen Baum mit verschiedenen Ästen und Zweigen darzustellen versuchen, wo die jeweiligen Stellungnahmen die tatsächliche Handlungsentwicklung in die Richtung eines bestimmten Astes oder Zweiges bringen. Das Paradigma für solche Stellungnahmen möchte ich unserem Reden entlehnen: unserem Fragen und Antworten. Fragen als ausdrückliche Aufforderungen zur Stellungnahme lassen sich als die besonders deutlichen Musterbeispiele für all jene Situationen verstehen, die wir durch unser Handeln bewahren oder verändern wollen, das heißt durch ein Handeln, das auf diese Situationen antwortet. Wie wir in unseren ausdrücklichen Antworten bestimmte Redemöglichkeiten – die in unserer Sprache entwickelt und in einem gewissen Grade festgelegt sind – nutzen müssen, wenn wir überhaupt verstanden werden wollen, so gilt auch für unser Handeln allgemein, daß wir uns an bestimmte Tätigkeitsmuster halten müssen, wenn unser Tun einen verständlichen, nämlich durch eine geistig nachvollziehbare Folge von

Fragen und Antworten darstellbaren Sinn haben soll. Mir scheint darin im übrigen eine Definitionsmöglichkeit für unser Handeln zu liegen, daß man eine solche Entwicklung unseres Tuns als eine – in den Termini von Fragen und Antworten bzw. von zur Stellungnahme auffordernden Situationen und Stellungnahmen rekonstruierbare, als eine dialogisch rekonstruierbare – Geschichte verstehen kann.

Ohne hier nun diese Möglichkeit einer – wie ich im Unterschied zur funktionalen Handlungsdarstellung sagen will – *historischen* Handlungsdarstellung weiterzuverfolgen[5], möchte ich lediglich durch einige Bemerkungen die Bedeutung der historischen Handlungsdarstellung für die Frage nach der Rationalität unseres Handelns skizzieren.

(1) Beachtet man die Verschiedenartigkeit der Elemente, aus denen eine Handlungsgeschichte geknüpft ist, so kann man die verschiedenen funktionalen Handlungsdarstellungen – wenn auch nicht als angemessene Darstellungen unseres Handelns insgesamt – doch als miteinander vereinbar, nämlich für jeweils bestimmte Arten von Verknüpfungen in einer Handlungsentwicklung, ansehen. Die schematisierten Tätigkeitsabläufe lassen sich manchmal durch Regeln darstellen, die wir befolgen. Widerfahrnisse sind vielfach die Ursachen für die Veränderung unserer Handlungswirklichkeit. In unseren Stellungnahmen werden wir manchmal bestimmte Zwecke verfolgen. Dies scheint mir ein beiläufiges Ergebnis zu sein, das sowohl den Sinn als auch die Grenzen der verschiedenen funktionalen Handlungsdarstellungen verdeutlichen kann.

(2) Gegenüber der funktionalen Darstellung ist die historische Darstellung durch die Aufgliederung der Handlungsblöcke in verschiedene Einzelhandlungen und -ereignisse gekennzeichnet. Auch die historische Handlungsdarstellung reiht aber nicht nur Details an Details. Auch sie bedarf – schon um verständlich zu bleiben – allgemeiner Darstellungsmittel, die auch von anderen und in anderen Situationen verwendet werden können. Die Art dieses ›Allgemeinen‹ ist aber bei den funktionalen und historischen Darstellungen unseres Handelns verschieden. Die funktionalen Darstellungen erzwingen ein ›Subsumtionsmodell‹: Eine

5 Siehe dazu den folgenden Beitrag zur »Verständlichkeit unseres Handelns«, S. 126 ff.

einzelne Handlung wird als Einzelfall einer allgemeinen Handlungsweise oder -regel verstanden, der prinzipiell ohne einen Unterschied für die Wahrheit oder Angemessenheit der Darstellung mit anderen Einzelfällen austauschbar ist – wenn die jeweilige Handlung eben überhaupt als Fall der allgemeinen Handlungsweise oder -regel verstanden werden kann. Ein Unterschied in den verschiedenen funktionalen Darstellungen liegt dann jeweils nur darin, auf welche Weise die allgemeine Handlungsweise oder -regel bestimmt wird: ob über die mit ihr verbundenen Zwecke, ob über einen schematisch charakterisierten Tätigkeitsverlauf oder über bestimmte Ursachen, die man glaubt angeben zu können. Die Identifikation einer einzelnen Handlung ergibt sich damit über die Subsumtion unter eine allgemein dargestellte Handlungsweise oder -regel.

Demgegenüber ergibt sich für eine historische Darstellung die Charakteristik einer Handlung durch bestimmte typische Formen der Verknüpfung in einer Handlungsgeschichte. Vor allem seit Wittgenstein hat sich zur Charakterisierung von Rede- und Handlungszusammenhängen der Vergleich mit den Regeln und Zügen eines Spiels eingebürgert. So läßt sich der Sinn einer Handlung – auch einer bestimmten Rede – dadurch bestimmen, daß ›Spielzüge‹, also Stellungnahmen oder Antworten, angegeben werden, die man als eine Fortsetzung des ›Spiels‹ anerkennen kann. Einige solcher ›Spielzüge‹ oder auch ganzer ›Spiele‹, also ganzer Handlungsgeschichten, haben sich dabei als Musterbeispiele für unser Handeln herausgebildet und eignen sich dadurch auch zur Charakterisierung einer Handlung und eines Handlungszusammenhangs.

Der Vergleich unseres Handelns mit einem Spiel lohnt einer kurzen Zwischenbetrachtung. Spiele folgen Regeln. (Mit diesen Regeln ist meist auch eine bestimmte Aufgabe definiert, die im Spiel zu lösen ist – wie das Erzielen von ›Treffern‹ unter den durch die Regeln fixierten Bedingungen.) Dadurch wird der ›Umriß‹ festgelegt, in dem Spiele verlaufen können. Wichtig erscheint, daß die Spielregeln meist negativ sind: Sie schließen einige Verhaltensweisen aus, erzwingen aber nur in besonderen Fällen (zum Beispiel bei einer Regelverletzung) ein bestimmtes Verhalten. So ist es etwa bei den Ballspielen der Phantasie der Spieler überlassen, wie sie den Ball erreichen und führen, wenn sie nur die mit den Regeln gesetzten Verbote bestimmter Möglichkeiten beachten. Die Regeln umreißen so einen ›Spielraum‹ des Verhaltens, der auf verschiedene Weise ausgenutzt werden kann. Vergleicht man nun eine Handlungsgeschichte mit einem Spiel, so wird man feststellen können, daß auch unser Handeln wie das wirkliche Spielen vielfach im Ausfüllen von Handlungs-›Spielräumen‹ besteht. Einige dieser Handlungen, mit denen wir unsere ›Spielräume‹ ausfüllen, werden dabei wie die gelungenen Szenen oder der Gesamtablauf eines bestimmten Spiels zu den Vorbildern auch für unser Handeln in anderen Situationen oder für das Handeln anderer Personen. Sowohl solche einzelnen Handlungsszenen als auch solche ganzen Handlungsgeschichten stellen damit Muster dar, an denen sich Handeln orientiert. Jede einzelne Handlung oder – in bezug auf einzelne Szenen oder Geschichten gesehen – Teilhandlung läßt sich über den Vergleich mit diesen Mustern identifizieren und als diese oder jene Handlung bzw. Teilhandlung beschreiben. Nicht die Subsumtion liefert so das Schema für die Relation zwischen der besonderen Handlung, wie sie in einer konkreten Situation ausgeführt wird, und der begrifflich dargestellten Handlungsweise, sondern die aufgrund der Einordnungsmöglichkeit in eine Handlungsgeschichte gegebene Ähnlichkeit mit einem Szenen- oder Geschichtsmuster. Auf eine Formel gebracht: Nicht die Gleichheit von Einzelfällen hinsichtlich ihrer Subsumierbarkeit unter eine allgemeine Handlungsweise oder -regel, sondern die Ähnlichkeit mit einem konkreten Musterbeispiel, das in den ›Spielräumen‹ des allgemeinen Regelwerkes für unser Handeln ausgebildet worden ist, begründet die Charakteristik einer bestimmten Handlung oder auch eines bestimmten Handlungselementes.

(3) Die Orientierung am konkreten (Muster-)Beispiel verändert nicht nur die Weise, auf die wir unser Handeln darstellen und wahrnehmen, sondern sie verlegt auch den Standpunkt, von dem aus wir Handlungsdarstellungen und -wahrnehmungen begründen können. Denn während wir die allgemeinen Darstellungsmöglichkeiten – die (Allgemein-)Begriffe – für unser Handeln in der funktionalen Darstellung über die Unterscheidungen konstruieren müssen, die wir für die Handlungsplanung benötigen und die wir daher auch gedanklich vorwegzunehmen vermögen, müssen wir bei einer historischen Darstellung unseres Handelns die Handlungswirklichkeit abwarten: Da sich die Identität einer Handlung erst im gesamten Handlungszusammenhang, im Zu-

sammenhang der ganzen Handlungsgeschichte, zeigt und diese Geschichte sich erst im wirklichen Handeln entwickelt, ergibt sich auch der (durch Beispiele) charakterisierbare Ablauf des Handelns, seine – wie ich kurz sagen möchte – *konkrete Form* erst mit dieser seiner Geschichte. Die konkreten Formen unseres Handelns – sei es eines gesamten Handlungszusammenhangs, sei es einer einzelnen Teilhandlung bzw. Stellungnahme in diesem Zusammenhang – als die Darstellungseinheiten der historischen Handlungsdarstellung lassen sich damit auch nicht theoretisch, das heißt hier durch eine methodisch geregelte Verallgemeinerung, im voraus konstruieren, sondern nur aufgrund der Erfahrung des wirklichen Handelns – also im nachhinein – identifizieren. Nicht die Konstruktionen einer methodischen Vernunft liefern uns damit die Darstellungs- und Wahrnehmungsmöglichkeiten für unser Handeln, sondern die Identifikationen, die wir in den Erfahrungen unseres wirklichen Handelns, in unseren ›lebensweltlichen‹ Erfahrungen, leisten. (Dies läßt natürlich unbestritten, daß einige der Handlungsgeschichten immer wieder in einer ähnlichen Form ablaufen und so zu den für eine bestimmte Gruppe oder Gesellschaft typischen Handlungsformen werden. Aber die Entscheidung darüber, welche Form eine Handlung erreicht, ist – dank der prinzipiellen Differenz zwischen Handlungsplanung und Handlungswirklichkeit – erst am Ende des Handelns begründbar.)

(4) Im Übergang zu meiner zweiten Frage nach der Angemessenheit von Handlungsbegründungen läßt sich nun eine weitere Überlegung schon zur Rationalität unseres Handelns anschließen. Die ›allmähliche Verfertigung‹ unserer Handlungsdarstellungen in einer Geschichte unseres Handelns bringt es mit sich, daß sich die Situationen unseres Handelns während dieses Handelns selbst oft vielfach ändern. Als Auseinandersetzung mit den wechselnden Umständen, als Wechsel auch der Identifikation dieser Umstände, gewinnt unser Handeln häufig und jedenfalls dann, wenn es überhaupt ein dialogisches, sich auf die Fragen und Antworten einlassendes Handeln ist, erst an seinem Ende die Form, unter der wir es dann identifizieren. Gerade dort, wo sich die Handelnden strategisch geplante Erfolge zurechnen, hat oft erst die verschlungene, auf weiten Strecken undurchschaute, aber dann am Ende günstige Geschichte eines Handelns die Bedingung dafür geschaffen, daß ein bestimmter Zweck – der im übrigen

auch erst im Verlaufe dieses Handelns entwickelt worden sein kann – erreicht werden konnte. Die rückblickende Behauptung, man habe zu einem bestimmten Zwecke gehandelt und diesen ja nun auch erreicht, erweist sich bei näherem – durch die historische Darstellung geübten – Zusehen dann als eine *Legendenbildung:* sei es dadurch, daß man nur den letzten Abschnitt des dann tatsächlich zweckgeleiteten Handelns betrachtet, oder sei es dadurch, daß man die Geschichte des Handelns unterschlägt und nun so tut, als hätte man vorher schon gewußt und gewollt, was man doch erst durch diese Entwicklung wissen und wollen konnte. (Diese Art der Legendenbildung ist übrigens auch in der typisch ›ideologiekritischen‹ Argumentation zu finden, nach der die Wirkungen des Handelns – so wie sie der Ideologiekritiker wahrnimmt – dem Handelnden auch als bezweckt zugeschrieben werden.) Entscheidend scheint mir, daß wir diese Legendenbildung nicht einer moralisch beargwöhnten Selbstdarstellung anlasten müssen, die uns uns besser machen läßt als wir sind, sondern sie lediglich dem natürlichen Sog folgen sehen, der durch unser Interesse an einer theoriefähigen Darstellung erzeugt wird. Jedenfalls scheint es mir als allgemeiner Vorbehalt vernünftig zu sein, *Zweckrationalität* zunächst einmal *als Ergebnis einer* durch unser Interesse an theoriefähigen, weil dann doch rationalen Darstellungen unvermerkt erzeugten *Legendenbildung* anzusehen.

In dem allgemeinen Sog zur theoriefähigen Darstellung und damit mit der Favorisierung der funktionalen Handlungsdarstellungen sind Argumentationsschemata entwickelt worden, die die Rationalität unseres Handelns definieren und sichern sollen. Die Nützlichkeit der Handlungswirkungen, die Klugheit von Handlungszwecken oder -regeln, aber auch die Sittlichkeit dieser Zwecke und Regeln sind in der philosophischen Tradition vielfach durch Prinzipien des praktischen Argumentierens auf den Begriff zu bringen versucht worden. Je nach dem Anspruch, der mit diesen Prinzipien verbunden wird, ergeben sich dabei verschiedene Probleme. Auch hier möchte ich mich wieder auf eine Vorfrage für die Bewältigung dieser Probleme, letztlich also für die Bestimmung eines argumentativen Rationalitätsbegriffs, beschränken, und zwar wiederum auf die Frage, in welcher Weise die Orientierung am Muster der theoretischen Rationalität einige Möglichkeiten zur Bestimmung der praktischen Rationalität und insbesondere der Moralität unseres Handelns verdeckt.

Das Problem einer rationalen Handlungsbegründung wird einerseits definiert durch den Anspruch auf Rationalität – und im Falle der Handlungsrationalität damit auch auf Verbindlichkeit – und zum anderen durch die prinzipiellen Grenzen, die der Einlösung dieses Anspruchs gezogen sind. Wie immer man im einzelnen den Rationalitätsanspruch definiert, wird man doch einige gemeinsame Grundzüge solcher Definitionen erkennen können. Die Berufung auf die Rationalität einer Überzeugung – einer Behauptung oder einer Forderung – soll ja deren Annehmbarkeit auch für andere, im Prinzip für jeden anderen – wenn nur dessen Situation angemessen berücksichtigt ist – unterstellen. Daß eine Überzeugung rational genannt wird, soll dann jedenfalls heißen, daß sie allgemein verständlich und verläßlich und, so es sich um Forderungen handelt, auch verbindlich ist. Entscheidend dabei ist, daß diese allgemeine Verständlichkeit, Verläßlichkeit und Verbindlichkeit eben dadurch entstehen soll, daß *jedermann aus eigener Einsicht* die jeweilige Überzeugung teilt oder teilen kann – jedenfalls dann, wenn er sich auf die Argumente, die für sie vorgebracht werden, überhaupt einläßt.

Das Musterbeispiel von auf diese Weise rationalen Überzeugungen liefern uns wieder die Wissenschaften. Hier scheint es ja so zu sein, daß sich tatsächlich jeder – der sich überhaupt mit den jeweiligen sprachlichen Unterscheidungen, dem theoretischen Rahmen und, wenn es sich um empirische Wissenschaften handelt, den empirischen Methoden vertraut gemacht hat – von der Richtigkeit eines Argumentes überzeugen kann. Wer Zweifel hat, kann und soll diese selbst begründen oder ausräumen – und dieses gilt wiederum für jeden, der sich an einer bestimmten wissenschaftlichen Diskussion beteiligt. Wenn auch für die Diskussion der terminologischen, theoretischen oder methodischen Grundlagen noch besondere Bemerkungen anzufügen wären, so kann man für den ›Normalverlauf‹ wissenschaftlicher Argumentation doch festhalten, daß die Rationalität wissenschaftlicher Überzeugungen tatsächlich darin besteht, daß mit diesen Überzeugungen für prinzipiell jedermann Wege freigelegt werden, auf denen man selbst deren Ergebnis erreichen kann.

Eben darin nun besteht der Unterschied zu den praktischen Begründungsmöglichkeiten. Das ›Überzeuge dich selbst!‹ des Theoretikers findet hier keinen Sinn. Verschiedene Personen wollen Verschiedenes, sammeln verschiedene Erfahrungen mit den Versuchen, ihren Willen zu erreichen, und finden damit auch verschiedene (erfahrungsgestützte) Begründungen für ihr Handeln. Diese Verschiedenheit – und oft auch Unverträglichkeit – unserer praktischen Überzeugungen macht eine eigene Anstrengung zum Aufbau praktischer Begründungen erforderlich. Als Aufgabe dieser Anstrengungen läßt sich die Suche nach Möglichkeiten verstehen, über die eigenen Überzeugungen hinaus auch für andere verständliche, verläßliche und verbindliche Überzeugungen auszuzeichnen oder, mit anderen Worten, herauszufinden, unter welchen Bedingungen und auf welche Weise unsere praktischen Überzeugungen verallgemeinerungsfähig sind.

Blickt man auf unsere theoretischen Überzeugungen, so kann man feststellen, daß für die Verallgemeinerbarkeit dieser theoretischen Überzeugungen einige Bedingungen existieren, die für die praktischen Begründungen nicht erfüllt sind und auch nicht erfüllt werden können. Diese Bedingungen lassen sich durch einen Grundzug unserer (experimentell gestützten) theoretischen Wissensbildung zusammenfassen: nämlich dadurch, daß wir bei dieser Wissensbildung nur über solche Dinge und Geschehnisse bzw. Sachverhalte reden, deren Existenz wir selbst durch unser Handeln ermöglicht haben. Für die (experimentellen) empirischen Wissenschaften gilt, daß die Natur, über deren Erkenntnis wir reden, nicht einfachhin die Natur vor unseren Augen ist, sondern eine Natur, in die wir handelnd eingegriffen haben. Nur unter bestimmten standardisierten Bedingungen, deren Herbeiführung oder Erhaltung wir kontrollieren – nur unter ›Laborbedingungen‹, wie man vergröbernd und pars pro toto sagen kann – ergeben sich die Sachverhalte, deren Darstellung die Grundlagen unseres experimentell gestützten theoretischen Wissens liefert. In einer Kurzformulierung: Wir reden über die natürlichen Entwicklungen aus unseren künstlichen Erzeugnissen bzw. über das, was wir – zumindest im Prinzip – experimentell beherrschen.[6]

6 Mit dieser Darstellung beanspruche ich nicht, ein angemessenes Verständnis der empirischen Theoriebildung insgesamt zu entwickeln. Ich konzentriere mich lediglich auf das Verständnis der empirischen Wissenschaften, das – im Sinne einer selbstverständlich gewordenen Unterstellung – den allgemeinen Begriff der Rationalität bestimmt hat und die verschiedenen ›theorie-orientierten‹ Versuche leitet, den besonderen Begriff der praktischen Rationalität herauszuarbeiten. Daß meine Darstellung nur einen Teil der empirischen Wissenschaften erfaßt, wird

Und in den nicht-empirischen Disziplinen sind es die terminologischen Festlegungen (einschließlich der syntaktischen und logischen Regeln), deren System wir entwickeln.

Wir bilden unser Wissen, so kann man es kurz sagen, *in einem durch Terminologie* (nämlich durch einen ausdrücklich vereinbarten Sprachaufbau), *Theorie* (nämlich Prinzipien der Verallgemeinerung von Einzelerkenntnissen) *und Methoden* (nämlich Wege, auf denen wir theorierelevante Erfahrungen gewinnen können) *fixierten Rahmen*.

Die Verallgemeinerung theoretischer Überzeugungen, wie sie durch die allgemein verfügbare Möglichkeit zur Selbstüberzeugung begründet wird, benötigt diesen (dreifachen) Rahmen, da nur in diesem Rahmen klar ist, um welchen (durch unsere terminologischen Unterscheidungen erzeugten) Gegenstand es geht, welche (durch die Prinzipien der theoretischen Verallgemeinerung festgelegten) Erkenntnismöglichkeiten bestehen und über welche (durch die Methoden einer Wissenschaft eröffneten) Weisen der Verwirklichung dieser Erkenntnismöglichkeiten wir verfügen. *Gegenstand, Ziel und Weg unserer Erkenntnis sind für die theoretische Wissensbildung jeweils vorgeklärt.* Das ›Überzeuge dich selbst!‹ wird damit nicht für eine Entdeckungsreise in ein unbekanntes Land gesprochen, sondern für die Gegenstände (die ›Sehenswürdigkeiten‹), Ziele und Wege in einem kartographisch aufbereiteten Kulturland. Wollten wir auch für unsere praktischen Überzeugungen – für unser Wollen und Handeln – eine Rationalität oder Begründbarkeit im Sinne der Möglichkeit zur allgemeinen Selbstüberzeugung beanspruchen, so hätten wir eben diese Bedingungen der Rationalität zu erfüllen. Und dies würde in ein Dilemma führen.

Läßt sich nämlich die Begründungssituation für theoretische Überzeugungen durch die Gemeinsamkeit des Begründungsrahmens charakterisieren, so wird die praktische Begründungssituation gerade durch die Verschiedenheit dieser Rahmenfestlegungen bestimmt. Im Extremfall müssen wir jedermann sein eigenes Rahmenverständnis zugestehen, in dem er seine praktischen

besonders deutlich, wenn man an die empirischen Wissenschaften denkt, die nicht oder nur teilweise experimentieren – wie etwa weitgehend die Geologie oder auch bestimmte biologische Forschungen, wenn sie die Ergebnisse naturgeschichtlicher Entwicklungen darstellen und (in einem gewissen Sinne ebenfalls ›historisch‹) erklären wollen.

Überzeugungen bildet und erhält – also seine Handlungen darstellt, seine Ziele begründet und seine Erfahrungen gewinnt. Gerade die historische Darstellung unseres Handelns scheint diese Situation der grundlegenden Verschiedenheit als eine Situation sogar der Inkompatibilität unserer praktischen Überzeugungen zu verdeutlichen. Hat doch jedes Handeln seine eigene Geschichte: seine eigene Prägung durch eine besondere Konstellation von Widerfahrnissen, Abläufen und Stellungnahmen. Denn während die funktionale Handlungsdarstellung durch ihre subsumtionsfähigen Begriffe die Identität von Handlungen, Handlungszielen und -regeln – jedenfalls in deren darstellungs- und begründungsrelevanten Aspekten – unterstellen konnte, bedarf ja schon die Identifizierung unseres Handelns für die historische Darstellung des ›Ausschreibens‹ einer Geschichte, die per definitionem immer eine individuelle ist.

Tatsächlich entsteht das Problem in dieser Schärfe aber nur dann, wenn man die Theoriebildung zum Vorbild der praktischen Begründungen wählt, wenn man in einem übergreifenden Rahmen für ein fixiertes Repertoire von (möglichen) Handlungen, Zielen und Regeln auf der einen, von Wirkungen des Handelns auf der anderen Seite logisch bereinigte Argumentationsschemata anwenden will. Mit dem Vorschlag einer historischen Handlungsdarstellung ist demgegenüber ein Weg beschritten, der auch für unser Verständnis von Handlungsbegründungen eine Alternative zu dem theoretischen Begründungsverständnis aufzeigen will. Bevor ich allerdings diese Alternative deutlich zu machen versuche, möchte ich in einer Zwischenbemerkung – sozusagen in einer Verschnaufpause zur Sichtung des bis jetzt erreichten geistigen Standes – zwei Möglichkeiten ausschließen, denen in der Tradition der Frage nach der Rationalität unseres Handelns eine dominante Rolle zugewachsen ist. Ich meine damit auf der einen Seite die verschiedenen Typen normativer Argumentationen, in denen unter Berufung auf die methodische Vernunft – das heißt auf die Sorgfalt der Erarbeitung von terminologischen, theoretischen und methodischen Argumentationsmitteln – sozusagen ein gegenüber dem alltäglichen Urteil höherer Standpunkt erreicht werden sollte, von dem aus dann unsere praktischen Überzeugungen entsprechend besser überblickt und begründet werden könnten. Solche normativen Argumentationen finden nur in einem bereits anerkannten Rahmen von Problematisierungen und

Lösungsmöglichkeiten ihre Überzeugungskraft, also dort, wo die Bedingungen theoretischer Verallgemeinerung erfüllt oder doch erfüllbar sind. Auf der anderen Seite denke ich an die verschiedenen Weisen, sich unmittelbar auf unsere lebensweltlichen Erfahrungen zu berufen und aus diesen Erfahrungen einige gleiche Überzeugungen – zur Not auch mehrheitlich – zu stützen. Auch dieser Weg führt nur über die Unterstellung, daß unsere Erfahrungen wie die empirischen Daten einer Theorie unter gleichen Bedingungen gewonnen werden können, sich daher isolieren und jede mit jeder vergleichen lassen, ohne daß dabei überhaupt prinzipielle Identifikations- oder Interpretationsprobleme auftreten. Beide Möglichkeiten ergeben sich daher nur nach dem Muster theoretischer Rationalität und sind so den vorgetragenen Einwänden gegen deren Übertragung auf die Rationalität unseres Handelns ausgesetzt. Ich möchte beide Möglichkeiten daher hier auch nicht weiter diskutieren.

Versucht man nun, alternativ zur theoretischen Rationalität ein Verständnis der praktischen Rationalität deutlich zu machen, so kann man an die Überlegungen zur Handlungsdarstellung anknüpfen, die ich oben vorgetragen habe. Auch hier möchte ich dabei wieder durch einige Punkte die entsprechenden Argumente hervorheben und dadurch die Argumentation im ganzen übersichtlich zu machen versuchen.

(1) Die Charakterisierung unserer Handlungen in der historischen Darstellung durch konkrete Handlungsmuster bedarf noch einer Erläuterung. Wodurch wird eine bestimmte Handlungsphase einem Muster ähnlich oder wodurch wird sie selbst ein Muster – und warum sollen nur *konkrete* Handlungen bzw. Handlungsphasen ein Muster unseres Handelns werden können? Diese Fragen lassen sich als nachgeordnete Anwendungen einer grundlegenden Frage verstehen: wodurch gewinnen unsere praktischen Überzeugungen, denen wir in unserem Handeln folgen, ihre Überzeugungskraft? Denn Muster sind ja Vorbilder, an denen wir unser Handeln ausrichten. Und wenn wir auch diese Muster zunächst nur für die Darstellung unseres Handelns benutzen, so folgen wir ihnen doch auch in unserem Handeln selbst – sonst könnten wir sie ja nicht in diesem unserem Handeln entdecken. Die Muster, die unser Handeln charakterisieren, haben damit den Rang von handlungsleitenden, also praktischen Überzeugungen, die wir nicht einmal mehr oder nur höchst selten

eigens überdenken, weil sie unserem Handeln überhaupt erst seine Identität und seine verständliche (das heißt seine durch eine bestimmte Beschreibung mitteilbare) Vollziehbarkeit verleihen, daher auch schon mit unserem Handeln unterstellt sind.
Praktische Überzeugungen gewinnen ihre Überzeugungskraft nicht nur durch unsere allgemeinen Überlegungen. (Wo sie dies gleichwohl tun, ist die Wahrnehmung der konkreten Handlungswirklichkeit versperrt, bleibt der Handelnde bloßer Vollstrecker seiner Entschlüsse von gestern.) Wer überhaupt fähig ist, Handeln als ein von ihm mitbestimmtes historisches Ereignis wahrzunehmen und zu verwirklichen, kann damit auch Handlungserfahrungen sammeln. Erst in dem tatsächlichen Handeln entscheidet sich vielfach, sowohl um welche Handlungen es sich überhaupt gehandelt hat, als auch welche Bedeutung – nämlich welcher Sinn im konkreten Zusammenhang des jeweiligen Handelns bzw. welche Rolle in der jeweiligen Handlungsgeschichte – unseren handlungsleitenden Vorstellungen, also unseren praktischen Überzeugungen zukommt. Was in der Handlungsplanung eine glücksbringende Vision sein mag, entpuppt sich in der durch das tatsächliche Handeln erzeugten Konkretion nicht nur seiner Wirkungen, sondern auch seiner dann ebenfalls konkretisierten Absichten oft genug als nur noch durch eine rechthaberische Wahrnehmungsverweigerung zu rettende Tortur. Die Aristotelische Feststellung, daß in den Überlegungen zu unserem Handeln (*en tois peri tas praxeis logois*) die allgemeinen Behauptungen (*hoi katholou*) eher Allgemeinplätze (*koinoteroi*) darstellten, die konkreten Erörterungen (*hoi epi merous*) dagegen der Wahrheit näher (*alēthinōtheroi*) kämen[7], zeigt, daß dieses Verständnis unseres Handelns und der es bestimmenden praktischen Überzeugungen schon seit dem Anfang der praktischen Philosophie zu unserem philosophischen Wissen gehört. Das tatsächliche Handeln in konkreten Situationen – so will ich diese meine Einschätzung zusammenfassen – entscheidet, und zwar um so deutlicher, je mehr der Handelnde sein Handeln im Sinne dialogischer Verknüpfungen verstehen kann, sowohl über die Identität unserer praktischen Überzeugungen und der ihnen folgenden Handlungen als auch damit über die Möglichkeit, unser Handeln überhaupt als eine Verwirklichung dieser praktischen Überzeugungen

7 Aristoteles, *Nikomachische Ethik* II 7, 1107a 29-31.

begreifen zu können. Erst die Geschichte der Verwirklichungsversuche verleiht unseren praktischen Überzeugungen den Rang und das Gewicht von Argumenten und überhaupt von klaren Vorstellungen. Ihre Überzeugungskraft gewinnen unsere praktischen Überzeugungen nach dieser Einschätzung damit auch erst in ihrer Verwirklichung, also in den konkreten Situationen unseres tatsächlichen Handelns, in denen wir diesen Überzeugungen gefolgt sind.

Zu Mustern für unser Handeln können unsere handlungsleitenden Vorstellungen dann werden, wenn uns über dieses tatsächliche Handeln die Identifizierung unserer Handlungswirklichkeit mit diesen Vorstellungen gelingt, wenn wir also – anders formuliert – dieses unser Handeln als eine Verwirklichung unserer praktischen Überzeugungen (mehr oder weniger) verstehen können. Damit scheint nun – und hier nehme ich den längst fälligen Einwand auf – die persönliche Identität, die in der Geschichte des eigenen Handelns erreichte Übereinstimmung von Tun und Denken, in den Sattel der praktischen Rationalität gehoben und unter deren Namen der historischen bzw. biographischen Kontingenz der nachträgliche Segen der Vernunft oder, um im Bilde zu bleiben, deren Ritterschlag gewährt zu werden. Dieser Einwand führt mich zum nächsten Punkt meiner Überlegungen.

(2) Die historische Darstellung unseres Handelns läßt ein Charakteristikum dieses Handelns deutlich werden, das in den üblichen Redeweisen auch der philosophischen Tradition immer wieder verdeckt wird. So unterstellen die Reden insbesondere von den Zwecken unseres Handelns, aber auch allgemein von den Intentionen bzw. Absichten, in denen wir unsere Handlungen ausführen, ein Kausalmodell, nach dem der Handelnde durch sein Wollen die Ursache für sein Handeln (genauer: für den Anfang seines Handelns) ist und dieses Handeln (jedenfalls in seinem Anfang) entsprechend die Wirkung dieses seines Wollens. Handlungen werden als Ergebnis der Verwirklichung einer Absicht auf der einen Seite und der Bedingungen für diese Verwirklichung auf der anderen Seite betrachtet. Die Absicht, also der Wille des Handelnden, und der Verwirklichungsversuch dieser Absicht werden dabei ausschließlich dem Handelnden zugerechnet. In diesem Sinne wäre unser Handeln in seiner intentionalen ›Innenseite‹ eine ausschließlich uns zurechenbare Wirkung unseres Wollens. Die kausale Betrachtungsweise sieht damit lauter Indivi-

duen, die aus ihrem für andere verschlossenen Inneren heraus Handlungen ausführen, deren Absichten uns Deutungsprobleme aufladen.

Demgegenüber ermöglicht die historische Darstellung ein anderes Bild des Handelns. Wir sind nicht die ausschließlichen Urheber unserer Handlungen, sondern wir sind – entscheidend durch unsere Stellungnahmen – an unserem Handeln, seiner Geschichte, beteiligt. Unser Anteil an unseren eigenen Handlungen besteht in unseren Antworten oder in unseren Herausforderungen und Fragen an andere, die in den Zusammenhang unseres Handelns einbegriffen sind. Er besteht damit aus Ergänzungen oder Anfängen, die erst zusammen mit den jeweiligen komplementären Teilen eine Handlungsform ergeben. *Unsere Handlungen werden nicht nur von uns alleine geformt, bzw. die Formen unseres Handelns sind nicht unsere ausschließlichen Erzeugnisse.*

Führt man den Vergleich unseres Handelns mit unseren Reden, insbesondere unseren Fragen und Antworten, weiter, so lassen sich die Handlungsformen mit unserer Sprache, unser Handeln mit dem Gebrauch dieser Sprache in unserem Reden vergleichen. Die durch konkrete Muster – wie durch die Beispielsätze der Grammatik – charakterisierten Handlungsformen bilden einen mit unserem Handeln ständig verwirklichten und dabei auch veränderten Bestand von Handlungsmöglichkeiten für eine Gruppe oder Gesellschaft. Durch die Verwendung dieser Handlungsmöglichkeiten haben wir – Stellung nehmend und also durchaus verantwortlich – an der Handlungskultur (wie ich das System der allgemein verfügbaren Handlungsformen nennen möchte) dieser Gruppe oder Gesellschaft teil. Für den Gang meiner Überlegungen möchte ich lediglich hervorheben, daß damit unser Handeln (in seiner intentionalen ›Innenseite‹) nicht mehr bloß als das subjektive *Erzeugnis von Individuen* erscheint, sondern als subjektive und aktive *Partizipation an objektiv faßbaren*, weil in einer Gruppe oder Gesellschaft kultivierten, *Handlungsformen.*

Die Fähigkeit der Handelnden, an diesen Handlungsformen Stellung nehmend zu partizipieren – und dies heißt ja auch: für andere verständlich zu handeln – verleiht dem Handeln damit bereits eine elementare Rationalität. Diese Rationalität besteht eben darin, im kontingenten Ablauf unseres Handelns zu den sich ergebenden Situationen in einer Weise Stellung zu nehmen, daß wir sowohl der jeweiligen Besonderheit der Situation (so wie wir sie wahrnehmen) Rechnung tragen als auch anderen gegenüber durch die Realisierung objektiver Handlungsformen verständlich bleiben.

Auch die mit der persönlichen Identität erreichte individuelle Übereinstimmung von Tun und Denken läßt sich über einen solchen Vergleich mit der Sprache verstehen: und zwar über den Vergleich mit einem Text. Wie die persönliche Identität hat sich auch ein Text in einer Geschichte entwickelt, bleibt so individuell. Aber wie ein Text in einer allgemein verfügbaren Sprache abgefaßt ist und dabei Wahrheit und Wahrhaftigkeit beansprucht, so läßt sich auch die historisch-individuelle persönliche Identität aufgrund der ›Sprache‹ einer gemeinsamen Handlungskultur ›lesen‹ und in ihrem Identitäts-Anspruch verstehen. Sie und nicht umstandslos anwendbare Kriterien zur Instanz für die Herausbildung unserer Handlungsmuster zu erheben, bedeutet lediglich, die praktischen Überzeugungen in den Geschichten bzw. Kontexten ihrer Bewährung darzustellen und zu beurteilen zu versuchen.

(3) Die mit dem Handeln erreichte Rationalität habe ich darum elementar genannt, weil sie schon zum *Begriff* des Handelns gehört und damit sich nicht einer erst eigens angestrengten Überlegung zum besseren oder vernünftigeren Handeln verdankt. Daß sie zum Begriff des *Handelns* gehört, soll heißen, daß sie neben der theoretischen Rationalität als – wenn auch elementare – praktische Rationalität die Grundlage für die Bestimmung auch der eigens zu erarbeitenden Rationalität unseres Handelns liefern soll: für die Rationalität nämlich, die dem Prinzip der vernünftigen Verständigung, der Moralität, zukommen soll. Es wäre nun zu zeigen, wie in Anerkennung der historischen und dialogischen Struktur unseres Handelns – und also im Unterschied zu den an der ›Theoriefähigkeit‹ des Handelns interessierten Darstellungsversuchen – auch Moralität als rational verstanden bzw. überhaupt von einer praktischen Rationalität in einem nicht nur elementaren Sinne geredet werden kann. Ein solcher Aufweis führt zwar über meine ›Vorfragen‹ zur praktischen Rationalität hinaus. Gleichwohl möchte ich aber wenigstens den Versuch unternehmen, die Möglichkeit einer solchen Bestimmung der Moralität anzudeuten.

Moralität ist jedenfalls als eine Anerkennung anderer Personen bzw., im Verweis auf die juristische Terminologie formuliert, anderer als Personen zu begreifen. Diese Anerkennung ist auf verschiedene Weise ausgelegt worden. Eine theoretische Auslegung von Moralität besteht darin, eine allgemeine Person zu konstruieren – zum Beispiel ein Vernunftwesen Mensch, das ausschließlich durch Vernunft, und zwar durch eine für jedermann gleiche Vernunft, bestimmt wird – und diese in jedem anzuerkennen.[8] Eben dies scheint mir aber nun dem in historischen Darstellungen unseres Handelns freigelegten Charakter dieses Handelns zu widersprechen. Seine praktischen Überzeugungen bildet sich jeder ja, wenn auch über die Realisierung von objektiven, gemeinsam verfügbaren Handlungsformen, in der Geschichte seiner Handlungen. Sicher wird es dabei Übereinstimmungen und Ähnlichkeiten geben. Prinzipiell aber bleibt festzustellen, daß wir mit einer Vielfalt praktischer Überzeugungen rechnen müssen, die ihre Bedeutung wie ihre Begründung jeweils nur im Zusammenhang ihrer, im übrigen durchaus typischen, historischen Entwicklung gewinnen können. Die theoretisch (miß-)verstandene Rationalität unseres Handelns müßte mit ihrer Konstruktion einer allgemeinen Person *de facto* eine bestimmte Überzeugung für allgemein verbindlich erklären, die anderen Überzeugungen damit unterdrücken und deren ebenfalls mögliche Berufung auf ihre Bewährung im Handeln als (für sie und in diesem Falle) unzulässig beiseite schieben. Demgegenüber möchte ich Moralität und damit auch die praktische Rationalität in ihrer eigens zu erarbeitenden Form als Anerkennung eben der Überzeugungen – und damit auch der von diesen Überzeugungen geleiteten Personen – verstehen, die sich in einem um die Identität von Tun und Denken bemühten Handeln herausgebildet haben. *Intersubjektivität nicht im Sinne der Ausschaltung von Subjektivität, sondern im Sinne der Anerkennung fremder Subjektivität* wäre demnach ein Titel für dieses Moralitätsverständnis.

Ich bin mir im klaren darüber, daß ich mit diesem nur angedeuteten Schritt am Ende meiner Punkte nur den Anfang eines Problems markiert habe: des Problems nämlich der gerechten Sicherung solcher Anerkennung fremder Subjektivität durch Institu-

8 Eine Auseinandersetzung mit diesem – Kantischen – Verständnis der Moralität habe ich versucht in: »Die praktische Ohnmacht der reinen Vernunft. Bemerkungen zum kategorischen Imperativ Kants«, in diesem Band, S. 153 ff.

tionen und vor allem durch Gesetze. Gerade für die Frage nach der Rationalität oder Vernünftigkeit von Institutionen, die das Handeln von jedermann, auch in der Vielfalt der Überzeugungen, regeln sollen, wird dabei die Frage nach der Einheit der Vernunft, der doch jeder folgen soll, wiederkehren. Diese Frage führt über mein Thema hinaus. Aber sie stiftet natürlich auch für meine Überlegungen Unruhe – wenn diese nämlich nur dazu dagewesen wären, den Bereich unseres persönlichen Miteinanderhandelns und -redens von der strengen Frage nach dem Verbindlichen zu entlasten und diese dafür der nächsten Instanz, die für die Aufstellung der Gesetze verantwortlich zu machen ist, aufzubürden.

Eine letzte Bemerkung mag auch hier noch eine Andeutung versuchen.[9] Die Anerkennung fremder Subjektivität – als Prinzip der Moralität verstanden – bedeutet in gewisser Weise einen Verzicht auf die Beurteilung praktischer Überzeugungen. Denn begründet wird sie in dem Verständnis, daß sich die Überzeugungskraft einer (praktischen) Überzeugung, daß sich damit Einsicht in die Gründe dieser Überzeugung, nur ›von innen‹, entwikkelt: aus der selbst erlebten und gestalteten Geschichte, aus den Kontexten, in denen sich die Bedeutung dieser Überzeugung gebildet hat. Nun ist dieses ›Innen‹ zwar nicht im Sinne einer individuellen ›Innerlichkeit‹ mißzuverstehen, sondern vielmehr als die ›innere‹, das heißt mit den Prinzipien des Handelns sich ergebende Bedeutungsstruktur einer Überzeugung. Gleichwohl bleibt die Überzeugungskraft einer Überzeugung damit beschränkt auf solche historisch-kontingente Bedeutungsstrukturen, mit denen unsere Handlungen in ihre Kontexte eingeordnet werden. Beschränkt man sich nun in seiner Betrachtung auf die Genese und Struktur bestimmter Handlungsentwicklungen und Kontexte, dann wird man auch auf eine solche »Innensicht« von Überzeugungen beschränkt bleiben und im übrigen die Anerkennung dieser immanent einsichtigen Überzeugungen als die einzige Möglichkeit eines rationalen, das heißt ebenfalls auf Einsicht abzielenden Zugangs zu diesen Überzeugungen verstehen. Die faktische Existenz vieler verschiedener Überzeugungen zwingt uns spätestens dann aber, wenn diese sich bekämpfen und unter-

9 Vgl. die ausführlichere Behandlung in dem Beitrag »Moralisches Argumentieren«, in diesem Band, S. 55 ff.

drücken – und dies nicht nur im Streit der Überzeugungen, sondern auch im Kampf der Überzeugten – zur verbindlichen Begrenzung oder Befreiung von Handlungsmöglichkeiten.
Dieser Zwang ist ein Faktum. Er entsteht nicht seinerseits aus einer (übergeordneten) Einsicht in Bedeutungsstrukturen. Daß ich mich gegen Unterdrückung wehre, mich der Bedrohung meiner Existenz zu entziehen suche, dies verdankt sich nicht Einsichten, sondern ist unmittelbar mit meiner Existenz verbunden. Es bedarf dann zwar sehr wohl einer besonderen Leistung, für jedermann die Möglichkeit zu sichern, sich auch erfolgreich gegen Unterdrückung zu wehren und Bedrohungen zu entziehen. Aber auch diese Leistung ist nicht eine Einsicht in die Bedeutungsstrukturen unseres Handelns und Lebens. Sie ist wie die Anerkennung fremder Subjektivität, die uns die Einsichten in die Bedeutungsstrukturen des Handelns erschließt, eine Anerkennungsleistung: die des Existenzrechts anderer Subjekte, die gerade darum Verbindlichkeit erzeugt, weil sie nicht mit einer beurteilenden Einsicht verknüpft ist, die durch neue Gründe wieder aufgehoben werden könnte. Die Verbindlichkeit unserer Normen, die dieser Anerkennung des Existenzrechts anderer Subjekte folgen, verdankt sich so einem Verzicht auf inhaltliche Einsicht, das heißt auf Einsicht in die Bedeutungsstrukturen von Handlungen. Dort, wo es um die Vernünftigkeit unseres Handelns geht – um die ›Handlungsrationalität‹, zu der ich meine Überlegungen vorgetragen habe –, erreichen wir keine Verbindlichkeit, aber womöglich ein einsichtiges Verständnis. Dort, wo Verbindlichkeit erzeugt wird, nämlich im Bereich unserer institutionalisierten Normen und sanktionierten Gesetze, bedarf sie nicht nur keiner inhaltlichen Einsicht in die Berechtigung bestimmter Handlungsformen, sondern wird sie sogar erst ermöglicht durch den Verzicht auf eine solche – durchaus relativierende – Einsicht. Damit soll zugleich unterstellt sein, daß die normative Verbindlichkeit der Gesetze der Anerkennung fremder Subjektivität Grenzen zu setzen vermag, daß – mit anderen Worten – die Einsicht in Bedeutungsstrukturen unseres Handelns nicht die letzte Instanz für die Begründung unseres Handelns darstellt. *Praktische Einsicht* bzw. das ›von innen her‹ entwickelte Verständnis von Handlungsformen und *normative Verbindlichkeit gehören*, so kann man es formulieren, *verschiedenen Kontexten an*. Und es scheint mir der Hinweis wichtig zu sein, daß der

Kontext praktischer Einsicht eingebunden ist in den Kontext der normativen Verbindlichkeit. (Im übrigen denke ich, daß die formale Ähnlichkeit des normativen Kontextes mit dem Kontext der theoretisierenden Wissenschaft mit dazu beigetragen hat, auch die praktischen Kontexte – in denen wir einsichtig zu handeln versuchen – allein nach dem Muster der normativen Verbindlichkeit zu begreifen und damit diese Verbindlichkeit – die ›Pflicht‹ – zur moralischen Grundkategorie zu erheben. Denn in beiden Kontexten wird die intersubjektive Verständigung über die Erzeugung eines Allgemeinen erreicht, nämlich einer theoretischen Verallgemeinerung oder einer allgemeingültigen Norm, die beide für alle Einzelfälle in gleicher Weise zutreffen sollen.)
Mit dieser Bemerkung habe ich nun aber bereits ein neues Thema aufgenommen, nämlich die Frage nach der Rationalität von Institutionen. Meine Bemerkung zu dieser Frage sollte wenigstens andeutungsweise die Folgen sichtbar machen, die mit meinen Überlegungen zur historischen und dialogischen Struktur unseres Handelns auch für das Verständnis der Rationalität unserer Institutionen entwickelt werden können. Unmittelbar wollte ich aber lediglich zeigen, daß die Auswechslung des logischen und begrifflichen Instrumentariums, mit dem wir über unser Handeln und dessen Rationalität sprechen – und zwar die Ersetzung einer scheinbar rationalen, weil durch methodische Vernunft begründeten und in der Theoriebildung bereits ausgewiesenen Begrifflichkeit durch eine scheinbar vor-rationale, weil der lebensweltlichen Erfahrung verpflichtete und zumindest der theoriefähigen Darstellung sich entziehende Begrifflichkeit – dem Phänomen unseres Handelns angemessener ist und die Rationalität dieses Handelns nicht nur nicht auflöst, sondern auch in einer neuen Weise erschließt.

Die Verständlichkeit unseres Handelns

Überlegungen zur sprachlichen Repräsentation unserer Handlungswirklichkeit

Daß der Mensch handelt, ist uns eine Selbstverständlichkeit. Die Hochstilisierung dieser alltäglichen Wahrheit zu einer philosophischen bzw. anthropologischen These[1] hat ihre – zumindest zeitweilige – Dramatik eben daher bezogen, daß mit ihr die Verständlichkeit eines ganz und gar Selbstverständlichen in Frage gestellt wurde und überhaupt erst hergestellt werden sollte.

Seit Aristoteles begnügt sich unsere philosophische Tradition im wesentlichen mit den Unterscheidungen, die die Praxis auf der einen und die Poiesis auf der anderen Seite charakterisieren sollen. Mit dieser Grundunterscheidung, so scheint es, ist die philosophische Handlungstheorie – als Lehre von der verständlichen und angemessenen Darstellung unserer Handlungswirklichkeit und damit als Bemühung um den Handlungsbegriff (im Sinne einer Erarbeitung von Kategorien zur Darstellung des Handelns) – ein für alle Mal begründet und seitdem auf ihren »sicheren Gang« gebracht worden. Und wie für die Logik könnten wir heute noch mit Kant feststellen, daß die Aristotelische Gründung allen Verwitterungen der kollektiven Vergeßlichkeit getrotzt und höchstens durch »die Wegschaffung einiger entbehrlicher Subtilitäten, oder die deutlichere Bestimmung des Vorgetragenen« in gewisser Weise »mehr zur Eleganz, als zur Sicherheit der Wissenschaft« hinzugewonnen hat. Folgt man den Ermahnungen unserer Aristoteles-Interpreten[2], so möchte man sogar eher geneigt sein, diesen Hinzugewinn als Verlust zu erkennen und, durchaus weniger fortschrittsfroh als Kant im Blick auf die Logik, der philosophischen Handlungstheorie doch – und stets aufs neue – einen »Schritt rückwärts« anzulasten, ihr zugleich aber – und dies

1 Damit meine ich insbesondere die durch die Anthropologie Arnold Gehlens entfachte Diskussion um die Definition des Menschen als eines »handelnden« Wesens.

2 Als ein Beispiel mag hier genannt werden: Rüdiger Bubner, *Handlung, Sprache und Vernunft. Grundbegriffe praktischer Philosophie*, Frankfurt/Main 1976, insbesondere S. 66-121, 238-274.

nun ebenso überlieferungssicher wie Kant – keinen »Schritt vorwärts« zuzubilligen.[3]

Und wie die Logik des Aristoteles als (junktoren- und quantorenlogisch) komplexe Syllogistik in der modernen Logik dann doch in ihre Elemente zerlegt (und aus diesen wieder aufgebaut) worden ist, so kann man auch in den Aristotelischen Unterscheidungen zur Praxis und Poiesis die Charakterisierung einer bereits hochkomplexen Handlungswirklichkeit sehen, die – und nun gerade nicht mehr nur »zur Eleganz«, sondern tatsächlich »zur Sicherheit der Wissenschaft« – erst einmal in ihre Elemente zu zerlegen ist.

Denn wie für die Logik läßt sich auch für die Handlungstheorie ein »natürlicher Schein« unseres Alltagsbewußtseins erkennen, der erst zum Verschwinden gebracht werden muß, wenn man wissenschaftliche Kritik, also auch Kritik an unseren alltäglichen und vielfach zum allgemeinen Vorurteil verfestigten Wahrnehmungs- und Denkgewohnheiten, leisten will. Dieser »natürliche Schein« des Alltagsbewußtseins stellt sich mit unseren Sprachregeln und Redegewohnheiten ein: Wie die Syllogistik unmittelbar an grammatische Grundformen von Beschreibungssätzen – und zwar vornehmlich an die Aufgliederung solcher Sätze nach Subjekt und Prädikat – anschließt und damit eine sozusagen »natürliche« Logik begründet, so kann sich auch die »natürliche« Handlungstheorie auf unsere alltäglich präsenten Unterscheidungen berufen, mit denen wir unser Handeln nach Mittel und Zweck, Ausführung und Absicht, Wirkung und Gesinnung, Fall und Regel, Verlauf und Bedeutung verständlich machen können. In beiden Bereichen – in der Logik wie in der Handlungstheorie – schließen die Unterscheidungen der alltäglichen Reflexion an das alltägliche Reden und Handeln an, sind nicht zur kritischen Distanzierung von der Alltagswelt, zur Einsicht in deren Wirk- und Sinnzusammenhänge, entwickelt worden, sondern alleine dazu, diese Alltagswelt zusammenzuhalten, das Leben, Handeln und Reden in ihr fortzuführen, insbesondere auch, Schwierigkeiten darin, also praktische Schwierigkeiten, zu überwinden.

Sieht man – wiederum mit Aristoteles[4] –, daß staunende Verwun-

3 Kant, *Kritik der reinen Vernunft*, B VIII.

4 Das »thaumázein« und »aporein«: vgl. dazu Aristoteles, *Metaphysik*, I 2, 982 b12, 983 a13-17; II 3; 995 a1 ff.

derung über die Unverständlichkeit einer Sache der Anfang der (philosophischen) Wissenschaften ist, so erklärt sich auch die späte Erforschung des alltäglich Selbstverständlichen.
Denn auch die Wissenschaften übernehmen ja ihre Fragen zunächst von unseren alltäglichen Fragwürdigkeiten, die sie nun aber verläßlicher – als der methodisch unbewaffnete und unausgebildete Alltagsverstand es vermag – beantworten will. Die Fragen der Wissenschaften setzen so die Fragen des Alltags fort, und die Selbstverständlichkeiten des Alltags stützen die Selbstverständlichkeiten der Wissenschaften. Es ist daher auch nicht verwunderlich, daß die Verwunderung über die alltäglichen Selbstverständlichkeiten für die Logik erst 1879 – nämlich in der »Begriffsschrift« Freges – ihr wissenschaftliches Dokument gefunden hat. Während nun aber in der Logik das *praktisch Selbstverständliche* – das Aristoteles in eine sozusagen kanonisierte Form faßte – vom *theoretisch Elementaren* unterschieden – nämlich in dieses Elementare demontiert und aus ihm wieder rekonstruiert – worden ist, läßt sich die Handlungstheorie auch bei ihren theoretischen Analysen weiterhin von der unmittelbaren Verständlichkeit alltäglicher Handlungsbeschreibungen tragen. Mit anderen Worten: die staunende Verwunderung über unsere Handlungsverständnisse und damit auch über unser Handeln hält sich in Grenzen.
Beispiele für den umstandslosen Anschluß an unsere alltäglichen Handlungsbeschreibungen finden wir gerade in solchen sozialwissenschaftlichen Untersuchungen, die sich in besonderer Weise einer methodisch ausgewiesenen Wissenschaftlichkeit verpflichten möchten, und in eben den handlungstheoretischen Arbeiten, die die Sozialwissenschaften zur Reflexion ihrer begrifflichen und methodischen Grundlagen auffordern. So setzen die hinsichtlich ihrer Korrelations-Methodik höchst subtilen Untersuchungen in den Sozialwissenschaften vielfach an Ausgangsbeschreibungen an, die sogar unsere alltäglichen Pauschalbeschreibungen noch einmal »begradigen« bzw. standardisieren. Und die logischen Finessen der Handlungstheoretiker werden an Beschreibungsvorlagen demonstriert, die von lakonischer Konturlosigkeit sind: Ich hebe meinen Arm, drücke einen Knopf, öffne eine Tür oder ein Fenster; ich reiche meinem Nachbarn das Salzfaß, ich bewege jemanden zum Lachen, ich bewege einen Stein, (und immer wieder:) ich bewege meinen Arm. Dies sind Beispiele aus grund-

legenden Werken zur analytischen Handlungstheorie.[5] Ihre Kürze scheint damit ihre unmittelbare Verständlichkeit zu beweisen. Denn in der Tat sind uns die Situationen hinreichend vertraut, in denen wir Fenster oder Türen öffnen, auf Knöpfe drücken, unserem Tischnachbarn etwas reichen usw. Aber können wir daher diese Kurz-Beschreibungen auch schon als die (theoretisch) elementaren Beschreibungen ansehen, bei denen es nichts weiter zu verstehen gibt als sie selbst?

Die Gegenfrage hätte den Zweifel an der allgemeinen Verständlichkeit solcher Kurz-Beschreibungen zu formulieren: Was meinen wir damit, wenn wir sagen, daß jemand den Arm hebt oder – um das Beispiel zu wechseln – auf jemand anderen wartet? Meinen wir immer dasselbe, wenn wir denselben Ausdruck verwenden, und könnten wir dieses Gemeinte – etwa durch eine allgemeinere Beschreibung, vielleicht sogar in der Nachfolge der traditionellen »Wesensdefinition« – auch eigens darstellen?

Auch hier mag zunächst ein Beispiel die Antwort vorbereiten. In seinem sogenannten »Blauen Buch« geht Ludwig Wittgenstein der Frage nach, welche Bedeutung »einer allgemeinen Bezeichnung«, wie zum Beispiel, daß jemand auf einen anderen wartet, zukommt. Und er sucht die Antwort nicht über eine allgemeinere Beschreibung, sondern über eine Darstellung dessen, »was geschieht, wenn A von 4 Uhr bis 4.30 Uhr erwartet, daß B in sein Zimmer kommt«. Er schreibt: »Einerseits wird der Ausdruck« »etwas von 4 bis 4.30 Uhr erwarten« so gebraucht, daß er sich bestimmt nicht auf einen Vorgang, der in dieser Zeitspanne abläuft, oder auf einen geistigen Zustand, der in dieser Zeitspanne anhält, bezieht; vielmehr bezieht er sich auf eine *große Anzahl verschiedener Tätigkeiten und geistiger Zustände*. (Hervorhe-

5 Die ersten drei Beispiele sind dem grundlegenden Werk entnommen: Georg Henrik von Wright, *Erklären und Verstehen*, Frankfurt/Main 1974, zum Beispiel S. 116; das folgende Beispiel steht ebenfalls bei von Wright, und zwar in seinem Aufsatz »Determinismus in den Geschichts- und Sozialwissenschaften. Ein Entwurf«, in: Georg Henrik von Wright, *Handlung, Norm und Intention. Untersuchungen zur deontischen Logik*, Berlin/New York 1977, S. 134. Die letzten drei Beispiele sind dem zentralen Aufsatz von Arthur C. Danto über »Basis-Handlungen« entnommen. In: Georg Meggle (Hg.), *Analytische Handlungstheorie*, Band 1: *Handlungsbeschreibungen*, Frankfurt/Main 1977, S. 94-110.

bung von mir.) Wenn ich z. B. B zum Tee erwarte, *kann* folgendes geschehen: Um 4 Uhr sehe ich in meinem Kalender nach und finde beim heutigen Datum den Namen »B«; ich bereite für zwei Leute Tee zu; ich denke einen Augenblick nach: »Raucht B?« Und stelle Zigaretten bereit; gegen 4.30 Uhr fange ich an, Ungeduld zu spüren; ich stelle mir vor, wie B aussehen wird, wenn er in mein Zimmer kommt. All das wird mit »B von 4 bis 4.30 Uhr erwarten« bezeichnet. Und es gibt endlos viele Variationen dieses Vorgangs, die wir alle mit demselben Ausdruck beschreiben. Wenn jemand fragt, was die verschiedenen Vorgänge, jemanden zum Tee zu erwarten, gemeinsam haben, obwohl es viele gemeinsame Merkmale gibt, die ineinandergreifen.«[6]

Der detaillierende Blick dessen, der genauer hinsieht, läßt hier eine kleine Handlungsgeschichte unter der alltäglich üblichen Pauschalbeschreibung hervortreten. Und es ist dies nur eine Geschichte unter vielen verschiedenen anderen, die ebenfalls unter die Beschreibung fallen, daß ich jemanden erwarte. Und trotz ihrer Subsumtion unter die gleiche Beschreibung haben diese verschiedenen Geschichten, die wir mehr oder weniger »ausschreiben« können, »kein einziges Merkmal«, keinen »Zug«, keinen Entwicklungsschritt und keine Szene gemeinsam. Daß man sie gleichwohl miteinander unter der gleichen Beschreibung verbindet, verdanken sie – wie Wittgenstein formuliert – alleine ihrer »Familienähnlichkeit«, das heißt ihrer größeren oder geringeren Ähnlichkeit mit einem (oder auch einigen) Muster-Geschichten, die wie die Eltern oder Vorfahren von Kindern ihren Nachfahren Ähnlichkeiten verleihen, die vielfach nicht unmittelbar, sondern nur über den Umweg des Vergleichs mit den »Vorfahren«, also den Muster-Geschichten erkannt werden können. Und wie bei Genealogien – so mögen wir den Wittgensteinschen Vergleich weiterführen – kann dann auch der Fall eintreten, daß neue Erblinien dominant werden und die ursprünglichen Merkmale überformen.

Im Blick auf unser Beispiel könnte man eine solche »genealogisch« begründete Ähnlichkeit der Geschichten so darstellen: In unserer frühen Geschichte hat sich die Ritualisierung einer Situation entwickelt, in der wir das Urbild des Wartens sehen können:

6 Ludwig Wittgenstein, *Das Blaue Buch. Eine Philosophische Betrachtung (das Braune Buch)*, Frankfurt/Main 1980, S. 41.

zum Beispiel das Warten auf die Erscheinung eines Gottes, des Häuptlings, des Priesters usw., dann das Warten auf den Beginn einer (vielfach ein solches Erscheinen symbolisch darstellenden) rituellen Handlung usw. Solche Szenen mögen dann nach und nach in die alltäglichen Handlungs- und Lebenszusammenhänge eingedrungen sein, dabei viel von ihrer rituellen Regelung verloren haben, sich dafür aber mit den Regelungen anderer »Ur-Szenen« verbunden haben, bis schließlich die Vielfalt ihrer gegenwärtigen Erscheinung entstanden ist. Selbstverständlich muß man nicht jede dieser Ähnlichkeiten auf archaische Grundmuster zurückführen. Es kommt nur darauf an, daß man überhaupt die Möglichkeit erkennt, die bestehenden Ähnlichkeiten, die sich weder auf gleiche Strukturen, noch gleiche Merkmale zurückführen lassen, als historische »Familien-« oder »Abstammungs-Ähnlichkeiten« zu verstehen.

Mit diesen Bemerkungen bin ich nun einer logisch-begrifflichen Analyse und erst recht natürlich empirischen Untersuchungen weit vorausgeeilt. Mein Vorauseilen sollte aber zeigen, in welcher Richtung wir – und jetzt wieder mit bedächtig langsamen Philosophenschritten – die Auflösung der alltäglichen Komplexität unserer Handlungsbeschreibungen und -wahrnehmungen erreichen können. Der Auflösung dieser Komplexität möchte ich mich nun – in einer begrifflichen und logischen Analyse der Handlungsgeschichten als den elementaren Beschreibungen unseres Handelns – zuwenden. Und ich hoffe, es schlägt für die Übersichtlichkeit meines Vortrags zu Buche, wenn ich diese Analyse nach dem Schema eines terminologischen Gerüstbaus auf sechs Bemerkungen zur Bestimmung des Handlungsbegriffs verteile.

(1) *»Handlungsblöcke« und Handlungsgeschichten*: In einem gewissen Sinne ist es trivial, daß unsere Handlungen sich als detaillierte Geschichten ausschreiben lassen. Wir brauchen ja nur auf die Einzelheiten unseres konkreten Handelns zu achten, um eine »Geschichte« zu gewinnen. Durch eine solche Aneinanderreihung von Details haben wir aber nicht auch schon eine größere Verständlichkeit unseres Handelns gewonnen. Dies hätten wir erst dann, wenn das Ausschreiben der Geschichten unseres Handelns nicht nur irgendwelche Einzelheiten dieser Handlungen, sondern eine angemessene Charakteristik dieses Handelns erschließt. Was aber ist charakteristisch in unserem Handeln oder

für dieses Handeln? Doch wohl das, was den besonderen Handlungs-Charakter unseres Tuns ausmacht. Worin aber – so müssen wir weiter fragen – besteht dieser besondere Handlungs-Charakter?

Um diese Frage verständlich machen zu können, benötigen wir einige Unterscheidungen, die es uns erlauben, den Handlungs-Charakter unseres Tuns näher zu bestimmen. Insbesondere können wir danach fragen, in welcher Weise unsere Überlegungen unser Handeln gestalten. In vielen Situationen können wir unser Tun als Reflex-Handlungen beschreiben, die gleichsam automatisch ablaufen, obwohl sie uns als Reflexe nicht angeboren sind, und die wir sogar häufig eigens einüben. So lernen wir, unsere Bewegungen in vielen Situationen – wie beim Auto- oder Skifahren, beim Schwimmen oder Bergsteigen, beim Tanzen oder Tennisspielen – so zu beherrschen, daß sie sich jeweils »von selbst« ergeben, ohne daß wir uns erst überlegen müssen, welche Bewegungen wir denn als nächste auszuführen haben. Und ebenso lernen wir bestimmte Formen des Umgangs miteinander, insbesondere auch des Miteinander-Redens – bis hin zu Standardformen auch des wissenschaftlichen Argumentierens –, ohne daß wir in der jeweiligen Situation noch einer Überlegung über die »richtige« Ausführung dieser Handlungen bedürften.

In anderen Situationen wiederum müssen wir unser Handeln – und zwar manchmal von Augenblick zu Augenblick – ständig neu »einstellen«: Wir antworten dabei auf die ständigen Veränderungen in der Situation unseres Handelns oder auch (nur) in unserem Verständnis dieser Situation. Zugleich unternehmen wir mit unserem Handeln aber auch den ständigen Versuch, diese Handlungssituation zu definieren, das heißt in ihrer Identität möglichst eindeutig und auch für alle anderen Handlungspartner zu bestimmen, nämlich so, daß unsere Handlung als eine angemessene bzw. situationsgerechte Antwort (oder Reaktion) erscheint. Handlung und Handlungssituation bilden hier ein Ganzes, das sich erst mit unseren Situationswahrnehmungen und Handlungen zugleich herausbildet, und zwar über einen vielfachen Wechsel von Versuchen (zur Situationsdefinition und Handlungsgestaltung), Ergebnissen und Antworten, also einem Wechsel, den man – in der Sprache der Systemtheorie – als »Rückkoppelung« bezeichnen kann. Ein solches Handeln erhält seine Identität überhaupt erst im Verlaufe seiner Ausführung,

und die Überlegungen zur Situationsdefinition und Handlungsgestaltung gehören – anders als in den eben betrachteten Fällen der Reflex- und Gewohnheits-Handlungen – zu diesem Handeln selbst.
Man kann so ein Kontinuum unseres Handelns zwischen zwei extremen Polen erkennen: An dem einen Pol finden wir Handlungen, die lediglich die Ausführung von Überlegungen darstellen, die (irgendwann) vorher einmal angestellt worden sind, nun aber das Handeln nicht einmal mehr begleiten. An dem anderen Pol finden wir dagegen Handlungen, die erst durch die Überlegungen zu ihrer Ausführung ihre Identität erhalten und mit denen sich auf der anderen Seite auch diese Überlegungen – zur Situationsdefinition und Handlungsgestaltung – erst auszubilden vermögen. Mit Kleist gesprochen zeigt sich hier eine »allmähliche Verfertigung unseres Denkens beim Handeln« und zugleich eine ebenso »allmähliche Verfertigung unseres Handelns beim Denken«.
Ein Handeln nun, das als bloße Ausführung einer Überlegung von dieser Überlegung getrennt ist, erscheint wie ein *»Handlungsblock«*, dessen Identität von der Verschiedenheit der konkreten Handlungssituation unberührt bleibt. Demgegenüber stellt sich das Handeln, das im Wechselspiel von Überlegen und Tun erst seine Identität gewinnt, als eine *Geschichte* dar, die erst an ihrem Ende die Identität des Handelns sichert.
Anzumerken bleibt bei dieser Unterscheidung zwischen Handlungsblöcken und Handlungsgeschichten, daß auch die Handlungsblöcke das Ergebnis von Entwicklungen darstellen, die im Ganzen betrachtet durchaus als Geschichten abgelaufen sind, das heißt – wenn auch vielfach nicht mit dem gleichen Grad der Ausdrücklichkeit – als jenes Wechselspiel von Überlegen und Tun, das für die Unterscheidung zwischen Handlungsblöcken und Handlungsgeschichten charakterisiert worden ist. Nur dadurch, daß wir für unsere Handlungen, die wir lediglich »im Block« ausführen oder die sogar wie Reflexe bei uns ausgelöst werden, eine solche – wie ich sagen möchte – *Vorgeschichte* angeben können, unterscheiden sich diese Handlungen überhaupt von einem bloßen Verhalten.
Wenn damit die Geschichte – sei es die aktuelle Geschichte, als die sich das Handeln unmittelbar darstellt, sei es die Vorgeschichte, die zur Ausbildung eines bestimmten Handelns geführt

hat – die Identität eines Handelns bestimmt, so stellt sich jetzt die Frage, warum und in welcher Weise Geschichten Handlungen identifizierbar und damit verständlich machen. Warum wird unser Handeln verständlich, wenn wir es als eine Handlungsgeschichte bzw. als Handlungsgeschichten darstellen?

(2) *Handlungsschemata*: Auch der lebendigste und detailfreudigste Erzähler kann uns völlig im Unklaren darüber lassen, um was für eine Geschichte es sich eigentlich bei seinen Erzählungen gehandelt hat. Ebenso wie Pauschaldarstellungen die Geschichten unseres Handelns zum Verschwinden bringen, können Detailanhäufungen diese Geschichten auflösen und damit unkenntlich und unverständlich machen. Alltagssprachlich weisen wir auf diesen Umstand mit der Wendung hin, daß jemand »abschweife«. Wann aber sagen wir, daß jemand beim Thema oder bei der Geschichte bleibe und wir das, was er sagt, verstehen?

Zunächst einmal können wir festhalten, daß jedenfalls die Schemata für unser Handeln – in den jeweils akzeptierten Grenzen – »richtig« aktualisiert sein müssen, damit unser Tun überhaupt als ein Handeln bzw. eine Reihe von Handlungen identifiziert werden kann. Unter einem *Handlungsschema* soll dabei ein Tätigkeitsmuster verstanden werden, das den Ablauf unseres Tuns – und zwar unter Umständen auch durchaus mit mehreren Varianten oder »freien«, ungeregelten Phasen – festlegt. »Richtig« ist die Aktualisierung eines Handlungsschemas – das heißt die Nachbildung des Tätigkeitsmusters im konkreten Handeln – dann, wenn in der jeweiligen Handlungsgruppe die Nachbildung des Musters als hinreichend genau angesehen und damit auch die konkrete Handlung mit dem allgemeinen Handlungsschema identifiziert werden kann.

Wenn etwa die fahrige Bewegung eines Passanten nicht als eine bestimmte Geste, zum Beispiel als Zu-, Zurück- oder Herbeiwinken, erkennbar ist, dann ist das Schema des entsprechenden Winkens nicht richtig aktualisiert worden. Wir verfügen über solche Schemata im gesamten Bereich unseres Handelns und Verhaltens. Gesichtsausdruck und Körperhaltung, Gestik und Körperbewegungen im allgemeinen, aber auch unser Sprachverhalten vom Reden hin bis zum Schreiben von Texten folgen solchen Schemata und wären ohne solche Schemata schlichtweg unverständlich, da wir in vielen Fällen überhaupt nicht wüßten, um welche Handlung es sich handelt: ja, ob es sich überhaupt um eine Handlung handelt.

Gleichwohl ist mit der Aktualisierung und Identifizierung eines Handlungsschemas noch keine Handlung und erst recht keine Handlungsgeschichte verstanden. Wenn man so will, verfügt man mit den Handlungsschemata über ein vielfach verwendbares »Rohmaterial«, das zu verständlichen Handlungen gestaltet werden *kann*, weil es die Identifizierbarkeit unseres Tuns ermöglicht. Vergleicht man unsere Handlungen insgesamt einmal mit unseren sprachlichen Handlungen, unserem Reden, dann kann man diese Handlungsschemata einmal mit Buchstaben – genauer wäre zu sagen: mit Phonemen oder Graphemen –, manchmal mit Wörtern und manchmal sogar mit ganzen, und zwar formelhaft festgelegten, Sätzen vergleichen. Entscheidend dabei ist, daß Buchstaben, Wörter und Sätze jeweils nur für sich – das heißt ohne den jeweils größeren Zusammenhang der Buchstaben in den Wörtern, der Wörter in den Sätzen und der Sätze in den Kontexten – in ihrer Form bestimmt sind: nämlich ohne einen Bezug zu ihrer jeweiligen Verwendung im aktuellen Rede- oder Handlungszusammenhang. Wie die Handlungsschemata bieten die Buchstaben, Wörter und (Formel-)Sätze das – in diesem Falle: sprachliche – Material, das wir dann in unserem Handeln – hier also: in unserem Reden – in verschiedenem Sinn verwenden können. (Diese Andeutung eines Vergleichs mag hier bereits hinreichen, weil es bei diesem Vergleich lediglich darauf ankommt, das »Material« unseres Handelns und Redens als sowohl in sich fest strukturiert als auch vielfältig verwendbar, offen für viele Bedeutungen, aufzuzeigen.)

(3) *Handlungsfolgen*: Nicht nur die Handlungsschemata selbst, sondern auch ihre Verwendungen in konkreten Handlungssituationen unterliegen gewissen Festlegungen, damit sie verständlich werden können. Wenn jemand ohne jeden für uns erkennbaren Zusammenhang – und das heißt eben: außerhalb aller uns bekannten Üblichkeiten oder Regeln – in äußerst genauer Weise Handlungsschemata aktualisiert, die uns wohl vertraut sind, wissen wir gleichwohl nicht, um was für eine Handlung es sich dabei handelt. So mag jemand durchaus »schema-kompetent« vollendete Verbeugungen ausführen, sorgfältig einige Bücher auf einen Tisch stapeln und die Begrüßungsformeln einer Festrede vortragen – wir werden irritiert unsere Verständnislosigkeit eingestehen

müssen, es sei denn, wir finden die Möglichkeit, das Ganze etwa als Kostprobe eines besonders modernen Theaters einzustufen. Tatsächlich lernen wir die Handlungsschemata im Zusammenhang: so wie wir auch Sprechen nicht als ein isoliertes Buchstabieren oder Wörter-Aussprechen und auch nicht als bloßen Vortrag von Satz-Formeln lernen. (Diesen isolierten Lernweisen werden wir dann später, vornehmlich in der Schule, unterworfen, wobei dann das primäre Lernen im Zusammenhang einer Kontrolle unterzogen und »berichtigt« wird.) Diesen Zusammenhang, in dem wir zu handeln und auch zu reden lernen, kann man auf verschiedene Weise darstellen. Jedenfalls aber stellt er eine *Folge* dar, in der die Aktualisierung eines Handlungsschemas auf die Situation eines bestimmten Typs in bestimmter Weise folgt oder deren Eintreten nach sich zieht.

Für die genauere Betrachtung unseres Handelns kann man einige Unterscheidungen treffen, die eine Strukturierung dieser Folgen erlauben. Hier mögen einige wenige Andeutungen genügen. So kann unser Handeln eine Antwort auf eine Anrede, also die Folge einer sprachlichen Handlung sein: wenn ich etwa begrüßt, nach dem Weg gefragt oder in eine Diskussion verwickelt werde. In anderen Fällen kann mein Handeln sich als Folge schon der Wahrnehmung einer bestimmten Situation ergeben: wenn etwa bestimmte Personen, die ich zu sehen wünsche, in einiger Entfernung von mir beisammenstehen und ich zu dieser Gruppe gehe. Auch Naturereignisse können in solchen Folgen mit unserem Handeln verbunden sein. Wichtig erscheint mir, daß wir überhaupt nur dann von solchen Folgen reden, in die unser Handeln eingebunden ist, wenn wir diese Folgen als Fälle von anerkannten Regeln identifizieren können.

Daß unser Handeln einer Regel folgt, soll dabei nicht heißen, daß wir ausdrücklich Handlungsvorschriften kennen, die wir nun anwenden. Es reicht vielmehr, daß wir die jeweils bestehenden Umstände als eine Situation identifizieren, in der dann unser Handeln einem üblichen »Reaktions-Muster« entspricht – wobei dieses Muster durchaus nicht das einzige zu sein braucht, das üblich ist. Mit größerer Sorge um eine genaue Definition formuliert: Daß eine Regel besteht, soll hier heißen, daß man sich auf gemeinsame Muster unseres Handelns beziehen kann, von denen unsere (Schema-)Handlungen als Teile – wenn auch nicht auf die einzig mögliche Weise – allgemein erkannt werden können. Insgesamt ist unser Handeln durchzogen und gestützt von solchen Üblichkeiten, die wiederum auf verschiedene Weise betrachtet werden können.

So kann man manchmal »strenge Folgen« entdecken, in denen eine bestimmte Situation – insbesondere bestimmte Reden wie etwa besondere Fragen, Aufforderungen usw. – bis zur Fixierung des Handlungsschemas hin genau eine Handlung erfordert. Unsere Begrüßungsrituale – in Deutschland etwa das Ausstrecken der Hand, ihr Ergreifen und das Händeschütteln, in anderen Gesellschaften etwa der »Bruderkuß« bei öffentlichen Begrüßungsszenen – liefern dazu hinreichend anschauliche Beispiele. Weniger strenge Folgen finden wir dort, wo – jeweils alternativ – mehrere (Schema-)Handlungen ein »Reaktions-Muster« erfüllen. Wenn man etwa einen Bekannten trifft, so kann die angedeutete Begrüßung ebensogut zu einem solchen Muster gehören wie das ausführliche Gespräch, das man über irgendwelche gemeinsam interessierenden Angelegenheiten beginnt. In wieder anderen Fällen entdecken wir lediglich diffuse Vorgaben für unser Handeln, das einzig in gewissen Grenzen – deren Überschreitung dann eine Regelverletzung darstellen würde – verbleiben soll. Es werden dann sozusagen Spielräume für unser Handeln eröffnet, die wir mit diesem unserem Handeln dann auf vielfältige Weise ausgestalten können, wobei alle diese Ausgestaltungen durchaus als Teile eines Gesamtmusters erkannt und anerkannt werden. Der Verlauf eines Gesprächs wie auch eines geregelten Spiels bieten hier Beispiele, in denen die vorgegebenen Regeln nur bestimmte (naheliegende) Handlungen ausschließen, im übrigen aber – mehr oder weniger bestimmt – eine Vielfalt von Handlungen zulassen. Man kann noch weitere Verknüpfungsweisen für solche Folgen und Regeln unseres Handelns unterscheiden. Hier soll es genügen, überhaupt zu erkennen, daß wir uns mit der Rede von solchen Folgen nicht auf genau einen Typ der Verknüpfung beschränken wollen.

(4) *Handlungszusammenhänge*: Schließlich kann man fragen, wie sich solche Folgen zu einem *Handlungszusammenhang* mit einem erkennbaren Anfang und Ende zusammenfügen. Man könnte dazu nach ausdrücklichen Anfangs- oder Abschlußhandlungen, nach Anfangs- und Endregelungen suchen: wie der Festlegung »der Vortrag beginnt um 14 Uhr c. t.«, »hiermit danke ich dem Vortragenden und allen, die zur Diskussion beigetragen

haben, und beschließe unsere heutige Veranstaltung«. In vielen, wenn nicht den meisten Fällen wird man dagegen die Bestimmung der Grenzen von Handlungszusammenhängen im Ungefähren belassen. Wichtiger als die genaue »Grenzziehung« erscheint die Existenz einer – wie ich metaphorisch sagen möchte – »Mitte« des Handlungszusammenhangs, um die herum sich die übrigen Handlungen mehr oder weniger eng gruppieren.

Diese »Mitte« wird vielfach durch die ausdrücklichen Zwecksetzungen, die wir für unser Handeln artikulieren, hervorgehoben, gleichsam »beleuchtet«. Man will etwa jemanden treffen und mit ihm eine bestimmte Angelegenheit besprechen; man will einen bestimmten Abschnitt in einem Buch lesen; man will eine Entscheidung in einer bestimmten Frage treffen; man möchte einfach mit jemandem zusammensein. All dies sind »Mittelstücke« von Handlungszusammenhängen, die sich selbst in vielfach geregelten Folgen unseres Handelns verwirklichen und mit dem vorangegangenen und nachfolgenden Handeln in ebenfalls vielfach geregelten Folgen zusammenhängen. (Und selbst die ausdrücklich in ihrem Anfang und/oder Ende geregelten Handlungszusammenhänge würden uns als solche Zusammenhänge nicht verständlich werden, wenn auch sie nicht sich um ein solches »Mittelstück« gruppieren würden.) Und noch einmal undeutlicher werden die Grenzen unserer Handlungszusammenhänge, wenn man berücksichtigt, daß unser Handeln nicht wie eine Linie in der Zeit mit sich »erhebenden« Mittelpunkten und »abgesenkten« Rändern in Folge abläuft: so daß man in dieser Aufeinanderfolge im Prinzip jederzeit feststellen könnte, auf welchen »Mittelpunkt« unser Handeln sich jeweils schon oder noch bezieht. Tatsächlich handeln wir ja zumeist in einem vielfältigen Netz von Absichten und Handlungszusammenhängen, die sich eben nicht wie die Glieder einer Kette hintereinander aufreihen lassen. Und dementsprechend ist es eine zentrale Aufgabe der – insbesondere der wissenschaftlichen – Beschreibung unseres Handelns, diese Vielfalt zumindest teilweise aufzudecken und damit Verständnismöglichkeiten für unser Handeln zu eröffnen, die einer bloß »einlinigen« Betrachtungsweise entgehen.

Wiederum im Vergleich mit unserer sprachlichen Wirklichkeit kann man solche durch »Mittelpunkte« in eine Einheit gebrachten Handlungszusammenhänge auch die *Kontexte* unseres Handelns nennen. Führen wir diesen Vergleich noch etwas aus. Die

Handlungsschemata haben wir mit Buchstaben, Wörtern oder Formelsätzen – jeweils bloß für sich und ohne Zusammenhang mit der jeweiligen Verwendungssituation betrachtet – verglichen. Die Verbindung der schematisch bestimmten Handlungen mit anderen Situationen, insbesondere anderen Handlungen, zu geregelten Folgen können wir mit den für bestimmte Gelegenheiten in einer Sprache geprägten besonderen Wendungen vergleichen, mit denen auf geregelte Weise der Zusammenhang zur jeweiligen Redesituation hergestellt wird. In einem mehrsprachigen Wörterbuch sind solche Wendungen meist angeführt, um die Bedeutung einzelner Wörter im Zusammenhang mit bestimmten Redesituationen zu erklären. Mit dem Kontext schließlich wird die Verbindung zur Gesamtheit eines Textes, insbesondere auch von Reden und Wechselreden, angegeben. Ein solcher sprachlicher Gesamtzusammenhang wird nicht über grammatische (auch nicht über pragmatische) Unterscheidungen verständlich, sondern alleine aus dem, »um was es geht«: um das Thema oder die These, die behandelt werden sollen; um das Ereignis, das berichtet werden soll; um die Situation, die bewältigt werden soll; um den Anlaß, der »begangen« werden soll usw., also wiederum jeweils durch eine »Mitte«, um die sich der übrige Text oder die übrigen Reden gruppieren. Der Kontext erhält seine Einheit so wie der Handlungszusammenhang »von innen her«. Man muß verstehen, um was es geht, wenn man ihn erkennen will.
Wir können nun feststellen, daß die verschiedenen Regelungen für unser Handeln vom Handlungsschema angefangen bis hin zum Handlungszusammenhang immer flexibler bzw. immer weniger starr werden. Während nämlich die Regelungen zur Aktualisierung der Handlungsschemata wie auch zur Aussprache und Schreibweise der Buchstaben, Wörter und Formelsätze weitgehend »starr«, das heißt situationsinvariant, bestimmt sind und befolgt werden sollen, wird die Berücksichtigung der jeweils bestehenden und entstehenden Situationen gerade zur definierenden Bedingung dafür, daß wir überhaupt von Kontexten sprechen können. Oder anders gesagt: Während in unserem schematischen Handeln die schema-bestimmenden Regeln dem konkreten Handeln vorausgehen und es in diesem Sinne »von außen« bestimmen, entwickelt sich der Kontext unseres Handelns vielfach erst mit diesem Handeln selbst und bestimmt unser Handeln damit aus sich selbst oder »von innen« her.

Gleichwohl können wir auch bei der Bestimmung unseres Handelns durch den Kontext, zu dem es gehört, von einer Bestimmung durch Regeln sprechen. Denn mit dem Versuch, etwa ein bestimmtes Ziel – das sich übrigens erst im Verlaufe unseres Handelns ergeben kann – folgen wir meist ja auch bestimmten »Mustern«, das heißt hier: bestimmten erfolgreichen Handlungsformen, mit denen früher von uns oder überhaupt von anderen ein solches Ziel (in ähnlichen Situationen) erreicht worden ist. Je nachdem, wie stark und häufig die Situationen wechseln, die für die Erreichung unserer Ziele relevant (das heißt förderlich oder hinderlich) sind, werden dabei auch mehr oder weniger verschiedene »Erfolgs-Muster« entwickelt werden. Für unseren allgemeinen begrifflichen Zusammenhang ist es aber nur wichtig, daß wir die Ausrichtung unseres konkreten Handelns an einem solchen »Erfolgs-Muster« als eine Befolgung von Regeln, nämlich der Kontext-Regeln, beschreiben und diese Kontext-Regeln zugleich in ihrem besonderen Charakter, durch den sie als *handlungsinterne* Regeln von den *handlungsexternen* Schema-Regeln unterschieden sind, erkennen können.
Mit dieser Darstellung von Kontext-Regeln unseres Handelns können wir nun auch wieder unsere Unterscheidung zwischen Handlungsgeschichten und Handlungsblöcken aufnehmen. Bisher ist lediglich festgestellt, daß unser Handeln dadurch zu einer Geschichte wird, daß es sich durch ein Wechselspiel von Überlegen und Tun erst in seiner Ausführung zur Identität bringt. Jetzt können wir darüber hinaus hinzufügen, daß diese Identitätsbildung durch Kontext-Regeln geschieht, die die von uns gelernten und immer wieder realisierten Handlungsfolgen – die ihrerseits wieder aus situationsbezogenen Handlungsschemata bestehen – in eine durch ihre »Mitte« verständliche Gesamtstruktur zusammenfügen. In (modifizierender) Anlehnung an Max Weber möchte ich sagen, daß die Kontext-Regeln die *Sinnstruktur* unseres Handelns, oder kurz: den *Handlungssinn*, bestimmen. In (wiederum modifizierender) Anlehnung an die sprachwissenschaftliche Terminologie soll demgegenüber die Position einer einzelnen Handlung in ihrem Kontext – also der Bezug dieser Handlung zur »Mitte« des gesamten Handlungszusammenhangs – die *Bedeutung* dieser Handlung heißen. Durch diese Kontext-Position wird eine Handlung nicht mehr nur als Aktualisierung eines Schemas oder als Teil einer geregelten Handlungsfolge

bestimmt, sondern zum Teil einer Sinnstruktur, die damit auch den Zusammenhang zu den anderen Situationen und Handlungen des gesamten Kontextes herstellt, und zwar – wie man nun sagen kann – als einen Sinnzusammenhang.

Zur Erinnerung haben wir uns dabei noch einmal zu vergegenwärtigen, daß die Sinnstruktur des Kontextes überhaupt erst einen solchen allgemeinen Zusammenhang im Prinzip zwischen allen Situationen und Handlungen eines Kontextes zu verstehen erlaubt. Damit ergibt sich aber die – auf den ersten Blick paradox anmutende – Einsicht, daß erst die historische Entwicklung einer Sinnstruktur unserem Handeln seine (interne) verständliche Einheit verleiht. Auf der anderen Seite haben wir uns ebenfalls zu vergegenwärtigen, daß diese *historische Einheit und Verständlichkeit* unseres Handelns auf die *schematische Identifizierbarkeit* unserer Handlungen und die *geregelte Verknüpfung* dieser Handlungen und Handlungsfolgen – die man, nun eher im Anschluß an alltagssprachliche Gewohnheiten, auch eine typische Verknüpfung nennen könnte – angewiesen bleibt.

Das Ausschreiben von Handlungsgeschichten unterscheidet sich damit deutlich von einer beliebigen Detailanhäufung. Es besteht vielmehr darin, die Bedeutung einzelner Handlungen und die Sinnstruktur des gesamten Kontextes aufzudecken und dabei sowohl die »externen« schematischen und typischen Regeln zu berücksichtigen als auch der »internen« historischen Entwicklung des Handlungssinns zu folgen.

Formal betrachtet kann man übrigens die Verständlichkeit, die unser Handeln durch die historische Entwicklung seines Kontextes gewinnt, dadurch erklären, daß im Handlungskontext – und zwar erst in ihm – eine Unabhängigkeit vom Wechsel der Situationen in dem Sinne erreicht wird, daß die Sinnstruktur des Handelns sich gerade über die Berücksichtigung und Verarbeitung der wechselnden Situationen ergibt. Denn eben dadurch, daß der Wechsel der Situationen auch einen Wechsel des Handelns auslöst, wird ja überhaupt erst der Sinn des Handelns – etwa das mit dem Handeln verfolgte Ziel – als *im Wechsel der Situationen sich durchhaltende Handlungseinheit* erkennbar. Damit erhalten wir aber auch die Möglichkeit, die Sinnstruktur eines Handelns für verschiedene Situationen – im Prinzip sogar für alle möglichen Situationen – zu erkennen und darzustellen. Diese Möglichkeit besagt aber nichts anderes, als daß unser Handeln (erst) im Kontext auch für andere und auch in anderen Situationen verständlich – eben: in sich verständlich – wird.

(5) *Handlungsprinzipien*: Daß die Verständlichkeit unseres Handelns sich über die Wahrnehmung dieses Handelns als einer Geschichte darstellt, nimmt dieser Verständlichkeit den Schein neutral-distanzierter Objektivität. Handeln als Geschichte kann nur – wie ich darzustellen versuchte – von seiner »Mitte«, von »innen her« verstanden, das heißt als sinnvoller Zusammenhang erkannt werden. Anders formuliert: Wir können ein Handeln nur dann als einen sinnvollen Zusammenhang erkennen, wenn wir dessen »innere Logik« erfaßt haben, also die Sinnstruktur – die es in einen Zusammenhang bringt – aus dem Handeln selbst, seinen Umständen und prägenden bzw. regelnden Mustern herausarbeiten. Wir haben damit also darauf zu verzichten, das Handeln, das wir verstehen wollen, unter ein vorab festgelegtes Verstehens-Schema zu bringen, nachdem es etwa einen sinnvollen Zusammenhang nur dann bildet, wenn es in unserem Sinne effektiv, zumindest der Absicht nach zweckrational oder jedenfalls vom Handelnden selbst durchdacht ist.

Auf der anderen Seite scheint aber der Verzicht auf solche Verstehens-Schemata einer Auslieferung an die mehr oder weniger beliebigen »Einfühlungsmöglichkeiten«, die wir dem Handeln anderer gegenüber besitzen, gleichzukommen und damit das Handlungsverstehen selbst der Beliebigkeit individueller Vorlieben und Abneigungen auszuliefern.

Es ergibt sich damit die Frage nach der Angemessenheit eines »von innen her« entwickelten Verständnisses, und zwar nicht nur des fremden, sondern sogar auch des eigenen Handelns: Wird nicht unsere eigene Biographie – unsere individuelle Lebensgeschichte, in der wir mit unseren eigenen Handlungsmöglichkeiten auch unsere »Einfühlungsmöglichkeiten« in fremdes Handeln erworben haben – damit zum letzten Kriterium für ein angemessenes Handlungsverständnis? Und: Gibt es damit überhaupt noch begründbare Entscheidungen zwischen verschiedenen und unter Umständen unverträglichen Verständnissen eines Handelns?

Tatsächlich ist zuzugeben, daß eine durch »äußere« Voraus-Kriterien definierte Objektivität nicht erreichbar ist, es sei denn, man definiert all das als unverständlich, was sich diesen Kriterien nicht fügt, und verzichtet damit auf das Sinnverstehen überhaupt, das heißt das Verstehen der Sinnstrukturen unseres Handelns und der Bedeutung unserer Handlungen. Gleichwohl wird unser Handlungsverständnis dadurch noch nicht ins Reich der bloßen Beliebigkeit entrückt.

Auch für die Kontexte eines Handelns gelten ja bestimmte Forderungen. Dies wird besonders deutlich, wenn es uns nicht gelingt, ein Handeln überhaupt in einen verständnisschaffenden Kontext zu bringen. Manchmal werden wir durchaus in der Lage des Ethnologen sein, der zwar annimmt, daß die Handlungen, die er in seiner Stammesgesellschaft wahrnimmt, in sinnvollen Kontexten stehen, der aber – zumindest zunächst – gleichwohl verständnislos den ihm fremdartigen Handlungsweisen der Eingeborenen gegenübersteht.

Die große Herausforderung aus einer solchen Situation besteht darin, der Fremdartigkeit des beobachteten Handelns wie einem Führer im unbekannten Gebiet zu folgen, um dadurch die Chance zu erhalten, in einer neuen, einem selbst bisher nicht verfügbaren Weise einen Zusammenhang des Handelns zu entdecken, der diesem Handeln dessen Fremdheit nicht nimmt. Dafür, daß einem solche Entdeckung des Fremden gerade in seiner Fremdheit gelingt, gibt es sicher keine – womöglich noch methodisch gedeckte – Gewähr. Am Ende sind es eben die wissenschaftliche Erfahrung, Vergleichsfähigkeit und Phantasie des Forschers, die – ohne den Anspruch einer genauen Zurechnung und mehr oder weniger pauschal – für zuständig erklärt werden.

Und in der Tat können wir auch nur vom Ergebnis her, vom tatsächlich vorgeschlagenen Verständnis des fremden Handelns her eine Beurteilung versuchen. Ein Urteil über die Angemessenheit eines Handlungsverständnisses wird dabei einer Spannung ausgesetzt sein zwischen der *Einheit des Verständnisses* und dem Bestehenbleiben der *Fremdheit der jeweiligen Sinnstrukturen*. So wie man auch in einem Gespräch den anderen erst dann versteht, wenn man in seinen Äußerungen nicht nur die Wiederholung eigener Überzeugungen, Sichtweisen oder Empfindungen zu erkennen vermag, so gelingt das Verstehen fremden Handelns auch nur, wenn man es in seiner »internen« Stimmigkeit und Eigenständigkeit und nicht bloß als eine primitive Vorform des eigenen Handelns oder als dessen verkümmerte Nachbildung erkennen kann.

Die Einheit des Verständnisses, die »interne« Stimmigkeit bzw. »Logik« der Sinnstrukturen des fremden Handelns, scheint gegenüber diesem Bestehenlassen der Fremdheit einfacher erreichbar zu sein. Tatsächlich besteht aber gerade in der Erfassung dieser Einheit die entscheidende Aufgabe und Leistung, durch die wir überhaupt das Fremde als ein Eigenständiges zu verstehen befähigt werden. In unserem Zusammenhang erscheint es dabei als besonders wichtig, daß diese Einheit des Verständnisses durch nicht mehr fragwürdige oder begründungsbedüftige Anfänge im Selbstverständnis der Handelnden – kurz: durch deren *Handlungsprinzipien* – erzeugt wird. Solche Handlungsprinzipien werden oft als das »Weltbild« – besser: das Welt- und Selbstverständnis – von Gruppen, Gesellschaften oder Kulturen expliziert. Die Vorstellung von der Allbeseelung unserer Wirklichkeit im mythischen Denken wie die Vorstellung von der Vernünftigkeit all der »Außen-Regelungen«, die uns terminologische Eindeutigkeit und methodische Überprüfbarkeit sichern sollen, im (normalen) wissenschaftlichen Denken liefern beeindruckende Beispiele für solche Handlungsprinzipien, die die Zusammenhänge unseres Handelns organisieren und ihm seine jeweilige »interne Logik« verleihen.

Wir können nicht im voraus wissen, wie diese einheitsstiftenden Prinzipien aussehen werden. Und gerade die Ethnologen, aber auch die unsere gegenwärtigen Handlungs-, Lebens- und Gesellschaftsformen erforschenden Psychologen und Soziologen, haben uns immer wieder mit Ergebnissen überrascht, die außerhalb der Reichweite unseres Alltagsverständnisses bzw. unserer Vorurteile gelegen haben. Auf der anderen Seite können wir aber auch Brücken erkennen, die in das Gebiet des fremden Handelns führen: Brücken allerdings, die meist erst dann gebaut werden können, wenn das fremde Gebiet gesichtet und erforscht worden ist. Denn daß vieles von dem, was uns zunächst als fremd erscheint, doch eine manchmal sogar überraschend große Ähnlichkeit mit eigenen Handlungsweisen und -gewohnheiten hat, dies erkennen wir ja erst dann, wenn uns eine allgemeinere Darstellung – und das ist insbesondere die Darstellung aus Prinzipien – sowohl des fremden als auch des eigenen Handelns gelungen ist.

Wir können so festhalten, daß unsere Handlungsverständnisse durchaus nicht beliebig sind, obwohl sie sich nicht aufgrund

»äußerlicher« Voraus-Kriterien beurteilen lassen. Beurteilen läßt sich aber, ob es in einem Handlungsverständnis gelungen ist, sowohl die innere Stimmigkeit der Sinnstrukturen fremden Handelns als auch deren Eigenständigkeit zu zeigen: und zwar aus den dieses Handeln leitenden Prinzipien, die diese Einheit und Eigenständigkeit erzeugen. Und obwohl kein Handlungsverständnis, auch wenn es das Fremde in seiner Einheit und Eigenständigkeit zu erfassen erlaubt, für sich eine unüberholbare Endgültigkeit beanspruchen kann, kann man bei vorliegenden und empirisch ausgewiesenen Verständnissen doch meist sehr wohl ein in diesem Sinne angemesseneres von einem weniger angemessenen Verständnis unterscheiden.

(6) *Zur logischen Struktur von Handlungsbegriffen*: Die vorgetragenen Überlegungen zum Handlungsbegriff erlauben nun ein begriffstheoretisches Resümee, mit dem die Logik der Handlungsbegriffe verdeutlicht werden soll. Im Rahmen dieser Überlegungen bleiben mir dazu nur einige wenige Bemerkungen, von denen ich nur hoffen kann, daß sie trotz der gebotenen Kürze verständlich werden.

Zunächst sei – und dies nun durchaus in dem Bewußtsein, daß der von mir eingeschlagene »direkte«, jedenfalls aber kurze Weg nur einen mangelhaften Schutz vor Mißverständnissen erlaubt – das Problem eingegrenzt. Ich habe zu zeigen versucht, daß und wie die Sinnstrukturen unseres Handelns sich erst mit ihrer Verwirklichung entwickeln. Die Regel, nach der in ihnen unsere Einzelhandlungen in einen Zusammenhang gebracht werden, existiert nicht als eine Erzeugungs-Regel schon vor unserem Handeln und unabhängig von diesem, sondern entsteht mit diesem Handeln selbst. Die Struktur unseres Handelns – dessen Ordnung etwa auf einen Zweck hin oder auch als Ausdruck eines Gefühls – erfassen wir damit jeweils als ein historisches Individuum, obwohl wir doch die Struktur-Relationen selbst – also in unseren Beispielen der Zweck-Mittel-Relation oder die Ausdrucks-Relation – durchaus allgemein formulieren. Wie aber können die Sinnstrukturen unseres Handelns zugleich *historisch und also auch individuell* sein und doch durch *allgemeine* Struktur- bzw. Relations-Begriffe dargestellt werden?

Versuchen wir zunächst einmal eine kurze logische Analyse von Strukturbeschreibungen unseres Handelns. Eine strukturlose Beschreibung könnte man dadurch geben, daß man – wie Kinder dies häufig tun – die Geschehniskette durch schlichte Addition verknüpft: »und dann geschah dies, und dann tat er das, und dann war es mit einem Mal so«. Dieses additive »und« reiht Ereignisse und Handlungen – hier in ihrer zeitlichen Reihenfolge – einfach aneinander. Eine Struktur erhält ein solcher Bericht erst dadurch, daß diese Ereignisse und Handlungen in eine Relation zur »Mitte« des Handlungszusammenhangs gebracht werden, zum Beispiel dadurch, daß man alle Handlungen einer Person als Schritte auf dem Weg zu einem dann auch letztendlich erreichten Zweck darstellt. Anstelle der additiven Und-Verknüpfung würden die einzelnen Handlungen dann jeweils ein »um zu« nach sich ziehen, das deutlich macht, wie hier jemand »zielstrebig und unbeirrt seinen Weg gegangen ist«. In einem anderen Fall könnten wir etwa darstellen, daß jemand durch ein bestimmtes Ereignis »tief getroffen« oder »völlig überrascht« worden sei. In einem solchen Falle würden die einzelnen Handlungen eine Antwort auf dieses Ereignis darstellen, mit der die Stellungnahme oder auch Wertung, ein Gefühl ausgedrückt wird, nicht aber auch ein besonderer Zweck verbunden sein muß. Die Trauer etwa über den Verlust eines nahestehenden Menschen »zeigt sich« dann in einem Verhalten, und zwar unmittelbar in jeder Einzelhandlung und nicht – wie bei der zweckrationalen Struktur – vermittelt über eine Mittel-Zweck-Kette.

Obwohl wir so durchaus in der Lage sind, die Struktur-Relationen für unser Handeln zu unterscheiden und – etwa durch besondere Strukturbilder – auch noch eigens zu charakterisieren, sind diese Struktur-Relationen doch nicht für sich allein verständlich, sondern nur als die Strukturen von konkreten Einzelhandlungen und Situationen. Die symbolische Isolierung (und schematische Charakterisierung) des Struktur-Teils unserer Handlungsbeschreibungen – also etwa der Zweck-Mittel-Relation oder der Ausdrucks-Relation – darf nicht verwechselt werden mit deren tatsächlicher Eigenständigkeit. Man kann die Struktur-Relationen nicht dadurch verstehen wollen, daß man die Beschreibung der konkreten Handlungen und Situationen gleichsam ausklammert, von ihnen absieht. Was zum Beispiel ein Zweck ist, läßt sich nur dadurch und dann verstehen, wenn man dies an konkreten Handlungssituationen und -zusammenhängen erläutert. Und je nachdem, welche Handlungssituationen und -zusammenhänge man dabei wählen wird, wird man auch ein unterschiedliches Zweck-Verständnis ausbilden. Kurz gesagt: Handlungsstrukturen werden nur an (und in ständiger Verbindung mit) konkreten Handlungsbeispielen verständlich. Andere Handlungsbeispiele erzeugen ein anderes Verständnis der Handlungsstrukturen.

Daß wir gleichwohl vielfach den Eindruck haben, wir würden in der gleichen Weise über Handlungsstrukturen – z. B. über zweckrationale Strukturen unseres Handelns – reden, hat seinen einfachen Grund darin, daß wir bestimmte Beispiele – und dies nicht zuletzt durch die handlungstheoretische Literatur – kanonisiert haben. Da zudem diese theoretische Kanonisierung bestimmter Beispiele der gesellschaftlichen Sozialisierung durch bestimmte Weisen des zweckrationalen Handelns (insbesondere unter den Normen ökonomischer und bürokratischer Zweckrationalität) folgt, ist es wiederum erklärlich, daß wir dieser Beispiel-Kanonisierung gar nicht gewahr werden und sie eher zu den selbstverständlichen Grundlagen unseres Handlungsverstehens überhaupt rechnen. Wenn wir aber die Anstrengung auf uns nehmen, dieses einsozialisierte Schein-Verständnis in seiner Abhängigkeit von bestimmten einseitigen Beispielen zu entdecken, können wir auch die definitorische Funktion der Einzelbeschreibungen – also der Beispiele – für die Struktur-Relationen unseres Handelns erkennen.

Dieser Zusammenhang stellt nun lediglich die logische Rekonstruktion meiner Argumentation dafür dar, daß unser Handeln erst im Kontext, im Zusammenhang einer Geschichte, verständlich wird. Zugleich mit dieser Rekonstruktion ist aber auch die Antwort auf unsere Frage nach der Gleichzeitigkeit historischer und individueller Handlungsstrukturen und allgemeiner Strukturbegriffe vorbereitet. Denn meine Darstellung trifft ja überhaupt nur zu, weil und insofern die Struktur-Relationen nicht lediglich eine nachträgliche Anordnung unserer Handlungsbeschreibungen liefern, sondern die »interne« Ordnung dieses Handelns selbst (begrifflich) fixieren. Mit anderen Worten: Weil unser Handeln selber ein Strukturieren ist, kann man es auch als eine »von innen« her verständliche Geschichte – und nicht lediglich als ein »von außen« oder bloß funktional interpretierbares Geschehen – darstellen.

Das Strukturieren der vorgefundenen Situationen und des eigenen Tuns besteht aber eben darin, die tatsächliche Komplexität des jeweils erlebten Weltganzen zu einer überschaubaren und möglichst eindeutigen Handlungssituation sowohl umzudefinieren als auch umzugestalten. Wir können unser Handeln daher auch verstehen als eine ständige »Idealisierung«, nämlich als den ständigen Versuch, sowohl durch die Wahrnehmung als auch durch die tätige Gestaltung das jeweilige Weltganze in seiner konkreten Komplexität an die »Idealfälle« reiner, das heißt eindeutig und vollständig bestimmter, Handlungsstrukturen anzugleichen. Diese »Idealisierungs-Tendenz« gehört zum Begriff des Handelns selbst.

Wir können damit auch die Möglichkeit verstehen, mit allgemeinen Struktur-Begriffen die historische und individuelle Handlungsstruktur darzustellen: Weil wir die komplexe Realität zur möglichst klar strukturierten Handlungssituation tätig gestalten oder sie jedenfalls als eine solche behandeln, erzeugen wir durch dieses unser wirkliches Handeln ähnliche bzw. vergleichbare Handlungsstrukturen. Die begriffliche Unterstellung der Ähnlichkeit oder Gleichheit von Handlungsstrukturen folgt damit der handelnden Angleichung der Handlungswirklichkeit an die zum Muster erhobenen »Idealfälle« klar strukturierter Situationen und Handlungen.

Zugleich damit zeigt sich aber auch eine »natürliche Dialektik« unseres Handelns. Auf der einen Seite zeigt das Handeln seinen Sinn – und die einzelne Handlung ihre jeweilige Bedeutung – in seiner Entwicklung als Handlungsgeschichte. Auf der anderen Seite besteht diese Geschichte in der Erzeugung einer Handlungsstruktur, die ihrerseits dieser Geschichte eine allgemeine und pauschale Darstellung anmißt. Man könnte daher die Leistung unseres Handelns auch gerade darin sehen, seine historische Wirklichkeit unter allgemeinen Pauschalbeschreibungen zu verdecken. Unser Handeln liefert damit selbst und stets aufs neue die Abschottung gegen seine interne historische Strukturentwicklung und damit die Absicherung des sich selbst genügenden Alltagsverständnisses. Die wissenschaftliche Bemühung um ein Verständnis unseres Handelns – und in diesem Vorschlag möchte ich meine Überlegungen zusammenfassen – hat gleichsam »gegen den Strom zu schwimmen«, mit dem wir uns selbst handelnd von den Quellen für die Sinnstrukturen und das Verständnis unseres Handelns hinwegtreiben und in der selbstverständlich gewordenen unaufgelösten Komplexität der alltäglichen Pauschalverständnisse halten. Ich verspreche mir von einem solchen Vorgehen, daß uns die Prinzipien unserer Handlungs-, Lebens- und Gesellschaftsformen deutlicher und wir uns selbst verständlicher werden.

IV
Das Beispiel Kant

Die praktische Ohnmacht der reinen Vernunft

Bemerkungen zum kategorischen Imperativ Kants

Die Faszination, die die Kantische Ethik seit je auf die philosophische Diskussion ausübt, steht in einem seltsamen Kontrast zu der Bedeutungslosigkeit, die man ihr ebenfalls seit eh und je für das tatsächliche Handeln attestieren kann. Beide – theoretische Faszination und praktische Bedeutungslosigkeit – scheinen mir in einem sachlichen Zusammenhang zu stehen, dessen Entdeckung auch zur systematischen Klärung des Verständnisses von der Möglichkeit der »praktischen Vernunft« überhaupt beiträgt.

Einen Grund für die theoretische Faszination der Kantischen Ethik sehe ich in dem Anspruch, den sie erhebt: in dem Anspruch nämlich, unserem Handeln und Leben insgesamt mit der unwidersprechlichen Autorität der Vernunft ein für allemal eine Grundorientierung zu geben, an der sich alle einzelnen Ratschläge für und Urteile über unser Handeln ausrichten können. Dieser Anspruch gewinnt seine Faszination dadurch, daß er als Anspruch der Vernunft, die die Vernunft eines jeden Menschen ist, einen für jedermann jederzeit in selbständig gewonnener Einsicht gangbaren Weg zur Vergegenwärtigung dieser Grundorientierung vorzuzeichnen verspricht. Der Gedanke, daß somit jeder gleichsam selbst nachsehen und sich davon überzeugen kann, wie man seinem Handeln und Leben eine Grundorientierung verschafft, und daß diese Grundorientierung für alle die gleiche, also auch von und für jedermann beanspruchbare, ist, läßt die Erwartung entstehen, die fundamentalen Unsicherheiten unserer Handlungsweisen und Lebensführung, denen wir uns selbst immer wieder ausgesetzt sehen, und den Streit um die Anerkennung oder Durchsetzung bestimmter Orientierungen, den wir immer wieder mit anderen führen, gleichermaßen beenden zu können. Daß eine solche Erwartung durch eine philosophische Reflexion auf den Begriff der praktischen Vernunft genährt und getragen wird, verleiht dieser Reflexion eben die Selbstsicherheit, mit der sie sich endlich den skeptischen Anfragen der »Praktiker« gegenüber behaupten kann.

Die Selbstsicherheit, mit der die philosophische Reflexion schon bei Kant selbst sich bewegt, läßt auch verstehen, daß das Handeln der Menschen, um deren Orientierungsmöglichkeiten es geht, nicht mehr über das Selbstverständnis der Handelnden – wie sie es in den Zusammenhängen ihres alltäglichen Handelns und Lebens entwickelt haben – in die philosophische Überlegung Eingang findet. Was Handeln ist, wird vielmehr erst aus diesen Überlegungen, sozusagen durch die Filter der verwendeten Terminologie und übernommenen Problemstellungen, erkennbar. Die philosophische Reflexion schafft sich das Handeln, über das sie redet, erst mit ihrem Reden über das Handeln. Sie redet über ein Handeln, so wie sie es sich vorstellt – und vorstellen muß, damit sie sich als für dieses Handeln bedeutsam verstehen kann. Aber sie redet damit noch nicht über das Handeln der Handelnden. Die damit erreichte Abschottung gegenüber dem Handlungsverständnis, aber auch den Handlungsproblemen und -möglichkeiten der Handelnden macht die Kantische Ethik zu einem in sich stimmigen und voll verständlichen Ganzen, in dem selbst unser Handeln – eingespannt in den Rahmen der Problemstellungen und eingezwängt in die Rüstung der Terminologie des Philosophen – seine Eignung für den »Vernunftgebrauch« beweist. Und dies eben um den Preis, eine – zwar beeindruckende, aber nichtsdestoweniger fiktive – intellektuelle Nebenwelt zu erforschen, die mit unserer alltäglichen Welt des Handelns und Lebens nur noch in dem Kopf des Philosophen verbunden ist.
Die Verdoppelung der Welt unseres Handelns und Verstehens zeigt sich, wenn man dem Weg folgt, auf dem sich die Einsicht in die Bedeutung und die Begründung des Kantischen Moralprinzips, des kategorischen Imperativs, gewinnen läßt. Auf diesem Wege möchte ich nicht nur die von Kant selbst vorgetragenen Argumente für den kategorischen Imperativ nachvollziehen, sondern auch die Unterstellungen erörtern, die Kant keiner eigenen Erläuterung oder Begründung für bedürftig erachtete, die seinen Argumenten insgesamt aber erst zu deren Triftigkeit verhelfen. Ich möchte daher auch nicht Kants Darstellung seines Weges, wie er sie etwa in seiner *Grundlegung zur Metaphysik der Sitten* gibt, zum Leitfaden wählen, sondern lieber vom Ende dieses Weges her, von dem kategorischen Imperativ selbst, mir die Stationen des Weges zeigen lassen.
In der Fassung für seine Kritik der praktischen Vernunft formu-

liert Kant den kategorischen Imperativ durch die Forderung: »Handle so, daß die Maxime deines Willens jederzeit zugleich als Prinzip einer allgemeinen Gesetzgebung gelten könne«.[1] Mit dieser Formulierung werden drei Stationen für den Weg zum Verständnis des kategorischen Imperativs markiert. Zunächst ist zu verstehen, worauf sich dieses Prinzip überhaupt bezieht: Worin besteht unser Handeln? Dann ist nach jener Brücke zu fragen, auf der die praktische Vernunft unser Handeln erreichen soll: Was sind Maximen unseres Willens und warum sind sie der unmittelbare Gegenstand der praktischen Vernunft – und nicht einfachhin unser Handeln? Schließlich ist zu verstehen, in welchem Sinne und aus welchem Grunde eine allgemeine Gesetzgebung das Ziel der praktischen Vernunft sein soll.

Obwohl der Handlungsbegriff für die Kantische Philosophie – und zwar nicht nur für seine praktische, sondern auch für seine theoretische Philosophie! – grundlegend ist, findet sich in ihr kein Versuch zu einer besonderen Klärung dieses Grundbegriffs.[2] Vielmehr bleibt die Rede vom Handeln und von unseren Handlungen lediglich in – zum Teil formelhafte – Kontexte eingebunden, aus denen sie sich nur schwer herauslösen läßt. Diese Schwierigkeit entsteht vor allem dadurch, daß Kant seine Rede vom Handeln in verschiedenen Verbindungen auftreten läßt, die zumindest auf den ersten Blick teilweise nicht miteinander vereinbar zu sein scheinen – wie etwa die Verbindung unseres Handelns mit unserem freien Willen auf der einen und mit der notwendig determinierten Kette von Geschehnissen auf der anderen Seite.

Jedenfalls unterscheidet Kant eine »Innenseite« des Handelns, nämlich die Gesinnung oder den Willen des Handelnden, und eine »Außenseite«, nämlich den sinnlich wahrnehmbaren Ablauf des Handelns.[3] Die »irgendwo und irgendwann ausgeübten« Handlungen[4] zeigen uns sozusagen nur die »Außenseite« des Handelns. Sie präsentieren uns das Handeln als eine »Begebenheit

1 *Kritik der praktischen Vernunft*, A 54, Akademie-Ausgabe, Bd. 5, S. 30; vgl. auch die Formulierungen in der *Grundlegung zur Metaphysik der Sitten*, a.a.O., Bd. 4, S. 402, 421, 436 f. und in der *Metaphysik der Sitten*, a.a.O., Bd. 6, S. 225, 226, 389, 395.

2 Vgl. dazu den folgenden Beitrag S. 182 ff.

3 Zu dieser Doppelseite unseres Handelns vgl. im allgemeinen die Erörterung in *Kritik der praktischen Vernunft*, A 100 ff., a.a.O., Bd. 5, S. 57 ff.

4 Ebd., A 182, Bd. 5, S. 102.

in der Sinnenwelt«[5], die durch die vergangenen Begebenheiten dieser Sinnenwelt – die »nicht mehr in unserer Gewalt« sind[6] – ursächlich bestimmt ist. Demgegenüber ist die »Innenseite« unseres Handelns »in unserer Gewalt«: Eben darin besteht eine der Grundvoraussetzungen der Kantischen Philosophie, daß »reine Vernunft für sich allein praktisch«[7] und das heißt »unmittelbar willensbestimmend«[8] ist. Die durch die Maximen repräsentierten Gesinnungen sind die Ergebnisse der Willensbestimmung, die unsere Vernunft »für sich allein«, ohne jede Beeinflussung durch nicht ihr entstammende, nicht von ihr selbst erzeugte Sachverhalte – wie insbesondere unsere »Neigungen« – leisten kann.
Für die ethischen Überlegungen relevant ist nur diese »Innenseite« unseres Handelns, das heißt die Gesinnung des Handelnden. Denn da die ethischen Überlegungen ja darin bestehen, Möglichkeiten für die Begründung und Beurteilung unseres Handelns auszuarbeiten, scheint es auch plausibel, unser Handeln nur insoweit zu einem Gegenstand dieser Überlegungen zu machen, als es für eben das Vermögen, das diese Begründung und Beurteilung leisten soll, nämlich unsere Vernunft, auch verfügbar ist. Überlegungen darüber, wie man hätte handeln sollen oder wie man fürderhin handeln soll, erscheinen ja nur dann als sinnvoll, wenn ich nicht so handeln muß, wie ich ohnehin handle, sondern wenn ich handeln kann, wie ich will. Da nun aber schon der Ablauf meines Handelns und seine Ausführung – noch ganz abgesehen von den Ergebnissen und Folgen meines Handelns – von Bedingungen abhängen, die ich nicht selbst gesetzt habe oder bestimmen kann, scheint die »Außenseite« des Handelns mit Recht für die ethischen Überlegungen irrelevant zu sein.
Daß ich – wie der kategorische Imperativ fordert – in bestimmter Weise handeln soll, heißt daher, daß ich mein Tun von einer bestimmten Gesinnung, von einem bestimmten Wollen, leiten lassen soll, gleich, wie dieses Tun im einzelnen abläuft, welche Ergebnisse und Folgen es hat. Meine Gesinnung – und nur sie – definiert damit, um welche Handlungen es sich bei meinem Tun überhaupt handelt.

5 So etwa ebd., A 121, Bd. 5, S. 68.
6 Ebd., A 169, Bd. 5, S. 94 f.
7 So etwa in ebd., A 44 Bd. 5, S. 24; A 56, Bd. 5, S. 31; A 79, Bd. 5, S. 46; A 109, Bd. 5, S. 62.
8 Ebd., A 79, Bd. 5, S. 46; A 81, Bd. 5, S. 46.

Die Definition des moralisch relevanten Handelns nicht durch die Ausführung, sondern durch das Wollen einer Handlung zeigt sich auch in verschiedenen Redeweisen Kants. So definiert er zum Beispiel »Maxime« in derselben Schrift, nämlich der *Grundlegung*, sowohl als »das subjektive Prinzip des Wollens«[9] als auch als »das subjektive Prinzip zu handeln«[10] – und hält beide Definitionen offenbar für ineinander übersetzbar. Daß Kant zudem die »Innenseite« des Handelns nicht nur im Zusammenhang ethischer Überlegungen, sondern überhaupt für handlungsdefinierend hält, zeigen seine Formulierungen, mit denen er den Gegenstand dieser ethischen Überlegungen bestimmt: Es ist »die Handlung selbst«[11], die »schlechthin«[12] auf ihr Geboten- oder Verbotensein hin zu beurteilen ist – und eben nicht nur ein bestimmter Teil oder eine bestimmte »Seite« des Handelns.
Der Reduktion unseres Handelns auf dessen »Innenseite« folgt – auf der zweiten Station unseres Weges – eine zweite Einschränkung für den Gegenstand der ethischen Überlegungen. In diesen geht es nämlich nicht um die einzelnen Handlungen, also um das zu einer einzelnen Handlung in einer konkreten Situation führende Wollen, sondern um die »Handlungsart«[13], das heißt um die in einer allgemeinen Handlungsregel darstellbare Gesinnung des Handelnden. Auch diese Einschränkung hält Kant für keiner Diskussion bedürftig. Sie ergibt sich für ihn mit der gleichen Selbstverständlichkeit wie die Beschränkung auf die »Innenseite« unseres Handelns aus den Aufgaben und Möglichkeiten einer Ethik. Da es um die Möglichkeiten von Vernunftbegründungen für unser Handeln geht, kann man auch hier wieder mit der »Reichweite« der Vernunft argumentieren: Es können nur für dasjenige Wollen Vernunftgründe gesucht werden, das auch durch Vernunftgründe – und zwar ausschließlich durch sie – bestimmbar ist. Das Wollen einer einzelnen Handlung kann erst durch die Beurteilung auch der jeweils bestehenden konkreten Situation gebildet werden.

9 *Grundlegung zur Metaphysik der Sitten*, a.a.O., Bd. 4, S. 400 Anm.
10 Ebd., S. 420 Anm.
11 Ebd., S. 414 Anm.; vgl. auch ebd., S. 416 (dort die Rede von der Form und dem Prinzip, woraus »sie selbst«, nämlich die Handlung, folgt), u.a.m.
12 Ebd., S. 416.
13 *Kritik der praktischen Vernunft*, A 106, a.a.O., Bd. 5, S. 60.

Für Kant ist dies so selbstverständlich, daß man die Willensbildung für eine einzelne Handlung durch »reine« Vernunft als begrifflich unmöglich ansehen kann. Eine einzelne Handlung kann nicht einmal vollständig beschrieben werden, da die Beschreibungswörter (die Prädikatoren) allgemeine Unterscheidungen darstellen. Man kann zwar auf eine einzelne Handlung durch Indikatoren hinweisen. Aber diese Hinweise sind eben nur situationsabhängig verständlich und verlangen daher das Bestehen oder die Vergegenwärtigung einer Situation, die als solche – das heißt als konkreter Zusammenhang einzelner Sachverhalte – durch die Mittel der Vernunft, nämlich die allgemeinen sprachlichen Unterscheidungen, nicht vollständig darstellbar ist. Vollständig darstellbar ist eine Handlung nur in ihren charakteristischen, also regelmäßigen, Merkmalen: als Handlungsweise.

Wenn wir sagen, daß jemand – um das Lieblingsbeispiel Kants aufzugreifen – lügt, dann beschreiben wir damit nicht dieses sein Reden in der konkreten Situation, in der er sich befindet, sondern wir geben eine allgemeine Charakteristik dieses Redens an, die auch auf andere Situationen und für die Reden anderer Personen zutreffen kann. Die einzelne Handlung ist der Vernunft – als dem Vermögen der allgemeinen Beschreibung von einzelnen Dingen und Geschehnissen – nur als Fall oder Beispiel allgemeiner Unterscheidungen zugänglich.

»Rein« ist unsere Vernunft bei der Darstellung irgendwelcher Sachverhalte nun nur dann, wenn sie nicht auf die Einschätzung konkreter Situationen – die sie mit ihren Darstellungsmitteln ja nicht vollständig vergegenwärtigen und über deren Darstellung sie daher nicht voll verfügen kann – angewiesen ist. Will Vernunft also als »reine« Vernunft unser Wollen bestimmen, dann kann dies nur ein Wollen sein, das sich auf einen der Vernunft voll zugänglichen Gegenstand, auf unser Handeln, insofern es von der Vernunft vollständig dargestellt werden kann, bezieht: also auf Handlungsweisen. Dies erscheint mir als eine Rekonstruktion der Unterstellung, daß die »reine« Vernunft nicht unsere einzelnen Handlungen, auch nicht lediglich deren »Innenseite«, sondern unsere Handlungsweisen (und diese dann nur in ihrer »Innenseite«, nämlich in unseren Gesinnungen) bestimmen kann.

Mit den Unterscheidungen Kants läßt sich diese Einschränkung der »Reichweite« unserer »reinen« Vernunft, nämlich für ihr

Praktisch-Werden, noch genauer verstehen. Gegenüber der besonderen Ausführung einer Handlung in einer konkreten Situation stellt bereits die Feststellung, daß jemand diese bestimmte Handlung ausführt, ein Allgemeines dar. Diese Feststellung ihrerseits beschreibt aber nur ein besonderes Geschehen gegenüber der allgemeinen Behauptung, daß diese Handlung immer wieder – sei es gewohnheitsmäßig von einer bestimmten Person, sei es von wechselnden Personen in Situationen eines bestimmten Typs – ausgeführt wird. Daß ich irgendwann einen Vortrag gehalten habe, läßt sich als die Ausführung einer bestimmten Handlung verstehen. Daß ich aber immer wieder Vorträge halte, möglicherweise sogar zu einer bestimmten Zeit an einem bestimmten Ort, ist eine Handlungsweise. Verschiedene besondere Handlungsweisen lassen sich nun ihrerseits zu einer allgemeinen Handlungsform – wie ich in Anlehnung an die Rede von der Lebensform sagen möchte – verbinden, wenn wir sie als Teile einer übergeordneten und damit allgemeineren Handlungsweise verstehen können. So gehört das Halten von Vorträgen zu meinen Lehraufgaben, ist Teil meines Lehrens. Grundlegend ist eine solche Handlungsform dann, wenn ihre – immer mögliche – Einordnung in noch umfassendere Handlungszusammenhänge keine Begründung mehr für ihre Bestimmung liefert. Was ein guter Vortrag ist, hängt davon ab, in welchem Zusammenhang ich ihn halte: Ein Vortrag als Teil meiner akademischen Lehre wird anders aufzubauen sein als ein Vortrag, den ich auf einer politischen Veranstaltung halten will. Die Handlungsform des akademischen Lehrens selbst scheint mir hingegen unabhängig davon sein zu sollen, in welchen umfassenderen Zusammenhang sie von den jeweiligen Personen eingeordnet wird. So wie ich mich nicht auf eine deutsche oder jüdische Physik einlassen will, erscheint mir die Qualität einer Vorlesung auch unabhängig davon diskutierbar zu sein, welche Rolle die akademische Lehre im gesamten Lebens- und Handlungszusammenhang des Lehrenden spielt.

Ich verstehe Kant nun so, daß er lediglich solche grundlegenden Handlungsformen, die sich selbständig begründen und bestimmen lassen, vor Augen hat, wenn er von den Maximen unseres Handelns redet. Entsprechend der logischen Tradition, in der von der *maxima* als dem allgemeinen Obersatz in Syllogismen geredet worden ist, sind auch bei Kant die Maximen allgemeine Sätze, und zwar »Grundsätze«, »die mehrere praktische Regeln unter sich« haben.[14] Die Maximen, so mein Interpretationsvorschlag, sind die Sätze, nämlich die Regeln, mit denen wir unsere grundlegenden Handlungsformen darstellen. Daß wir einer Maxime folgen, läßt sich – da es ja nur um die »Innenseite« des Handelns geht – auch in die Behauptung übersetzen, daß wir uns zu einer grundlegenden Handlungsform entschieden haben, daß wir sie verwirklichen *wollen* oder daß wir die *Gesinnung* entwickelt haben, sie zu verwirklichen.

Daß Kant sich in seinen ethischen Überlegungen auf die Begründung und Beurteilung der grundlegenden Handlungsformen bzw. Maximen unseres Handelns beschränken will, läßt sich zunächst verstehen als die Beschränkung auf die begründende Erörterung nur der Handlungsweisen, die nicht durch andere, ihnen dadurch übergeordnete Handlungsweisen eine Begründung erhalten. So ist die Vorbereitung und Durchführung einer Vorlesung als Teil der grundlegenden Handlungsweise des akademischen Lehrens begründet. Auch werden durch die grundlegenden Handlungsformen Ziele bestimmt, zu denen dann andere Handlungsweisen die Mittel sind. So möchte ich durch meine Vorlesungen meinen Hörern sowohl ein bestimmtes Wissen über begriffliche Unterscheidungen und deren historischen Zusammenhang als auch die Fähigkeit vermitteln, selbst solche Unterscheidungen auszuarbeiten und angemessen zu verwenden. Dieses Ziel ergibt sich auch aus der Verwirklichung der grundlegenden Handlungsform des akademischen Lehrens. Es läßt sich zwar nicht aus dieser Handlungsform ableiten, in ihr – das heißt im Verstehen der Möglichkeiten und Erfordernisse, wie sie in der akademischen Lehre selbst (in ihrer »Verwirklichung«) deutlich werden – aber einsichtig machen. Die grundlegenden Handlungsformen bzw. Maximen des Handelns verleihen unseren einzelnen Handlungsweisen eine Einsichtigkeit, die dann vielfach – mehr oder weniger überzeugend – durch Begründungsketten zu explizieren versucht wird. Kant denkt vor allem an die Begründungsketten, die durch die Beziehung von Zweck und Mittel erzeugt werden können. In der Sprache solcher Begründungsketten läßt sich dann sagen, daß sich eine moralische Begründung nur um die Anfänge dieser Begründungen – um die Zwecke, die selbst nicht mehr Mittel zu vorgeordneten Zwecken sein können – kümmern

14 Ebd., A 35, Bd. 5, S. 19.

muß, und daß sich die moralische Begründungsaufgabe im besonderen eben durch diese Beschränkung definieren läßt.[15]

Sieht man diese Begründung für die Beschränkung der moralischen Begründungsaufgabe auf unsere grundlegenden Handlungsformen bzw. Maximen im Zusammenhang der Gründe für die ersten beiden hier diskutierten Einschränkungen – nämlich in Verbindung mit der Berufung auf die »Reichweite« der praktischen Vernunft –, dann läßt sich ihr Verständnis noch einen Schritt weiter entwickeln. Ob wir eine einzelne Handlungsweise – wie man sie durch eine Regel, nach der relativ zum Bestehen der Situation eines bestimmten Typs eine bestimmte Handlung (immer wieder) auszuführen ist, darstellen kann – als sinnvoll verstehen können oder nicht, erweist sich nicht schon durch diese Handlungsweise selbst, wenn wir sie bloß für sich betrachten. Erst ihre Verbindung mit anderen Handlungsweisen durch eine Handlungsform läßt sie uns als sinnvoll erscheinen. Darüber hinaus kann man sogar sagen, daß ohne die Einordnung einer einzelnen Handlungsweise in eine umfassendere, sie mit anderen Handlungsweisen verbindende Handlungsform nicht einmal deren Identität als diese und nicht jene Handlungsweise erfaßt werden könnte. Wenn jemand ohne den Bezug auf den entsprechenden traditionellen und institutionellen Rahmen und den in diesem Rahmen entwickelten anderen Handlungsweisen, Vorträge hält, wird man sie als Vorlesungen auch dann nicht erkennen, wenn er sich an den üblichen argumentativen Stil und die äußeren Merkmale von Vorlesungen hält. Man wird vielleicht zwar sagen können, daß er so redet, als ob er eine Vorlesung hielte, oder daß er eine Vorlesung nachahmt. Man kann aber nicht sagen, daß er eine Vorlesung hält. Erst die Zuordnung zu einer umfassenderen Handlungsform und die damit verbundene Einordnung in den Zusammenhang auch anderer Handlungsweisen ermöglicht es sowohl, eine einzelne Handlungsweise zu identifizieren, als auch, sie als sinnvoll einsichtig zu machen. Erst unsere grundlegenden Handlungsformen bzw. Maximen erzeugen damit Handlungszusammenhänge, die sowohl insgesamt als auch in ihren Teilen – den einzelnen Handlungsweisen – identifizierbare und beurteilbare Gegenstände unserer Vernunft sein können.

15 Vgl. dazu vor allem die Argumentation Kants in der *Grundlegung zur Metaphysik der Sitten*, a.a.O., Bd. 4, S. 414-421.

Erinnert man sich nun daran, daß für Kant die »Verbindung eines Mannigfaltigen«, auf welcher Stufe der Verbindung sie auch immer stattfindet, die ausschließliche Leistung der Vernunft darstellt, so kann man in den grundlegenden Handlungsformen bzw. Maximen gleichsam die Brücke erkennen, über die unsere Vernunft den Boden des »Empirischen«, unseres von inneren Neigungen und äußeren Gegebenheiten bestimmten Tuns, betreten und nach ihren Vorstellungen ordnen kann. Als das Erzeugnis unserer Vernunft bilden die Maximen sozusagen den apriorischen Rahmen unseres empirischen Handelns.

Entscheidend ist dabei, daß unser Handeln erst durch seine Einspannung in diesen Rahmen seine Identität und seinen möglichen Sinn gewinnt, und daß es zugleich nur dieser Rahmen ist, den unsere Vernunft vollständig bestimmen kann. Mit der Beschränkung der moralischen Begründungen und Beurteilungen auf die Maximen unseres Handelns wird damit auf der einen Seite unser Handeln lediglich insofern betrachtet, als es durch Vernunft erzeugt – also nicht nur durch unsere Vernunft darstellbar, sondern auch hergestellt ist. Für die *Kritik der praktischen Vernunft* ist damit ein ihr angemessener Gegenstand geschaffen. Auf der anderen Seite bedeutet die Beschränkung der Betrachtung lediglich auf den Vernunftteil unseres Handelns auch die Ausblendung dieser handlungserzeugenden Vernunft aus der moralischen Betrachtung. Denn da unser Handeln erst dann für unsere »reine« Vernunft beurteilbar wird, wenn sich die Maximen, die grundlegenden Handlungsformen, herausgebildet haben, da damit unser Handeln sozusagen erst aufbereitet werden muß für eine mögliche Beurteilung durch »reine« Vernunft, kann die Aufbereitungsleistung selbst nicht mehr zum Gegenstand »reiner« Vernunft gemacht werden.

Die Beschränkung der Vernunft auf die »Innenseite« unseres Handelns, und zwar auf dessen Maximen – auf die es bestimmenden grundlegenden Handlungsformen, die sich unserem Wollen darbieten – läßt sich so verstehen als Beschränkung der Vernunft auf sich selbst: Die Vernunft kann, soll und will nur insoweit praktisch werden, als sie dabei »reine« Vernunft bleiben kann. Auf der dritten und letzten Station unseres Weges zu einem Verständnis des kategorischen Imperativs zeigt sich diese Beschränkung der Vernunft auf sich selbst noch deutlicher.

Nachdem mit den Maximen der »reinen« Vernunft ihr Gegenstand geschaffen worden ist, kann diese Vernunft nun fragen, welche Maximen moralisch gut sind. Zunächst ist festzustellen, daß zwar nur Maximen bzw. Gesinnungen überhaupt moralisch gut sein können, daß aber nicht jede Maxime und Gesinnung moralisch gut ist. Die Durchformung unseres Handelns bis zur Herausbildung von Maximen und Gesinnungen ist zwar eine Leistung unserer Venunft, aber unter empirischen, also »ihrer Gewalt« entzogenen Bedingungen. Nur dann aber, wenn auch diese Bedingungen fortfallen, ist eine Maxime oder eine Gesinnung vollständig durch »reine« Vernunft bestimmt und damit, weil ohne Einschränkung vernünftig, auch moralisch gut.

Der kategorische Imperativ soll – wie Kant selbst betont – die Forderung formulieren, seine Maximen bzw. seine Gesinnungen immer und nur durch »reine« Vernunft zu bilden. Die Argumentationsschritte für die verschiedenen Formeln des kategorischen Imperativs lassen sich lesen als Versuche zur Explikation alleine dieser Forderung. Ohne hier auf Detailprobleme der Interpretation einzugehen, möchte ich mein Verständnis der Kantischen Argumentation kurz zusammenfassen:

Moralisch gut ist eine Maxime oder eine Gesinnung dann und nur dann, wenn sie ausschließlich durch unsere Vernunft bestimmt ist. Dies ist sie für Kant wiederum nur dann, wenn sie als Ergebnis reiner Vernunfterwägungen nicht nur dargestellt werden kann, sondern auch dargestellt werden muß. Denn bereits die Möglichkeit, daß nicht nur Vernunfterwägungen eine Maxime oder Gesinnung erzeugt haben, enthebt die Vernunft der Herrschaft über ihre Maximen: Wenn »reine« Vernunft überhaupt unseren Willen bestimmen kann, dann muß diese Bestimmung zweifelsfrei und vollständig von ihr beherrscht sein – sonst wäre es eben nicht die »reine«, ihrer selbst gewisse und nur sich selbst bindende Vernunft, die den Willen bestimmt. Daß etwas aus reinen Vernunftgründen so ist, wie es ist, bedeutet für Kant immer, daß es *notwendig* so ist, wie es ist. Wenn überhaupt »reine« Vernunft bestimmt, bestimmt sie daher mit Notwendigkeit.

Da unser Wollen nun, sofern es auf die Erreichung bestimmter Sachverhalte oder die Verwirklichung bestimmter Handlungsformen abzielt, auch von (subjektiven) Neigungen und (objektiven) Gegebenheiten bestimmt sein kann, läßt sich kein bestimmter – »materialer« – Zweck und keine bestimmte – »materiale« –

Maxime unmittelbar als moralisch gut auszeichnen. Ausschließlich durch Vernunft bestimmt ist daher nur die Maxime oder die Gesinnung, die unabhängig von allen Einschätzungen der Wirklichkeit und allen daran geknüpften Erwartungen gebildet werden muß, das ist die Maxime oder Gesinnung, die sich lediglich auf das Wollen des Handelnden bezieht, unabhängig davon, um welche Handlungen es geht. Kant stellt sich daher die Frage, wie unser Wollen beschaffen sein – welche Form es haben – muß, wenn es bereits als Wollen moralisch gut sein soll. Es ist dabei übrigens bemerkenswert, daß für Kant die »existentialistische« Antwort, wie sie etwa Kierkegaard gegeben hat, von vornherein ausgeschlossen ist. Denn daß die Tatsache des Wollens als solche bereits dieses Wollen gut mache – weil es nämlich als mein Wollen eine Verwirklichung meiner Individualität sei –, würde Kant als Verzicht auf die vernünftige Bestimmung unseres Willens erscheinen und damit seine Ausgangsfrage sinnlos werden lassen.

Kants Antwort geht davon aus, daß die moralisch gute Form des Wollens, da sie *alleine* durch Vernunft bestimmt ist, auch für alle »Vernunftwesen«, *de facto* für alle vernunftfähigen Menschen, dieselbe ist – weil eben die Vernunft nur eine und für jedermann dieselbe ist.

Daß nun die Vernünftigkeit des Wollens – das heißt dessen Bestimmung alleine durch Vernunftgründe – überhaupt eine unwidersprechliche, »kategorische«, Verbindlichkeit erzeugt, wird begründet durch die zweifelsfreie Anerkennung der Vernunft sowohl als oberster Instanz für die Begründung und Beurteilung unseres Handelns – als des obersten Maßes – als auch als der höchsten Möglichkeit für das eigene Wollen – als des höchsten Wertes. Maß ist uns die Vernunft, insofern wir auch »Sinnenwesen« sind und nicht von selbst bereits wollen, was die Vernunft uns gebietet. Wert ist uns die Vernunft, insofern wir auch »Vernunftwesen« sind und in uns selbst die Möglichkeit besitzen, unserer Vernunft immer mehr zur Herrschaft über unser Denken und Handeln zu verhelfen. Daß die Vernunft das oberste Maß und den höchsten Wert für unser Denken und Handeln darstellt, wird bereits mit der Frage nach der Möglichkeit einer ausschließlich vernünftigen Lebens- und Handlungsorientierung unterstellt und bedarf daher für Kant auch keiner eigenen Erörterung.

Weil so die Suche nach einer vernünftigen Willensbestimmung

überhaupt nur als sinnvoll einsichtig wird, insofern die Anerkennung der Vernunft (als des obersten Maßes und des höchsten Wertes) sie trägt, verlangt die universale Identität der Vernunft aller Menschen – das heißt die Tatsache, daß sie für jedermann dieselbe Vernunft ist – auch die universelle Anerkennung aller Menschen als »Vernunftwesen«. Alleine und vollständig durch Vernunft bestimmt ist ein Willen demnach dann, wenn er ohne Berücksichtigung seiner Neigungen und (Handlungs-)Möglichkeiten in vorbehaltloser Anerkennung der Vernunft und das heißt in Anerkennung von jedermann als einem »Vernunftwesen« – nämlich einer zum Vernunftgebrauch fähigen und damit auch durch Vernunft zu »nötigenden« »Person«[16] – gebildet ist.
»Vernunftwesen« ist jemand dadurch, daß er seinen Willen selbst durch »reine« Vernunft bestimmen kann und diese Bestimmung seines Willens als uneingeschränkt verbindlich, als ein »Gesetz«, anerkennt: daß er in diesem Sinne sein eigener »Gesetzgeber« (durch »reine« Vernunft) ist. In Anerkennung von jedermann als einem »Vernunftwesen« seinen Willen bilden heißt demnach, sich selbst wie jedermann als einen solchen »Gesetzgeber« zu betrachten und nur und alles das zu wollen, was für jedermann auch dann »Gesetz« sein würde, wenn er selbst – durch »reine« Vernunft – sich einen Willen (bezüglich der jeweiligen Maxime oder Gesinnung) zu bilden hätte. Eben dies fordert Kant mit seiner eingangs angeführten Formel des kategorischen Imperativs: seine Maximen so zu bilden (und ihnen gemäß zu handeln), wie sie als Maximen eines Gesetzgebers aus »reiner« Vernunft gebildet sein müßten: nämlich als eine Maxime oder Gesinnung, die einzig darauf gerichtet ist, sich selbst und allen anderen nur und alle solche Gesetze aufzuerlegen, die jedermann auch dann sich auferlegen würde, wenn er nur durch »reine« Vernunft seinen Willen bestimmen ließe. In diesem Sinne wäre unsere so gewählte Maxime oder erzeugte Gesinnung dann »jederzeit« das »Prinzip« einer »allgemeinen Gesetzgebung«.
Der entscheidende Schritt zur Begründung des kategorischen Imperativs ist nach diesem Verständnis nicht die Anerkennung von jedermann als eines konkreten Individuums – mit bestimmten Bedürfnissen, Interessen und Überzeugungen, mit einer bestimmten Geschichte und in einer bestimmten Situation –, son-

16 Zum Verständnis von »Person« vgl. ebd., S. 428.

dern die Anerkennung zunächst einer allgemeinen Vernunft und dann erst von jedermann, aber eben nur als eines »Vernunftwesens«. Was ich anerkenne und zur Grundlage meines moralischen Handelns und Urteils mache, ist nicht der andere und bin auch nicht ich selbst, sondern ist die Vernunft im anderen und in mir selbst. Der kategorische Imperativ gewinnt seine Einsichtigkeit und Verbindlichkeit damit durch ein Ausblenden der jeweiligen Individualität, die die handelnden Personen ausgebildet haben. Nur weil ich in mir selbst wie in allen anderen nicht zu sehen brauche, wer und was sie geworden sind, nur weil ich in diesem Sinne von der Wirklichkeit meiner selbst wie aller anderen absehen und statt dessen nur die immer und über allen gleiche Vernunft im Schatten dieser Wirklichkeit erkennen kann, nur darum bin ich mir selbst und ist mir der andere – trotz seiner und meiner uns allen sich aufdrängenden wirklichen Gegenwart – eine »Person«, die ich anerkennen muß.

Daß die Ausblendung der konkreten Wirklichkeit der individuellen Personen den entscheidenden Begründungsschritt für den kategorischen Imperativ darstellt, zeigt auch ein Blick auf die »Nebenformeln«, die Kant für seinen kategorischen Imperativ entwickelt hat. Mit der Ausarbeitung dieser »Nebenformeln« versucht Kant, die Einsicht in den kategorischen Imperativ dadurch zu erleichtern, daß er »Hilfsvorstellungen« anbietet, durch die der kategorische Imperativ in den Zusammenhang der grundlegenden Annahmen Kants über unser Handeln und uns als den Handelnden gestellt wird. Die »Nebenformeln« explizieren dabei vor allem einige der Unterstellungen, die für Kant zur Charakterisierung der Vernunft selbstverständlich geworden sind.

Die erste »Nebenformel« benutzt die Charakterisierung des Vernünftigen als des Gesetzmäßigen. Die Vorstellung von einem Naturgesetz – das nach dieser Formel die Art der Geltung unserer nach dem kategorischen Imperativ gewählten Maximen erklären soll[17] – unterstellt es als selbstverständlich, daß Vernünftigkeit und Allgemeinheit sich wechselweise definieren: Vernünftig ist etwas – sei es eine (theoretische) Erkenntnis, sei es eine (praktische) Forderung – nur und immer dann, wenn es allgemein zutrifft, das heißt wenn die Erkenntnis oder die Forderung für jedermann jederzeit gilt und von jedermann jederzeit eingesehen

17 Vgl. ebd., S. 421, 436, 437.

werden kann. Und diese Allgemeinheit unterstellt wiederum, daß jedermann das gleiche Vernunftvermögen – das gleiche Vermögen zur theoretischen Erkenntnis und zur praktischen Willensbestimmung – besitzt. Der allgemeine Besitz des Vernunftvermögens sichert dabei jedermann auch einen unmittelbaren, nicht erst über den »Umweg« der in ihrem Ergebnis nicht voraussehbaren Verständigung mit anderen zu eröffnenden Zugang zur Vernunft.[18] Diese Unmittelbarkeit des Vernunftzugangs schafft und verdrängt zugleich ein Problem: Wer entscheidet im Zweifels- oder Streitfall darüber, welche Vernunft die wahre ist? Schließlich kann ja jeder den Besitz der Vernunft für sich selbst beanspruchen. Da diese Situation – wegen der universellen Identität der Vernunft – aber nicht auftreten darf, kann die allseitige Berufung auf die Vernunft nicht rechtens sein. Man wird daher im Namen der Vernunft – und das heißt dann immer der eigenen (begründungstechnisch geschulten) Vernunft und nicht der Verständigung mit den anderen – diese Berufung auf die Vernunft – und das heißt dann die Berufung der anderen auf ihre Vernunft – als unrechtmäßig zu beweisen haben oder unterstellen müssen. Damit ist das zunächst entstandene Problem als unzulässiges Problem aus seiner Erörterung hinausgedrängt.

Die zweite »Nebenformel« fordert so zu handeln, »daß du die Menschheit, sowohl in deiner Person als auch in der Person eines jeden andern, jederzeit zugleich als Zweck, niemals bloß als Mittel brauchest«.[19] Diese Formel dient vielfach als Ausgangspunkt und Leitfaden für eine Interpretation des kategorischen Imperativs im Sinne der Anerkennung der Person eines jeden als eines konkreten Individuums. Tatsächlich zeigt aber gerade diese Formel besonders deutlich, daß es sich bei der mit dem kategorischen Imperativ geforderten Anerkennung von jedermann als eines »Zweckes an sich selbst« nicht um die Anerkennung der

18 Vgl. dazu die Charakterisierung des Vernünftigen als das, was »für jedermann gelten soll« bzw. »jederzeit und notwendig gültig« ist; als das, was für jedermann erkennbar ist – was »für den gemeinsten Verstand ganz leicht und ohne Bedenken einzusehen« ist und »sich jedermann von selbst« darbietet –; als das, was für jedermann verfügbar ist – was »in jedes Gewalt zu aller Zeit« ist. *Kritik der praktischen Vernunft*, A 63-65, a.a.O., Bd. 5, S. 36f.

19 *Grundlegung zur Metaphysik der Sitten*, a.a.O., Bd. 5, S. 429; vgl. auch S. 437.

konkreten Menschen handeln kann. Es soll ja nicht der Mensch als dieses konkrete Individuum, sondern die »Menschheit« in der »Person«, das heißt im »vernünftigen Wesen«[20], eines jeden geachtet werden. Mit dieser Formel wird daher lediglich die bereits diskutierte Unterstellung expliziert, daß die Vernunft das oberste Maß und der höchste Wert unseres Denkens und Handelns ist, und daß ich jedermann aus diesem Grunde und nur aus diesem Grunde als »Zweck an sich« zu achten habe. Die Achtung der »Menschheit« in der Person eines jeden läßt sich daher durchaus mit der Mißachtung individueller Überzeugungen und Ansprüche verbinden.

Die dritte »Nebenformel« fordert schließlich, »nach Maximen eines allgemein gesetzgebenden Gliedes zu einem bloß möglichen Reich der Zwecke« zu handeln.[21] In ihr werden die beiden Unterstellungen von der Allgemeinheit der Vernunft und von dem Menschen als einem »Vernunftwesen« – nämlich als von jemandem, der nur in seinem Vernunftvermögen »Zweck an sich selbst« und damit Subjekt und Adressat moralischer Forderungen ist – miteinander verbunden. Das »Reich der Zwecke«[22] ist die gedachte und daher »bloß mögliche« Welt, in der nicht die konkreten Menschen, sondern reine Vernunftwesen miteinander handeln. Das, was uns, die wir auch »Sinneswesen« sind, als eine »Nötigung«, als durch einen Imperativ darzustellendes Sollen, erscheint, wäre in dem »Reich der Zwecke« ein Wollen, das keiner Nötigung bedürfte. In dieser Vorstellung von einem »Reich der Zwecke« zeigt sich wieder die von Kant vorgenommene Verdoppelung unserer Welt bzw. der Wirklichkeit. Obwohl nämlich der Mensch als Individuum in den konkreten Situationen seines Handelns »wirklich« lebt und demgegenüber das »Reich der Zwecke«, in dem er nicht lebt, »bloß möglich« ist, gewinnt er sein »eigentliches«, nämlich moralisch relevantes, Leben doch nur dadurch, daß er diesem »Reich der Zwecke« angehört. Sein moralisch relevantes Leben spielt sich gewissermaßen in der gedachten Wirklichkeit dieser Vernunft-Welt ab. Diese gedachte Wirklichkeit ist es im übrigen auch, die sich unbezweifelbar unserem Bewußtsein vom »moralischen Gesetz«[23], das

20 Ebd., S. 428.
21 Ebd., S. 439; vgl. auch S. 436.
22 Ebd., S. 433.
23 Vgl. dazu *Kritik der praktischen Vernunft*, A 52-56, Bd. 5, S. 29-31.

heißt dem Bewußtsein von der Verbindlichkeit der durch »reine« Vernunft aufgestellten Imperative aufdrängt. Kant nennt dieses Bewußtsein ein »Faktum der Vernunft«, das letztlich den Beweisgrund für den kategorischen Imperativ – sowohl für seine Formulierung als auch für seine Geltung – liefern soll.[24]

Überblickt man die dargestellten Stationen auf dem Weg zur Begründung des kategorischen Imperativs, so kann man erkennen, daß und wie die von Kant selbst vorgetragene Argumentation für den kategorischen Imperativ mit einem nicht eigens erörterten Verständnis unseres Handelns, unseres Willens und unserer Vernunft verknüpft ist, das dieser Argumentation erst ihren Zusammenhalt gibt. Mir ging es in meinen Bemerkungen darum, dieses Verständnis herauszuarbeiten. Im Rückblick auf die drei Stationen unseres Weges – und in kritischer Pointierung – möchte ich es so charakterisieren:

(1) Unser Handeln erhält seine Identität durch seine »Innenseite«, durch unser – auf eine bestimmte Weise – Handelnwollen. Denn nur dieses Wollen ist durch unsere Vernunft von der Handlungswirklichkeit, das heißt dem konkreten Ablauf unseres Tuns, abgeschnitten. Wenn es ausreicht, (in bestimmter Weise) handeln zu wollen oder gewollt zu haben, um von dieser oder jener Handlung reden zu können, wenn – anders gesagt – das Wollen vor dem Handeln bereits fertig ausgebildet ist und diesem Handeln (ohne das es allerdings kein Wollen, sondern nur ein Wünschen wäre[25]) seine Identität verleiht, dann spielt das Handeln selbst als dieses Tun keine Rolle mehr für die Bildung unseres Willens und unserer vernünftigen Einsichten. Die Entdeckung des Widerstandes, der sich mir bietet, wenn ich daran gehe, wirklich zu handeln und nicht nurmehr handeln zu wollen, die Entdeckung der Unzulänglichkeit meines Vermögens, aber auch die Entdeckung und Entwicklung neuer Möglichkeiten und Vermögen, kurz: die Erfahrung der Handlungswirklichkeit wird als Instanz unserer Willens- und Vernunftbildung nicht mehr wahrgenommen. Handeln als Handelnwollen bleibt ohne Welterfahrung. Erfahrungen kann dieses Wollen nur mit sich selbst sammeln, daß es zum Beispiel leicht- oder schwerfällt. Und hier

24 Ebd., A 56, Bd. 5, S. 31 f.; A 81, Bd. 5, S. 47; A 96, Bd. 5, S. 55; A 163, Bd. 5, S. 91; A 187, Bd. 5, S. 104.

25 *Grundlegung zur Metaphysik der Sitten*, a.a.O., Bd. 4, S. 394.

hat dann Erziehung im Sinne von Selbstzucht einzusetzen, die das richtige, nämlich durch »reine« Vernunft bestimmte Handelnwollen sichert. Die »Welt«, in der »reine« Vernunft wirksam werden kann, schrumpft so zur »Innenwelt« des Handelnden.

(2) Unser Handelnwollen wird für die »reine« Vernunft zu einem (identifizierbaren und beurteilbaren) Gegenstand erst als Wollen von grundlegenden Handlungsformen, das heißt dann, wenn es unter eine Maxime gebracht werden kann. Damit wird die Ausbildung dieser Maxime der »reinen« Vernunft entzogen. Sie wird der Urteilskraft zugeordnet, die der »reinen« Vernunft zwar gleichsam als Zuträgerin zu Diensten steht, selbst aber weder deren Hilfe beanspruchen, noch deren Arbeit unterstützen kann. Der ihre (Welt-)Erfahrungen ordnenden und zu Maximen ausbildenden Urteilskraft wird zwar die Würde einer Instanz für unsere moralische Willensbildung vorenthalten bzw. abgesprochen. Da aber nur über sie, nämlich die von ihr ausgebildeten und angewandten Maximen, die »reine« Vernunft die Handlungswirklichkeit erreicht, bringt sie diese »reine« Vernunft in ihre Abhängigkeit. Die »reine« Vernunft kann nur denkend verarbeiten, was die Urteilskraft ihr anbietet. Und da die »reine« Vernunft die Unterstützung der Urteilkraft auch nicht in Anspruch nehmen darf, wenn sie selbst Gesetze aufstellen will, ist sie gezwungen, denkend sich eine sittliche Welt unter ihren Gesetzen – ein »Reich der Zwecke« – zu konstruieren und alleine kraft dieser ihrer Konstruktion Verbindlichkeit für ihre Gesetze zu fordern. Die »Welt«, in der »reine« Vernunft wirksam werden kann, ist somit eine bloß gedachte, eine nur in Gedanken konstruierte Welt.

(3) Die Allgemeinheit der Gesetzgebung schließlich, die durch »reine« Vernunft gesichert werden soll, gründet in der universellen Identität dieser Vernunft: jedermann verfügt über die gleiche Vernunft und kann sie unmittelbar für sich selbst beanspruchen. Damit wird die Vernunft der Verständigung mit anderen überhoben. Ihre behauptete Gleichheit für jedermann ist zu unterscheiden von der erarbeiteten Gemeinsamkeit aller. Die »reine« Vernunft hat ihren Ort im einsamen Denken eines jeden, nicht in der Verständigung mit anderen. Wenn eine Begründung oder Beurteilung mit reinen Vernunftgründen durchgeführt worden ist, dann ist sie fertig und braucht sich den Fragen und Zweifeln anderer nicht mehr auszusetzen. Dadurch erhält zwar jeder

gleichsam eine unmittelbare Verfügungsgewalt über die Vernunft. Aber gerade weil jeder diese Verfügungsgewalt gleichermaßen besitzt, erstreckt sie sich letztlich nur auf sein eigenes Denken und Wollen. Und weil Vernunft ihre Ergebnisse für sich selbst – nämlich den in gedanklicher Konstruktion zu erbringenden Erweis von deren Allgemeinheit bzw. Gesetzmäßigkeit – erreichen kann, weil eine sich auf Urteilskraft berufende Verständigung mit anderen nicht notwendig und daher auch nicht als Möglichkeit vorgesehen ist, wird die »reine« Vernunft ein für jedermann isoliertes Vermögen. Die »Welt«, in der »reine« Vernunft wirksam werden kann, zerfällt daher in die voneinander abgeschlossenen Welten des jeweils eigenen Denkens der einzelnen.
Vernunft definiert sich dadurch, daß sie für sich selbst – als »reine« Vernunft – praktisch werden kann. »Rein« bleibt sie aber nur, wenn sie sich von der Erfahrung unserer Handlungswirklichkeit, von der Urteilskraft und von der Verständigung mit anderen frei macht. Will sie gleichwohl als »reine« Vernunft unsere Welt bestimmen, so muß sie sich eine eigene Welt schaffen, in der ihr nichts ihren Herrschaftsanspruch streitig macht. Diese Welt ist die bloß gedachte und für sich abgeschlossene Innenwelt der Handelnden. Die Macht der Vernunft erweist sich, weil sie die uneingeschränkte Macht einer »reinen« Vernunft sein sollte, als Macht nur über eine Gedanken-, Eigen- und Innenwelt, über eine theoretische Konstruktion. Praktisch wird »reine« Vernunft nur für diese theoretische Konstruktion. Für unser Handeln in der Welt aber, für das wir eine Orientierung durch die Vernunft erhofften, erweist sich diese »reine« Vernunft als machtlos. Weil Vernunft bei ihrem Praktisch-Werden »rein« bleiben sollte, verliert sie die Möglichkeit, außer im »Theoretischen« – nämlich der gedachten Welt ihrer Konstruktionen – praktisch zu werden: Am Ende unseres Weges erweist sich damit die praktische Ohnmacht der »reinen« Vernunft.
Mir ist bewußt, daß ich mit diesem Ergebnis lediglich eine Seite der Kantischen Ethik hervorgehoben habe. Diese Einseitigkeit hat ihre Gründe, die sie erst verständlich macht und die ich nun – in zwei »Nachbemerkungen« – wenigstens skizzieren möchte.
(1) Das Bestehen darauf, daß der Mensch (auch und vorab) ein Vernunftwesen ist, läßt sich verstehen im Sinne einer emanzipatorischen (politischen) Bewegung, in der auch denjenigen die gleichen (politischen) Grundrechte erkämpft werden sollen, die von

einigen dieser Rechte ausgeschlossen sind. Denn die Allgemeinheit der Vernunft macht jedem zu einem potentiellen Gesetzgeber und Richter, und es gibt keine Berufungsinstanz für die Gerechtigkeit unserer Gesetze und die Rechtmäßigkeit unserer Entscheidungen außer oder über dieser Vernunft. Kant hat – so meine ich – mit voller Absicht das Pathos der Rede von der Gesetzgebung durch Vernunft und vom Richterstuhl dieser Vernunft – mit all ihren politisch bedeutsamen und wirksamen Assoziationen – gewählt, um diese unsere Vernunft zu charakterisieren.

In einer Situation, in der die Erkämpfung politischer Grundrechte zur Bewegungskraft des westeuropäischen politischen Lebens geworden ist, läßt sich daher die rigorose Berufung auf »reine« Vernunft an der Spitze dieser Bewegung sehen, die keine ungleich-machenden Autoritäten, Traditionen und Institutionen mehr anerkennen will. Die Anerkennung der Vernunft als des obersten Maßes und des höchsten Wertes bezieht sich in einer solchen Situation nicht schon auf Ergebnisse dieser Vernunft, auf bestimmte als vernünftig behauptete Begründungen einzelner Normen oder Entscheidungen, sondern sie ist die Anerkennung erst des Anspruchs eines jeden vernunftfähigen Menschen auf die Beteiligung an der Normenaufstellung bzw. »Gesetzgebung« und an den Entscheidungen und Beurteilungen unseres Handelns. Dieser Anspruch auf Anerkennung der allgemeinen Vernunft*fähigkeit* ist zu unterscheiden von einer Anerkennung der *Vernünftigkeit* eines bestimmten Begründungsergebnisses.

In einer Situation hingegen, in der dieser Anspruch auf Vernunftfähigkeit nicht mehr erkämpft werden muß, sondern – zumindest *de jure*, wenn auch noch längst nicht *de facto* – allgemein anerkannt ist, gilt es, die Ansprüche auf Vernünftigkeit zu sichten, die nun prinzipiell von jedem für seine Vorschläge, Forderungen und Behauptungen erhoben werden können. Welcher dieser Ansprüche besteht zu Recht und welcher nicht? Es ist damit die Frage nach einem *Kriterium*, einem Prüfstein und Unterscheidungsweg gestellt. Dieses Kriterium soll von der Vernunft angewendet werden, und zwar zur Beurteilung der jeweils beanspruchten Vernünftigkeit.

Nimmt man die Frage nach dem Kriterium der Vernunft in dieser Weise auf, so gerät man in ein *Dilemma*. Denn ein Kriterium – dazu wird es benötigt – teilt auf. Die mit dem Kriterium der wahren Vernünftigkeit ausgestattete Vernunft ist nicht mehr die

Vernunft aller, sondern die Vernunft nur einiger (weniger), nämlich derjenigen, die das Kriterium anwenden. Kants Kunstgriff besteht darin, in dem Kriterium selbst eine Möglichkeit zum Wieder-Allgemein-Werden, gleichsam zur »Wiedervereinigung« der Vernunft – nämlich der nach dem Kriterium urteilenden und der beurteilten Vernunft – zu sehen. Denn der kategorische Imperativ besteht ja eben in der Forderung, seinen Willen zu »verallgemeinern«, das heißt nur und immer so zu bilden, wie er von einem jeden – nur seiner Vernunft gehorchenden – Menschen gebildet werden müßte. Das Dilemma entsteht nun aber auch für Kant dadurch, daß diese »Verallgemeinerung« des eigenen Willens, wie ich in meiner Interpretation zu zeigen versucht habe, eine bloß gedachte Verallgemeinerung ist. Es geht ja nicht um den tatsächlichen Willen eines jeden, sondern immer nur um den Willen, sofern er durch »reine« Vernunft gebildet ist – und das heißt, sofern er nach meiner Unterstellung durch »reine« Vernunft gebildet sein oder werden müßte. Formelhaft gesagt, besteht das Dilemma darin, daß ich durch den kategorischen Imperativ gezwungen werde, meine eigenen Vorstellungen vom allgemein Vernünftigen (Guten oder Gerechten) aufgrund rein gedanklicher Prüfungen zu den allgemeinen Vorstellungen (der Vernünftigen) vom Vernünftigen und damit zum allgemeinen Vernünftigen (Guten oder Gerechten) zu erklären.
Es scheint mir nun bedeutsam, darauf hinzuweisen, daß nicht nur die Kantische Ethik, sondern jede Ethik – in einer bestimmten Situation und sofern sie sich als eine Theorie über die Argumentationsmöglichkeiten für unser moralisches Handeln verstehen läßt – in dieses Dilemma gerät. Die Situation, an die ich dabei denke, ist von Kant ohnehin unterstellt: nämlich die Situation mangelnder Gemeinsamkeit in den grundlegenden Orientierungen unseres Handelns und Lebens. Wo diese Gemeinsamkeit fehlt, werden auch die jeweiligen Überlegungen der Handelnden – da und sofern sie eben im Rahmen verschiedener Orientierungen stattfinden – zu verschiedenen Ergebnissen führen. Selbst die »Erfahrungen« der einzelnen werden demgemäß verschieden sein. Denn auch unsere Erfahrungen – nämlich davon, ob eine Handlung oder eine Handlungsweise zum Beispiel erfolgreich, sinnvoll oder angenehm ist oder nicht – ergeben sich ja nur im Rahmen unserer Orientierungen. (Schon die Identifikation eines Tuns als diese bestimmte Handlung verlangt ja ein durch solche

Orientierungen begründetes Urteil. Darüber hinaus hängt aber auch das, was als Folge eines bestimmten Handelns einzutreten pflegt oder eintritt, soweit diese Folge sozial bedingt ist, von den Orientierungen der Miteinander-Handelnden ab, insbesondere von den institutionalisierten Handlungsregeln. Schließlich verlangt auch die Beurteilung der Folgen unseres Handelns den Bezug auf bestimmte Wertungen, mit denen wir unsere Urteile begründen können. Bei der »Erfahrung« einer Handlungsweise als sinnvoll usw. werden diese Beurteilungen vollzogen und damit die sie leitenden Orientierungen unterstellt.)

Will nun eine Ethik in einer solchen Situation mangelnder Gemeinsamkeit auch in den grundlegenden Orientierungen gleichwohl wieder zu einer unser Handeln und Leben stützenden Gemeinsamkeit der Orientierungen zurückführen, so kann sie keinesfalls irgendwelche der faktischen Orientierungen einfachhin unterstellen – und sie kann sich auch nicht auf deren Instanzen berufen, seien es nun die Erfahrungen, die man immer wieder machen könne, sei es das Wollen, wie es sich tatsächlich zeige, sei es das Sollen, wie es doch für jedermann verbindlich sei. In jedem Fall ist sie gezwungen, in irgendeinem Sinne eine Unterscheidung zu treffen zwischen den faktischen Erfahrungen und den vernünftig gewonnenen Erfahrungen, zwischen dem faktischen Wollen und dem vernünftigen Wollen, zwischen den faktisch vertretenen Sollensansprüchen und den vernünftig begründeten Sollensansprüchen. Und gleich wie diese Unterscheidung im einzelnen getroffen wird: in jedem Falle gerät eine Ethik damit in das dargestellte Dilemma, die Ergebnisse der jeweils vernünftig gewonnenen Erfahrungen und an sie geknüpften Überlegungen in Gedanken vorwegnehmen zu müssen.

Daß dies nicht nur in der Kantischen Ethik mit ihrer Konstruktion einer Welt aus lauter Vernunftwesen erforderlich ist, sondern auch für eine Ethik, die – wie die utilitaristische – sich auf unsere Erfahrungen, nämlich des Angenehmen und Nützlichen, berufen zu können glaubt, hat John Stuart Mill mit seiner drastisch-deutlichen Bemerkung ins Licht gerückt: »Es ist besser, ein unzufriedener Mensch zu sein als ein zufriedengestelltes Schwein; besser ein unzufriedener Sokrates als ein zufriedener Narr.«[26]

26 J. St. Mill, *Der Utilitarismus*, übersetzt von D. Birnbacher, Stuttgart 1976, S. 18f.

Auch Mill muß damit eine Unterscheidung treffen, nach der bestimmte Erfahrungen als närrisch oder sogar tierisch abgelehnt und andere als weise oder doch wenigstens menschlich angenommen werden können.
Gerade der Vergleich mit Mill zeigt dabei im übrigen, wie sehr die Kantische Ethik anderen Ethiken, sogar der Mill'schen Konzeption des Utilitarismus, an gedanklicher Strenge überlegen ist. Mill zieht sich nämlich bei der Frage nach der Begründung dieser Unterscheidung zwischen hoch- und geringwertigen Erfahrungen wie Freuden darauf zurück, daß am Ende der Erfahrenere darüber das bessere Urteil habe und dort, wo auch dies wegen der Uneinigkeit der Erfahrungen zu keiner Lösung führe, die Mehrheit eben Recht behalte.[27] Mit dieser Antwort verwischt Mill aber die Problemstellung. Die Hoffnung auf gleiche Erfahrungsergebnisse ist kein Argument, sondern eben nur eine Hoffnung und unterstellt zudem doch einige gemeinsame Orientierungen der Handelnden. Die Delegation der Unterscheidung an den Mehrheitsbeschluß benötigt diese Unterstellung zwar nicht, bedeutet aber zugleich den Verzicht auf Argumentation und damit den Verzicht auch auf die Ausarbeitung einer Ethik im Sinne einer Argumentationstheorie für unser moralisches Handeln.
Kant dagegen will gerade für die Situation, in der die Berufung auf faktische (und nicht mehr gemeinsame) Orientierungen keine Begründung für unser moralisches Handeln (mehr) liefert, eine solche Ethik entwickeln – und gerät damit in das dargestellte Dilemma. Die Kantische Ethik, so kann man es sehen, antwortet auf eine Situation, die von den anderen ethischen Konzeptionen nicht einmal erkannt worden ist. Sie antizipiert (und dramatisiert) damit in Gedanken das Ergebnis einer wirklichen Entwicklung – nämlich den Schwund sowohl gemeinsamer Orientierungen als auch von gemeinsamen Erfahrungsmöglichkeiten –, auf die sie dann allerdings auch nur – und dies ist der Kern meiner These von der praktischen Ohnmacht der »reinen« Vernunft – mit gedanklichen Konstruktionen antwortet.
Zusammenfassend läßt sich sagen, daß der kategorische Imperativ Kants (auch) für eine Situation mangelnder Gemeinsamkeit (nämlich in den handlungsleitenden und lebensformenden Orientierungen) ein Argumentationsprinzip für unser moralisches Han-

27 A.a.O., S. 19f.

deln angeben will, das letztlich die Allgemeinheit der Vernunft (in allen Menschen) als Begründungsbasis benutzt. In das dargestellte Dilemma gerät der Versuch, dem kategorischen Imperativ zu folgen, dadurch, daß die Situation verschiedener Orientierungen zugleich eine Situation gleicher Vernunftansprüche ist, das heißt eine Situation, in der es nicht mehr um die Anerkennung der allgemeinen Vernunftfähigkeit geht, sondern um die Beurteilung von prinzipiell als gleich anerkannten Ansprüchen auf vernünftige und daher verbindliche Forderungen. Denn in dieser Situation verwickelt sich die Vernunft im Netz ihrer eigenen Ansprüche. Da es zur Definition der Vernunft gehört, keine Berufungsinstanz außer oder über ihr anzuerkennen, scheinen die im Namen der Vernunft erhobenen Begründungsansprüche nur dann miteinander vereinbar zu sein, wenn man irgendeinen Weg findet, auch ohne die Zustimmung der anderen gleichwohl die Vernünftigkeit eines Vorschlags, einer Forderung oder einer Behauptung auch für sie beweisen zu können: und eben dies ist der Weg der *gedanklichen Konstruktion von Zustimmung,* der es – entgegen der ursprünglichen autoritätskritischen Definition der Vernunft – erlaubt, im Namen der Vernunft einiger (nämlich derjenigen, die das Kriterium der konstruierten Zustimmung für ihre eigenen Vorschläge benutzen) die Vernunftansprüche der anderen als unvernünftig zu entlarven und zu übergehen. Die Frage, die sich an diese Interpretation und Kritik des kategorischen Imperativs richtet, ist – wie ich meine: natürlich – die nach einer Möglichkeit, Kants Ethik weiterzudenken in eine Richtung, in der man nicht in das dargestellte Dilemma gerät und doch seine Intuition von einer autoritätskritischen, autonomen Vernunft bewahren kann. Mit den vorgetragenen Überlegungen wollte ich das *Erfordernis* zu einem solchen Weiterdenken der Kantischen Ethik begründen. Eine der *Möglichkeiten* zum Weiterdenken möchte ich in meiner zweiten »Nachbemerkung« andeuten.

(2) Der kategorische Imperativ enthält einen *Zirkel.* Dieser wird deutlich, wenn man ihn als Definition eines vernünftigen Willens liest. Vernünftig ist ein Willen genau dann (gebildet), wenn er in Anerkennung und Übereinstimmung mit dem vernünftigen(!) Willen eines jeden anderen gebildet ist. Bisher habe ich die Betonung darauf gelegt, daß diese Definition die – nicht zu rechtfertigende – Konstruktion eines vernünftigen Willens auch für alle anderen und ohne deren Zustimmung erfordert. Man

kann diese Definition aber auch anders lesen: zwar, wie ich meine, gegen das Selbstverständnis Kants, aber doch, wie ich ebenfalls meine, die den kategorischen Imperativ tragende Einsicht von der Autonomie unserer Vernunft weiterdeutend.

Dazu kann man zunächst einmal den Zirkel in der Definition eines vernünftigen Willens von einer Tautologie unterscheiden. Kant meint und sagt ja nicht einfachhin, daß ein Willen genau dann vernünftig ist, wenn er ein vernünftiger Wille ist. Vielmehr erklärt er einen bestimmten, zum Beispiel *meinen* Willen für vernünftig genau dann, wenn er den vernünftigen Willen *aller anderen* anerkennt und mit diesem übereinstimmt. Diese Definition stellt eben nicht eine Tautologie oder, wie Hegel formuliert, eine »inhaltslose Identität«, einen »leeren Formalismus« oder die (bloß) »formelle Übereinstimmung« – nämlich der Pflicht bzw. des sich für vernünftig haltenden Willens – »mit sich selbst«[28] dar. Sie verlangt vielmehr meinem Willen eine Leistung ab, die nicht schon mit seiner Bildung überhaupt gegeben ist.

Diese unserer praktischen Vernunft abverlangte Leistung – die Anerkennung des vernünftigen Willens aller anderen – kann man nun verschieden verstehen: rein *gedanklich* und damit, wie es scheint, *dogmatisch*, oder aber *pragmatisch*, als in der Wirklichkeit unseres Handelns und Redens zu erbringende Leistung und damit, wie es scheint, in einen *unendlichen Regreß* führend.[29] Rein gedanklich ist die Leistung dann verstanden, wenn die Anerkennung des vernünftigen Willens anderer in der gedanklichen Konstruktion dieses Willens besteht, also so, wie ich sie in meiner Interpretation dargestellt habe. Pragmatisch ist die Anerkennung des vernünftigen Willens anderer dann, wenn man sie als die tatsächliche Auseinandersetzung mit den Vorschlägen, Forderungen und Behauptungen anderer versteht. Meine These ist nun die, daß das rein gedankliche Verständnis der Anerkennungsleistung nicht dogmatisch werden und deren pragmatisches Verständnis nicht in einen unendlichen Regreß führen muß. Die gedankliche Konstruktion des vernünftigen Willens aller anderen besteht nicht in der schlichten Erklärung, daß irgendein Willen, insbesondere natürlich der von mir selbst gebildete, vernünftig

28 G. W. F. Hegel, *Grundlinien der Philosophie des Rechts*, § 135.

29 Die Formulierung der Alternative lehnt sich an Alberts »Münchhausen-Trilemma« an, siehe H. Albert, *Traktat über kritische Vernunft*, Tübingen 1968, S. 13.

sei. Sie verlangt vielmehr die sorgfältige Abwägung der Bedürfnisse und Interessen aller anderen, soweit man diese Bedürfnisse und Interessen wie auch den Kreis dieser anderen jeweils zu verstehen vermag. Die hier geforderte Abwägung ist weder leicht noch selbstverständlich. Sie verlangt geistige Arbeit und Selbstüberwindung. Zu einer dogmatischen Position führt sie dennoch dann, wenn man sie alleine bereits als Ausweis für die allgemeine Verbindlichkeit der durch sie gewonnenen Ergebnisse, insbesondere von Forderungen, ansieht. Dann – und nur dann – entsteht das oben dargestellte Dilemma. Sieht man in dieser Abwägung jedoch nur eine Forderung an sich selbst, und zwar einen kategorischen Imperativ für die eigene Willensbildung bzw. Gesinnung, dann sehe ich in der so verstandenen Konstruktion eines vernünftigen Willens keinen Dogmatismus mehr. Allerdings – und auch dies bleibt zu bemerken – bleibt dann der kategorische Imperativ auch »nur« das Prinzip einer *»Gesinnungsethik«*, die nur jeweils für mich eine Verbindlichkeit erzeugt.

Demgegenüber zielt das pragmatische Verständnis der Anerkennungsleistung, die unsere praktische Vernunft definieren soll, auf die Begründung von Ansprüchen auch anderen gegenüber. Daß ich in Anerkennung und Übereinstimmung mit dem *vernünftigen* Willen *aller* anderen meinen Willen bilden soll, verlangt nach diesem Verständnis sowohl das wirkliche Gespräch mit prinzipiell jedem beliebigen, insbesondere die Berücksichtigung der von den anderen handelnd gewonnenen Erfahrungen, als auch die Entwicklung, Prüfung und Bewahrung prinzipiell aller vorgebrachten Argumente. Die Anerkennung des vernünftigen Willens aller anderen soll weder in der schlichten Übernahme des im jeweiligen Gespräch artikulierten Willens oder auch nur in der Vernachlässigung von (Gegen-)Argumenten bestehen – sich in diesem Sinne also nur auf den *vernünftigen* Willen der anderen beziehen –, noch darin, sich selbst ein Bild von allen anderen zu machen oder sich nur die Gesprächspartner auszusuchen – sich in nur diesem Sinne also auf den Willen *aller* anderen beziehen.

Eine solche Auseinandersetzung mit dem vernünftigen Willen aller anderen kommt zwar nie zu einem endgültigen Ende. Aber sie bleibt darum doch nicht unbestimmt. Natürlich kann man kaum jemals – wenn überhaupt – mit allen reden, die von einer bestimmten Entscheidung betroffen sind. Was – nach dem pragmatischen Verständnis – aber auch nur gefordert wird, ist dies, daß ich auch mit denjenigen mich auseinandersetze, die ich nicht gefragt und die ich mir nicht als Gesprächspartner ausgesucht habe, sondern die von sich aus oder eben durch die Entwicklung der jeweiligen Situation zu am Gespräch – sei es partnerschaftlich, sei es gegnerisch – Beteiligten geworden sind. Die so – in Analogie zur dialogischen Definition des Allquantors[30] – gedeutete Anerkennungsforderung des Willens *aller* kann sehr wohl *vollständig* eingelöst werden. Sie bleibt nur immer weiter bestehen: Ich muß ja auch dann noch »offen für jedermann« bleiben, wenn ich es bereits gewesen bin oder gewesen zu sein glaube. Damit führt das pragmatische Verständnis der Verallgemeinerungsforderung aber nicht in den befürchteten unendlichen Regreß.

Ebensowenig ergibt sich ein solcher Regreß, wenn man sich auf die *Vernünftigkeit* des anzuerkennenden Willens bezieht. Die Herausarbeitung, Prüfung und Vergegenwärtigung der vorgebrachten Argumente für die jeweilige Willensbildung und die Forderung, keines dieser Argumente – etwa einer faktischen Einigung zuliebe – »unter den Tisch fallen zu lassen«, erlauben es nicht, in dem »für jedermann offenen« Gespräch als solchem bereits die geforderte Anerkennungsleistung zu sehen. Jedes in einem solchen Gespräch erreichte Ergebnis kann sich als unvernünftig herausstellen – weil nämlich einige Argumente vergessen, unterdrückt oder noch nicht erkannt worden sind. Gleichwohl bleibt nur das wirklich geführte Gespräch und die in ihm erreichte Übereinstimmung der Grund für eine allgemeine Verbindlichkeit, da nur (wenn überhaupt) die wirklich erreichte Übereinstimmung die Möglichkeit eröffnet, auf gemeinsam ge-

30 Im Unterschied zur Definition – bzw. zum Definitionsversuch – des Allquantors durch eine unendlich lange Konjunktion

$\bigwedge_x A(x) \leftrightharpoons A_1 \wedge A_2 \wedge \ldots \wedge A_n \wedge \ldots$

wird in der dialogischen Logik P. Lorenzens der Allquantor durch Dialogregeln definiert: Wenn jemand (das heißt der Proponent) behauptet, daß eine bestimmte Aussage für alle Fälle x gelte, dann darf daraufhin (durch den Opponenten) für (beliebig viele) Fälle eigener Wahl die Einlösung dieser Behauptung gefordert werden. Demgegenüber wäre der Eins- oder Existenzquantor dadurch zu definieren, daß die Wahl des Falles, für den die entsprechende Behauptung einzulösen gefordert wird, dem Proponenten überlassen wird. Siehe dazu zum Beispiel die gedrängte Darstellung in P. Lorenzen/O. Schwemmer, *Konstruktive Logik, Ethik und Wissenschaftstheorie*, Mannheim/Wien/Zürich, ²1975, S. 56ff., besonders S. 62-65.

faßte Beschlüsse und deren einmal wirklich anerkannte Verbindlichkeit zu verweisen. Die Verbindlichkeit gründet zwar nicht – oder nur in den seltensten Fällen – in der Übereinstimmung aller (möglichen) Argumente, sondern eben nur in der Übereinstimmung der an der Beschlußfassung (in einem »offenen« Gespräch) Beteiligten und in der Berücksichtigung der von diesen Beteiligten vorgetragenen Argumente. Insofern das Gespräch aber tatsächlich »offen« und um Argumente bemüht geführt worden ist – also keine Personen, die hätten teilnehmen können, ausgeschlossen und keine Argumente, die erkannt waren, unterdrückt worden sind –, kann der in dem Gespräch gefaßte Beschluß eine Verbindlichkeit für alle Betroffenen beanspruchen. Allerdings braucht diese Verbindlichkeit nicht ein für allemal beansprucht zu werden. Es tut ihrer Geltung keinen Abbruch, wenn sie nicht für alle Zeiten beansprucht wird. Solange sie gilt, kann sie streng gelten. Wenn aber andere Personen ihre Bedürfnisse und Interessen artikuliert haben und damit unter Umständen neue Argumente entwickelt worden sind, kann ihre Geltung – durch den in einem wirklichen Gespräch gefaßten Beschluß – wieder aufgehoben werden. Entscheidend scheint mir zu sein, daß auch die Abwägung der Argumente in den (»offenen«) wirklichen Gesprächen nicht in einen unendlichen Regreß führt, sondern eine klar verständliche und vollständig erfüllbare Forderung darstellt.
Das pragmatische Verständnis der Anerkennungsleistung, die unsere praktische Vernunft gegenüber dem vernünftigen Willen aller anderen erbringen soll, führt so zu einer *Ethik des wirklichen Gesprächs.* Deren Prinzip – der pragmatisch verstandene kategorische Imperativ – läßt sich als kategorisches allerdings nur negativ darstellen: etwa durch die Forderung, nicht bestimmte Personen auszuschließen und nicht bestimmte Argumente zu unterdrücken. Entgegen dem Verständnis Kants kann hingegen für die Ergebnisse dieser Gespräche keine unbedingte Geltung beansprucht werden: den in diesen Gesprächen gefaßten Beschlüssen braucht es zwar nicht an (allgemeiner) Verbindlichkeit zu mangeln, aber ihre Geltung kann nur »bis auf weiteres«, nämlich bis zu einer neuen Beschlußfassung (in einem wirklichen Gespräch und nicht bloß durch mich selbst!) beansprucht werden. In diesem Sinne gibt es keine kategorischen Imperative, mit denen eine Verbindlichkeit für das Handeln aller beansprucht werden kann. Solche Imperative können sich nur für die eigene

Gesinnung ergeben. Trotz dieser Bescheidung auf immer wieder nur vorläufig geltende Imperative weist aber auch die pragmatische Interpretation des kategorischen Imperativs eine Richtung, in der die Kantische Ethik weitergedacht werden kann.

Das »Faktum der Vernunft« und die Realität des Handelns

Kritische Bemerkungen zur transzendentalphilosophischen Normbegründung und ihrer handlungstheoretischen Begriffsgrundlage im Blick auf Kant

Es mutet uns heute merkwürdig an, daß eine der am meisten diskutierten und auch heute noch vertretenen normativen Ethiken – im Sinne der Theorien zur Begründung von Handlungsnormen – in ihrer handlungstheoretischen Begriffsgrundlage weitgehend ungeklärt, wenn nicht gar widersprüchlich ist. Wenn auch immer wieder einmal auf die Schwierigkeiten hingewiesen worden ist, die durch die Kantische Doppelbeschreibung unseres Handelns als Teil sowohl der empirischen und kausal determinierten Welt als auch der durch Freiheit sich selbst determinierenden intelligiblen Welt – und zwar insbesondere für die Vereinbarkeit dieser beiden Beschreibungen – entstehen, so heben diese Hinweise doch eher eine allgemeine Schwierigkeit der Kantischen praktischen Philosophie hervor, als daß mit ihnen besondere handlungstheoretische Fragen aufgeworfen werden. Denn die Frage, wie weit wir uns denn in einer kausal determinierten Welt tatsächlich zum autonomen Subjekt unseres Handelns machen können, ist eher eine Frage an die Kantische Ethik – und zwar die Frage nach der sinnvollen Bestimmung eines ihrer Grundbegriffe, nämlich des Begriffs der Autonomie – als an die Kantische Handlungstheorie. Erst in jüngster Zeit findet sich die ausdrückliche Thematisierung der besonderen handlungstheoretischen Grundlagen für die Kantische Ethik[1] (und Transzendentalphilosophie im allgemeinen)[2], in denen auch die Unzulänglichkeiten dieser handlungstheoretischen Grundlagen deutlich gemacht werden.

Die Handlungstheorie kann hier auf ein ähnliches Schicksal ver-

1 Gerold Prauss, *Kant über Freiheit als Autonomie*, Frankfurt/M. 1983.

2 Friedrich Kaulbach, *Das Prinzip Handlung in der Philosophie Immanuel Kants*, Berlin–New York 1978.

weisen wie die Logik. Kant selbst war es ja, der für die Logik behauptete, daß sie ein für allemal durch Aristoteles begründet und seitdem auf ihren »sicheren Gang« gebracht worden sei. Mit einem ähnlichen Recht könnte Aristoteles auch zum Begründer der Handlungstheorie erklärt werden: nämlich durch seine Unterscheidung zwischen Praxis auf der einen und Poiesis auf der anderen Seite. Alle an der Zweck-Mittel-Unterscheidung orientierten Handlungstheorien lassen sich im wesentlichen mit Hilfe dieser Aristotelischen Grundunterscheidung rekonstruieren. Und wie für die Logik könnten wir heute noch mit Kant feststellen, daß die Aristotelische Gründung der Handlungstheorie höchstens durch »die Wegschaffung einiger entbehrlicher Subtilitäten, oder die deutlichere Bestimmung des Vorgetragenen« in gewisser Weise »mehr zur Eleganz, als zur Sicherheit der Wissenschaft« hinzugewonnen hat.[3]

Erklären läßt sich sowohl diese Sicherheit über die Vollendung der Logik wie der Handlungstheorie (im Sinne des gleichsam natürlichen Gebrauchs der tradierten und üblichen Grundunterscheidungen für unser Handeln) als auch die späte Auflösung dieser Sicherheit dadurch, daß sowohl in der Logik als auch in der Handlungstheorie alltäglich Selbstverständliches theoretisch kanonisiert wird. Von Aristoteles ist das praktisch Selbstverständliche auch theoretisch schlicht benutzt worden. Die theoretische Leistung liegt in der systematisierenden Ordnung und praktischen Regulierung einiger allgemein beherrschter Unterscheidungen, ohne daß diese Unterscheidungen selbst noch einmal analysiert würden. Tatsächlich wurde die Syllogistik des Aristoteles erst 1879, nämlich mit der »Begriffsschrift« Freges, als (junktoren- und quantorenlogisch) komplex erkannt und in ihre Elemente zerlegt. Für die Handlungstheorie hat diese Unterscheidung zwischen dem praktisch Selbstverständlichen und theoretisch Elementaren noch länger auf sich warten lassen.

Auch für diese »handlungstheoretische Verspätung« kann man eine Erklärung versuchen. Sind doch die handlungstheoretischen Grundunterscheidungen unseres Alltagsbewußtseins noch tiefer in die Selbstverständlichkeiten unseres Redens und Handelns eingebunden als die logischen bzw. syllogistischen Unterscheidungen der Alltagssprache. Denn wenn die Syllogistik auch

3 *Kritik der reinen Vernunft*, B VIII.

unmittelbar an grammatische Grundformen von Beschreibungssätzen – und zwar vornehmlich an die Aufgliederung solcher Sätze nach Subjekt und Prädikat – anschließt und damit eine sozusagen »natürliche Logik« begründet, so werden die logischen Formen der Syllogistik doch schon in den alltäglichen Zweifeln und Behauptungen, Beweisen und Widerlegungen zu einem besonderen Gegenstand unseres Fragens. Demgegenüber scheinen die handlungstheoretischen Unterscheidungen – etwa zwischen Mittel und Zweck, Ausführung und Absicht, Wirkung und Gesinnung, Fall und Regel, Verlauf und Bedeutung – unser Handeln überhaupt erst einer argumentierenden Betrachtung zugänglich zu machen und damit für denjenigen, der über unser Handeln, und zwar insbesondere über die Normen unseres Handelns, argumentieren will, mit seinem Gegenstand schlichtweg »gegeben« zu sein. In beiden Bereichen – in der Logik wie in der Handlungstheorie – schließen die Unterscheidungen der alltäglichen Reflexion an das alltägliche Reden und Handeln an, sind nicht zur kritischen Distanzierung von der Alltagswelt, zur Einsicht in deren Wirk- und Sinnzusammenhänge, entwickelt worden, sondern allein dazu, diese Alltagswelt zusammenzuhalten, das Leben, Handeln und Reden in ihr fortzuführen, insbesondere auch Schwierigkeiten darin, also praktische Schwierigkeiten, zu überwinden. Pointiert und für den Zusammenhang zwischen normativer Ethik und Handlungstheorie formuliert: Weil sich das theoretische Interesse auf die Normierung unseres Handelns – wie in der Logik: unseres Redens – konzentriert hat, sah man keinen Grund, sich von den allgemein üblichen und verständlichen Handlungsbeschreibungen mit ihren selbstverständlich gewordenen Unterscheidungen zu distanzieren und eine eigene Bemühung um die »Zerlegung« der komplexen Alltagsbeschreibungen in erst zu sichtende Elementarbeschreibungen anzustrengen.[4]

Ich bin nun der Überzeugung, daß es einen internen, nämlich begrifflichen, Zusammenhang gibt zwischen der unaufgelösten Komplexität der handlungstheoretischen Unterscheidungen, die Kant in seiner Philosophie verwendet, und seinem Verständnis einer – wie wir heute sagen – »transzendentalphilosophischen«

4 Vgl. dazu die Beispiele, wie sie in dem Beitrag »Die Verständlichkeit des Handelns« angegeben werden (in diesem Band, S. 128 f.).

Begründung von Handlungsnormen. Diesen Zusammenhang möchte ich in den folgenden Überlegungen erläutern.

1. Transzendentalphilosophische Begründungen: Die normative Definition des Faktischen

Transzendentalphilosophische Begründungen erscheinen den Überzeugten unwiderleglich. Denn da sie ja lediglich die »Bedingungen der Möglichkeit« eines Wirklichen – und zwar eines in seiner Wirklichkeit Unbezweifelten – aufzeigen, können sie für sich selbst eben die Notwendigkeit beanspruchen, die dem Schluß vom Wirklichsein auf das Möglichsein zukommt. Gerade die so erklärte Notwendigkeit ihrer Geltung weckt aber auch den Zweifel an ihrer tatsächlichen Leistung. Wie kann der Nachweis, daß ein Wirkliches möglich ist, dieses Wirkliche nun auch als begründet zeigen? Die Antwort kann nur lauten: Dies gelingt dann, wenn man dieses Wirkliche als begründet bereits unterstellt hat. Oder anders gesagt: Die Begründung eines Wirklichen als vernünftig durch den Aufweis der Bedingungen seiner Möglichkeit kann nur zirkulär – also gar nicht – gelingen. Transzendentalphilosophische Begründungen gelten darum mit Notwendigkeit – so das Fazit des Zweiflers –, weil sie zirkulär und also keine Begründungen sind.

Tatsächlich gehen transzendentalphilosophische Begründungen von einem *Faktum* aus. Auch Kant geht von den Fakten aus, daß wir ein *empirisches Wissen* über Gegenstände der Welt, in der wir leben, besitzen und daß wir ein *moralisches Bewußtsein* vom verbindlichen »Gesetz« der (»reinen«) praktischen Vernunft in uns finden. Dieses moralische Bewußtsein nennt er sogar eigens ein »Faktum der Vernunft«[5], das »unleugbar«[6] sei. Die transzendentalphilosophische Reflexion – die Suche nach den Bedingungen der Möglichkeit dieser Fakten – verändert weder das empirische Wissen noch das moralische Bewußtsein (verstanden als dieses bloße »Faktum der Vernunft«), sondern soll nur zeigen, wie es verstanden werden kann, daß es ein empirisches Wissen und ein moralisches Bewußtsein gibt.

Für Kant gibt es zwischen den Aufweisen der Möglichkeitsbedin-

5 *Kritik der praktischen Vernunft*, A 56, 81, 96, 163, 187.
6 Ebd., A 56.

gungen für das empirische Wissen und für das moralische Bewußtsein allerdings auch einen gewichtigen Unterschied, der sich bis in die Form der Darstellung hinein zeigt. Dafür, daß uns die Bildung eines empirischen Wissens möglich ist, bürgt letztlich die universelle Identität unseres Erkenntnisvermögens (bei uns wie bei jedermann), das sich bei allen Menschen in gleicher Weise über seine Kategorien und Anschauungsformen seine Gegenstände selbst erzeugt. Dafür aber, daß uns die Bildung eines moralischen Bewußtseins möglich ist, bürgt die universelle Identität des »reinen Willens«, der »reinen, an sich praktischen Vernunft«, die bei allen Menschen in gleicher Weise »unmittelbar gesetzgebend« ist, das heißt die Maximen unseres Wollens bzw. unsere Gesinnung für sich alleine – ohne »Beimischung« anderer Gründe wie insbesondere unserer Neigungen – bestimmen kann. Trotz dieser – auch von Kant selbst nahegelegten[7] – Parallelität in der Formulierung ergibt sich damit sachlich der Unterschied, daß die transzendentale Apperzeption – die Möglichkeitsbedingung des empirischen Wissens – als eine Realität, nämlich als die grundlegende logische Struktur-Eigenschaft unseres Erkenntnisvermögens, aus dem Faktum des Wissens erschlossen bzw., wie Kant formuliert, »deduziert« wird, während das Praktisch-Sein der Vernunft – die Möglichkeitsbedingung des moralischen Bewußtseins – eine uns aufgegebene und von uns zu realisierende Eigenschaft dieser Vernunft ist, deren Realität wir daher auch nicht »deduzieren«, sondern nur postulieren oder als eben ein »Faktum der Vernunft« – und zwar als das einzige – schlicht anerkennen können.[8] Mit der Form seiner Darstellung trägt Kant diesem Unterschied dadurch Rechnung, daß er die Erläuterungen zu diesem »Faktum der Vernunft«, die ja eben keine Deduktion darstellen, in die »Anmerkungen« zu und neben seinem »Beweisgang« verweist.

Dieser Unterschied zwischen der theoretischen Deduktion einer

7 Ebd., A 53.

8 Zum Unterschied der »Exposition des obersten Grundsatzes der praktischen Vernunft« von einer Deduktion und zu der Unmöglichkeit einer Deduktion des Moralgesetzes vgl. *Kritik der praktischen Vernunft*, A 80-83, 167 f. Siehe auch die Formulierung ebd., A 188: »Dieser Grundsatz [sc. der Sittlichkeit] aber bedarf keines Suchens und keiner Erfindung; er ist längst in aller Menschen Vernunft gewesen und ihrem Wesen einverleibt«.

(realen) Struktur und dem praktischen Postulat bzw. der praktischen Anerkennung eines Faktums erzeugt nun aber eine Schwierigkeit für das Verständnis des Begründungszusammenhangs zwischen dem Faktum des moralischen Bewußtseins und seiner Möglichkeitsbedingung. Denn das Faktum, dessen Möglichkeitsbedingung erfragt wird – also das moralische Bewußtsein –, wird ja nicht in seiner logischen Struktur aufgehellt, durch die verständlich würde, wie welche Vernunftleistung die Verbindlichkeit unseres Willens – parallel zur Verläßlichkeit bzw. »Objektivät« unseres Wissens – sichert. Vielmehr wird dieses Faktum ohne eine solche »Struktur-Analyse« in seinem reinen Daß anzuerkennen gefordert – und das »Grundgesetz der reinen praktischen Vernunft«, der kategorische Imperativ, wird (zumindest dem Anspruch nach) alleine aus dem Daß dieses Faktums begründet, nämlich aus der bloßen Tatsache, daß die reine – und dies heißt für Kant ja: von allen Erfahrungen und Neigungen und damit auch von allen bestimmten (»materiellen«) Zielen gereinigte – Vernunft praktisch ist bzw. unseren Willen bestimmen kann. Für Kant ergibt sich ja aus dieser bloßen Tatsache schon, daß alleine die »gesetzgebende Form« einer Maxime »einen Bestimmungsgrund des Willens (im Sinne des »freien Willens« bzw. der »reinen praktischen Vernunft«) ausmachen kann«.[9] Ohne hier auf die Einzelheiten der Entwicklung des Moralgesetzes aus dem Faktum der Vernunft einzugehen, läßt sich festhalten, daß die »Begründung« sowohl der Formulierung(en) als auch und zugleich damit der Verbindlichkeit des Moralgesetzes darin besteht, auf die Faktizität des Faktums der Vernunft hinzuweisen und damit sich sowohl vom Nachweis der Möglichkeit eines moralischen Bewußtseins zu entlasten als auch der Vernünftigkeit dieses Faktums als eines unbedingt (weil schon per definitionem) geltenden Grundes für die Richtigkeit des moralischen Bewußtseins zu versichern. Die Schwierigkeit gegenüber dieser »Begründung« besteht darin, dieser Identifikation des Faktischen und des Vernünftigen zu folgen und damit die Begründung überhaupt noch als eine solche anzuerkennen.

Wie können wir verstehen, daß Kant diese Identifikation des Faktischen und des Vernünftigen vornimmt? Kant unterstellt in seiner Philosophie einen Begriff der Vernunft, durch den diese

9 Ebd., A 52.

jedenfalls als universell zu verstehen ist: Vernünftig ist eine Überzeugung nur dann, wenn sie für jedermann jederzeit gilt, nämlich wahr oder richtig ist. Diese Geltung wird nun nicht im Sinne einer Tatsachenbeschreibung – etwa einer tatsächlich erreichten (und unter Umständen später wieder aufgegebenen) Einsicht oder einer tatsächlich erbrachten Anerkennungsleistung – verstanden, sondern in dem normativen Sinne, daß jedermann die entsprechende Einsicht haben oder die entsprechende Anerkennungsleistung erbringen sollte. Denn – und hier wird der definitorisch geschlossene Zirkel bereits sichtbar – es ist ja vernünftig bzw. wahr und richtig, was da eingesehen oder anerkannt werden soll –, und also soll es auch eingesehen und anerkannt werden. Weil das Vernünftige als solches universell sein muß, muß es auch universell als solches eingesehen und anerkannt werden.

Der Zirkel in dieser Begründung läßt sich auf folgende Formel bringen: Zu begründen ist das, was von jedermann eingesehen, anerkannt, getan usw. werden soll, also allgemein gesagt: ein allgemeines Sollen. Ein allgemeines Sollen ist nun begründet (jedenfalls) dann, wenn es von jedermann eingesehen werden sollte oder für jedermann annehmbar ist oder dem einsichtig gebildeten Willen von jedermann entspricht. Für die logische Struktur des Zirkels sind diese drei Bestimmungen äquivalent, da sie in gleicher Weise normativ sind: sie berufen sich auf ein *allgemein gesolltes* Wollen, Annehmen oder Einsehen. Dieses Wollen, Annehmen oder Einsehen wird jeweils als ein Faktum angezielt, aber eben als ein solches, das postuliert, unterstellt oder auch herbeizuführen versucht wird. Es ergibt sich damit als logische Struktur des Begründungszirkels: *Etwas ist dann allgemein gesollt, wenn es einem allgemein gesollten Faktum entspricht.* In Anlehnung an die modallogischen Symbole Δ (hier für: praktisch notwendig bzw. allgemein gesollt) und X (hier für: faktisch im Sinne von wirklich, aber nicht theoretisch notwendig) kann man notieren: $\Delta \times : \alpha \Rightarrow \Delta : \alpha$. (Der Doppelpfeil $\Rightarrow$ soll dabei die definitorisch festgelegte Wenn-dann-Beziehung, also die Bedeutungsregel, mitteilen, und der Doppelpunkt steht für die Anwendung der Operatoren auf Aussagen a, in denen das jeweils Gesollte, Gewollte usw. dargestellt wird.)

Das Besondere an diesem *normativen Begründungszirkel* besteht nun darin, daß mit seiner Formulierung zugleich seine Entdeckung erschwert und – wie nicht nur die Tradition der transzendentalphilosophischen Normbegründungen, sondern auch andere normative Ethikentwürfe zeigen – vielfach tatsächlich verhindert wird. Denn in ihm wird ja nicht unmittelbar ein Sollen durch ein Sollen zu begründen versucht, also eine schlichte »Setzung« vorgenommen. Sondern es wird ein Faktum angeführt, das allerdings nicht einfachhin empirisch festgestellt werden kann – und daher auch kein Faktum im gewöhnlichen Sinne ist. Daß es aber trotzdem ein Faktum genannt werden darf, wird mit der Annahme begründet, daß es sich dann auch empirisch feststellen ließe bzw. daß es sich dann einstellen würde, wenn alles mit (reiner) Vernunft zuginge: also alles so zugehen würde, wie es eigentlich zugehen sollte. Und um die tatsächliche Erreichbarkeit dieses postulierten Faktums noch zu betonen, kann man hinzufügen: Wenn wir uns selbst durch einen praktischen Einsatz – durch unser eigenes Handeln und durch Überzeugungsversuche gegenüber anderen – an der Verbreitung vernünftigen Denkens und Wollens beteiligen, dann wächst die Wahrscheinlichkeit dafür, daß zumindest eine immer stärkere Annäherung an dieses postulierte Faktum erreicht wird.

Mit diesem Festhalten an der Rede von einem Faktum (oder auch einer Realität usw.) verfällt man aber dem *»idealistischen Fehlschluß«*, der uns *die kontingente Komplexität des Faktischen* – also der Welt, in der wir tatsächlich leben und von der wir ein Teil sind – *als* (zumindest letztlich) *notwendiges Ergebnis* der Verwirklichung *des Vernünftigen* sehen lassen möchte, uns tatsächlich dadurch aber den Blick für das Faktische nimmt. Der Fehlschluß entsteht aus der Verwechslung der (methodischen) Feststellbarkeit und (terminologischen) Darstellbarkeit von Fakten in theoretisch verallgemeinernder Absicht mit der (methodisch nicht geregelten) Erlebbarkeit und (terminologisch nicht bestimmten) Wahrnehmbarkeit des Faktischen – oder auch wieder: unserer »Lebenswelt« – in wechselnden Zusammenhängen und vielfach miteinander verknüpften (und möglicherweise manchmal auch fehlenden) Absichten. Weil Erkenntnis hier überhaupt als Erkenntnis von theoretischen »Notwendigkeiten« – im Sinne gesetzmäßiger Zusammenhänge –, und zwar in vernünftig, nämlich eindeutig, bestimmten Begriffen und gemäß vernünftig, nämlich allgemein, geregelten Untersuchungsverfahren, verstanden wird, darum kann auch das Faktische nur noch als – eindeutig und allgemein identifizierbarer – Fall einer solchen »Notwendig-

keit« erkannt werden. Und weil diese Notwendigkeit sich erst in unserer (mehrfach) vernünftigen Erkenntnis zeigt, von dieser Erkenntnis »erzeugt« wird, darum ist sie selbst ein Ergebnis der Vernunft: nämlich der eindeutigen und allgemeinen Prinzipien, denen wir auch in unserer Erkenntnis der Notwendigkeit gefolgt sind. Wenn man auch diesen letzten Schluß von der Struktur der Erkenntnis auf die Struktur des Erkenntnisgegenstandes – um dessen Rechtmäßigkeit sich ja die Idealismus-Realismus-Kontroverse gewöhnlich kümmert – kritisch analysieren kann, so findet sich der – zumindest für unseren Zusammenhang – entscheidende Fehler doch in der Einschränkung unserer Erkenntnis überhaupt auf die – wie ich sie kurz nennen will – theoretische Notwendigkeits-Erkenntnis. Mit der Kantischen Unterscheidung formuliert: Nicht Erscheinung und Ding an sich werden hier verwechselt, sondern die Erscheinung wird nur in einer Perspektive, nur von einer Seite her, zugelassen. Dadurch wird dann aber auch dem, was (überhaupt noch) erscheinen kann, dem Faktischen, ein durch unsere Begriffe und Verfahren sozusagen geglättetes Gewand aufgenötigt, das es der eindeutigen und allgemeinen Identifizierung zugänglich macht, die vom Zeremoniell der Notwendigkeits-Erkenntnis gefordert wird.
Der idealistische Fehlschluß verschafft nun einer *»idealistischen Empirie«* deren Arbeitsfeld und zugleich damit dem normativen Begründungszirkel – wie es zumindest denen, die ihre Argumente auf ihn stützen, scheint – seine praktische Bestätigung. Denn weil das Faktische auch dann, wenn es sich unserem ungeübten Auge lediglich in ungeordneter Mannigfaltigkeit zeigen würde, in Wahrheit immer der Fall einer eindeutig und allgemein identifizierbaren Notwendigkeit ist, kann man durchaus zwischen dem bloßen Anschein des Faktischen und seiner wahren Gestalt unterscheiden. Diese wahre Gestalt des Faktischen, und also das Faktische selbst, zeigt sich aber erst dann, wenn man mit den »richtigen« Begriffen und Fragen (und unter Umständen auch mit den richtigen Verfahren) an unsere Welt herangeht. Eben dies wird nun mit der Vorstellung von einem Faktum, das sich dann auch dem unmittelbaren Augenschein – der Empirie im gewöhnlichen Sinne – darbieten würde, wenn nur alles gemäß den »richtigen« Begriffen und Prinzipien sich entwickelt hätte, veranlaßt: eine »Empirie«, die das dem Augenschein sich Zeigende als – mehr oder weniger vollkommene – Verwirklichung der durch

die »richtigen« Begriffe dargestellten »idealen« Sachverhalte sieht.[10]

Kehren wir damit zurück zu der Kantischen Rede vom »Faktum der Vernunft«. Daß das moralische Bewußtsein – als Bewußsein von der Verbindlichkeit des durch reine Vernunft gegebenen moralischen Gesetzes – ein Faktum ist, läßt sich dann im Sinne dieser »idealistischen Empirie« verstehen, die die definitorisch verfügte »wahre« Realität des freien Willens als Praktischwerden der reinen Vernunft feststellt und diese Feststellung in einer »Erfahrung« bestätigen läßt, die sich nicht an tatsächliches Geschehen anschließt, sondern nur auf die Anwendbarkeit dieser »richtigen« »Ordnung der Begriffe« hinweist. So steht der dramatisch aufgerichtete »Galgen vor dem Hause« ja auch nicht tatsächlich vor dem Hause eines lebenslustigen, aber pflichtbewußten Genießers, sondern er soll nach der Kantischen Empfehlung von uns in Gedanken dahin »gesetzet« werden.[11] Und auch der Ausgang der von Kant für unsere »Erfahrung« ausgemalten Szenen braucht sich nicht nur nicht an das zu halten, was man als tatsächliches Geschehen wenigstens erwarten würde – »ob er es tun würde, oder nicht« –, sondern kann sich sogar auf die begriffliche Notwendigkeit berufen, die doch erst durch die von Kant inszenierte Erfahrung zu bestätigen war: auf das, was unser sicher verängstigtes, aber moralisch bewußtes Opfer »ohne Bedenken einräumen *muß*«. »Er urteilet also, daß er etwas kann, darum, *weil er sich bewußt ist,* daß er es soll«.[12]

Wir können damit zusammenfassen. In der transzendentalphilosophischen Begründung des Moralgesetzes werden die Bedingungen der Möglichkeit eines Faktums entwickelt, das nur über einen idealistischen Fehlschluß als Faktum verstanden werden kann.

10 Mit Absicht ist bei dieser Darstellung noch ungeklärt geblieben, ob diese »Idealität« eines Sachverhaltes schon dann erreicht ist, wenn dessen eindeutige Darstellung möglich ist, oder erst dann, wenn dieser Sachverhalt auch als vernünftig oder moralisch gerechtfertigt angesehen werden kann. Entsprechendes gilt für die »Richtigkeit« der Begriffe. Diese Doppeldeutigkeit kann erst geklärt werden, wenn wir – im Abschnitt über die handlungstheoretischen Grundlagen – den Zusammenhang von Moralität und Identität einer Handlung dargestellt haben.

11 *Kritik der praktischen Vernunft*, A 54.

12 Hervorhebung von mir (Zitat ebd.).

Dieser idealistische Fehlschluß verdeckt den normativen Zirkel in der transzendentalphilosophischen Begründung des Moralgesetzes und erlaubt zugleich eine idealistische Empirie, die die mit dieser Begründung (zirkulär aufgebaute) Ordnung der Begriffe durch eine – bloß gedachte bzw. erschlossene – Erfahrung in ihrer Richtigkeit noch bestätigen soll. Letztlich erscheint damit die im idealistischen Fehlschluß vorgenommene *normative Definition des Faktischen* die entscheidende Grundlage für alle weiteren, sich wechselseitig stützenden und gegen Einwände – im Selbstverständnis der Überzeugten – schützenden Schritte der transzendentalphilosophischen Normbegründungen zu liefern.

Wenn hier nur die Begründung des Moralgesetzes – der obersten Norm, mit der alle anderen (»materialen«) moralischen Normen begründet werden sollen – behandelt worden ist, soll dies nicht heißen, daß die weiteren Normbegründungen keine Probleme mehr bieten würden. Tatsächlich kann man mit – wie ich hoffe – guten Gründen die Meinung vertreten, daß der kategorische Imperativ nicht geeignet ist, auch nur eine einzige Norm für bestimmte Zwecke oder Handlungen (bzw. Handlungsweisen) zu begründen. Und dies nicht nur darum, weil für seine Anwendung noch ein zusätzliches Wissen über die jeweils bestehenden Handlungssituationen (einschließlich der bestehenden Bedürfnisse, verfolgten Zwecke, geltenden Gesetze und eingeschränkten oder eröffneten Möglichkeiten des Handelns) nötig wäre, sondern auch und vor allem darum, weil der kategorische Imperativ überhaupt kein allgemein und in gleicher Weise anwendbares Prinzip – überhaupt kein Prinzip mit einer bestimmten Bedeutung – ist, sondern nur in einer »bloß gedachten und für sich abgeschlossenen Innenwelt der Handelnden«[13] eine Bedeutung erhalten und Macht gewinnen kann – und also in verschiedenen Innenwelten, verschiedenen Verständnissen und Gesinnungen, ein jeweils anderes Prinzip wird. Diese Kritik schließt zwar der Sache nach an die hier vorgetragenen Einwände gegen die normative Definition des Faktischen an, untersucht aber deren Folgelast, die entsteht, nachdem man aus dem Faktum der Vernunft

13 Ich zitiere hier meinen eigenen Beitrag, in dem ich diese Kritik an der mangelnden Eindeutigkeit und Anwendbarkeit des kategorischen Imperativs auszuführen versucht habe: »Die praktische Ohnmacht der reinen Vernunft. Bemerkungen zum kategorischen Imperativ Kants«, in diesem Band, S. 152 ff., hier: S. 171.

den kategorischen Imperativ begründet hat, nicht aber diese Begründung aus den Bedingungen der Möglichkeit für dieses Faktum selbst. Da die spezifisch transzendentalphilosophische Normbegründung aber alleine diese sich auf ein Faktum berufende und dessen Möglichkeitsbedingungen explizierende Begründung ist, wie sie in theoretischer Ausarbeitung nur für das Moralgesetz vorliegt, mag im Rahmen des hier thematisierten Zusammenhangs die Einschränkung alleine auch auf dessen Begründung hingenommen werden. Im übrigen läßt sich aber der hier vorgetragene Begriffszusammenhang zwischen der normativen Definition des Faktischen und der Begründung normativer Forderungen auch für bestimmte transzendentalphilosophische Begründungen – wie sie Kant selbst in einigen seiner Beispiele zur Erläuterung des kategorischen Imperativs gibt[14] – feststellen, wenn hier auch noch Zusatzüberlegungen anzustellen sind über die Sachverständnisse oder Sinndeutungen der jeweils zu begründenden oder zu beurteilenden Institutionen oder Handlungen.[15]

Die transzendentalphilosophische Begründungskonzeption zeichnet sich selbst gerne durch einen Vorsprung gegenüber anderen Begründungskonzeptionen (einschließlich des skeptischen Verzichts auf Begründungsversuche) aus, den sie darin sieht, daß sie alleine sich weder zu einer bloßen »Setzung« oder »Dezision« zwingen müsse – mit der man sich für ein Prinzip, eine Norm oder einen Wert schlichtweg entscheidet –, noch in

14 Um nur an die vier Musterbeispiele zu erinnern, die Kant zur Erläuterung des kategorischen Imperativs in der *Grundlegung zur Metaphysik der Sitten* zweimal angeführt – A 53-57 und 67-69 –, so wird bei dem jeweils ersten und dritten Beispiel – dem Selbstmord und der Kultivierung der eigenen Naturanlagen – schon aus den Formulierungen die normative Definition des Faktischen deutlich: so die Rede von der »Bestimmung«, »zur Beförderung des Lebens anzutreiben« (A 53 f.), von dem, was jemand »als vernünftiges Wesen« will (A 56). Solche Sinnbestimmungen finden sich auch in den meisten der anderen Kantischen Beispiele oder werden, damit die Beispiele überhaupt ihre Einsichtigkeit gewinnen, unterstellt.

15 Insbesondere in der *Metaphysik der Sitten* werden ja bestimmte Handlungsweisen und Institutionen erst einmal in ihrem sie rechtfertigenden (und damit für Kant auch definierenden) Sinn bestimmt, bevor der kategorische Imperativ – bzw. das Prinzip des Rechts oder das Prinzip der Tugendpflicht – angewendet wird.

einer bloß nachträglichen Auflistung der tatsächlich vertretenen normativen Vorstellungen steckenbleibe – wozu aber alle die genötigt seien, die im Geiste der wissenschaftlichen Empirie auf willkürliche »Setzungen« oder »Dezisionen« verzichten wollen. Sie allein könne sich auf ein Faktum berufen, das »sich für sich selbst uns aufdringt«[16] und damit »unleugbar« aller willkürlichen »Setzung« ein Ende macht und zugleich aller normativen Begründungen einen unangreifbaren Anfang (für einen »sicheren Gang«) biete.

Mein Ziel war zu zeigen, daß dieser Vorsprung sich bei genauerer Betrachtung auflöst und nichts bleibt als eine besondere Art der Begriffsverwirrung, in der sich die einzelnen Begriffsbestimmungen wechselseitig zu bestätigen scheinen und – so wie die ineinander verknoteten Maschen ein Netz in sich selbst verschließen und zu eng werden lassen können, um mit ihm noch etwas einzufangen – dabei tatsächlich nur von der Wirklichkeit abschirmen, die zu begreifen sie gebildet worden sind. Eine Auflösung dieser »Begriffsknoten«, die sich in der Konzentration auf transzendentalphilosophische Begründungen ja immer nur noch fester ziehen, kann jedenfalls dort beginnen, wo der Blick auf den Gegenstand der Begründungen, auf die Handlungswirklichkeit, wieder gelingt und man das benutzte Begriffsnetz als zu eng bemerken kann. Damit ist die Frage nach der handlungstheoretischen Grundlage der transzendentalphilosophischen Normbegründung gestellt.

2. Handlungstheoretische Begriffsgrundlagen: Die schematische Identifikation des Handelns

Zunächst einmal ist einzuräumen, daß wir in der Kantischen Philosophie keine ausdrückliche Erörterung des Handlungsbegriffs finden. Zwar diskutiert Kant ausführlich und an mehreren Stellen, wie wir ohne Widerspruch denken können, daß unsere Handlungen kausal determiniert und doch auch durch unseren freien Willen bestimmt sind. Aber dabei unterstellt er es als offensichtlich unproblematisch, daß wir jedenfalls wissen, was Handlungen sind – und wie wir sie zu beschreiben haben – und

16 *Kritik der praktischen Vernunft*, A 56.

daß wir lediglich nach bestimmten Relationen für diese Handlungen fragen müssen. Ebenso wird bei der Aufstellung und Erläuterung des Moralgesetzes die Rede von den Handlungen, um deren Moralität es geht, als Rede von etwas, das allgemein bekannt ist und daher nicht noch einmal eigens bedacht werden muß, ungeklärt gelassen.

Will man gleichwohl wissen, welches Handlungsverständnis Kant in seiner Philosophie unterstellt – und vor allem in seiner transzendentalphilosophischen Normbegründung benutzt –, so wird man über eine Analyse seines Sprachgebrauchs dieses Verständnis erst rekonstruieren müssen. Es kann im Rahmen dieser Überlegungen nicht die Aufgabe sein, diese Analyse im Detail durchzuführen. Gleichwohl mögen einige Bemerkungen zu der »impliziten« Handlungstheorie Kants – und zwar in den beiden Vernunftkritiken und deren Umkreis – eine zumindest grobe Orientierung gewinnen lassen.

Im Kantischen Sprachgebrauch kann man vier Verwendungsweisen von »Handlung« unterscheiden. (1) An einigen Stellen redet Kant von Handlungen sehr allgemein im Sinne der (Aristotelischen) Kategorie des Tuns bzw. Wirkens, das dem Leiden bzw., wie Kant selbst manchmal sagt, der »Empfänglichkeit« für Wirkungen gegenübergestellt wird.[17] In diesem allgemeinen kategorialen Sinn vergegenwärtigt die Rede von Handlungen nur die Grundunterscheidung von Aktivität und Passivität bzw. Rezeptivität, die nicht nur auf menschliches Handeln, sondern im Prinzip auf alle Gegenstände unserer Welt angewendet werden kann. Ihr kommt daher auch für die Kantische Handlungstheorie noch keine Bedeutung zu.

(2) Im Rahmen seiner Überlegungen zur Kausalität spricht Kant von Handlungen im Sinne des Hervorbringens von (physischen) Veränderungen, der – im allgemeinen kategorialen Sinne verstandenen – »Tätigkeit«, mit der »Kraft« ausgeübt und eine »Wirkung« erzeugt wird und die von einem »Subjekt« ausgeht.[18] Manchmal setzt Kant »Handlung« in diesem Sinne unmittelbar mit »Wirkung« gleich[19] – wobei unter dieser Wirkung nicht das Ergebnis des Wirkens, sondern das Wirken selbst verstanden

17 *Kritik der reinen Vernunft*, B 108. Zur Gegenüberstellung von Handlungen und der »Empfänglichkeit« [sc. des Gemüts] siehe ebd., B 700.

18 Ebd., B 249-254.

19 Ebd., B 431, 646.

wird. Auch diese kausale Redeweise von Handlungen erschließt uns noch nicht die Kantische Handlungstheorie im engeren Sinne. Aber sie liefert uns doch bereits einige Rahmenbestimmungen für das Verständnis auch des menschlichen Handelns in seiner Besonderheit.

(3) Vor allem in der allgemeinen Erläuterung und der »Deduktion« der »reinen Verstandesbegriffe«, also in der »Analytik der Begriffe«, redet Kant häufig von Handlungen – nämlich »des (reinen) Denkens«[20], »des Verstandes«[21], »der Einbildungskraft«[22] usw.[23] – im Sinne der Erkenntnisleistungen, durch die – auf unterschiedlichen Stufen der in ihren »Bedingungen der Möglichkeit« transzendental-logisch rekonstruierten Begriffs- und Urteilsbildung – jeweils »Synthesen«[24] vollzogen, nämlich »verschiedene Vorstellungen zueinander« hinzugetan[25] bzw. miteinander verbunden werden, so daß die damit geschaffene Einheit der Vorstellungen den Bezug auf den vorgestellten Gegenstand sichert[26] und unsere Gegenstandserkenntnis ermöglicht.[27] Auch diese »Verstandeshandlungen«[28] unterscheiden sich deutlich von den alltäglichen Handlungen, die auf ihre Moralität hin beurteilt werden sollen. Entscheidend für diesen Zusammenhang ist, daß die Verstandeshandlungen einer moralischen Beurteilung überhaupt nicht zugänglich sind, da wir uns für ihre Ausführung gar nicht entscheiden können. Denn als notwendige Bedingungen der Möglichkeit einer jeden Gegenstandserkenntnis stellen sie – wenn man sie überhaupt als reale Geschehnisse ansehen will – Prozesse dar, die ohne unser Zutun bei unserer Erkenntnis – und zwar bei jeder auf Gegenstände unserer Welt bezogenen Erkenntnis – ablaufen und ohne die überhaupt keine Gegenstandserkenntnis zustande käme. Kant selbst spricht daher auch von diesen Hand-

20 Ebd., B 81, 157; vgl. auch B 67, 304.
21 Ebd., B 94, 143; so auch B 351.
22 Ebd., B 154.
23 Ebd., B 287: »Handlung des Erkenntnisvermögens«; B 334: »Handlungen der Reflexion«.
24 Vgl. dazu die Formulierungen ebd., B 102, 145, 154.
25 Ebd., B 103.
26 Ebd., B 304.
27 Von Handlungen im Sinne von Erkenntnisleistungen spricht Kant ebd., B 67-157 (außer in B 108), 287-351, 574, 700, 711, 742, 831.
28 Ebd., B XL Anm. 130, 351 Anm. 383, 387, 672, 692.

lungen als von der »transzendentale[n] Handlung« (nämlich der Einbildungskraft)[29] oder nennt eine dieser Handlungen eine »transzendentale Überlegung«.[30] Auch seine Rede von der synthetischen Handlung bzw. der »Einheit der Handlung« als einer »Funktion«[31] bestätigt, daß Kant selbst bei seiner Rede von den Verstandeshandlungen nicht an uns (prinzipiell) verfügbare und erfahrbare Handlungen gedacht hat, sondern lediglich an Erkenntnisleistungen im Sinne von Prozessen oder auch nur systematisch rekonstruierten Stufen der Erkenntnisbildung, die zur Gegenstandserkenntnis überhaupt gehören.

Daß Kant trotz dieses entscheidenden Unterschieds zu unserem alltäglichen Handeln hier gleichwohl von Handlungen redet, läßt sich damit verstehen, daß er – im Sinne der kausalen Redeweise von Handlungen – diese Erkenntnisleistungen als die Tätigkeit des transzendentalen Subjekts erweisen will und – jetzt im Sinne des alltäglichen Handelns – diese Tätigkeit als zweckgerichtet, nämlich auf die Erfassung der Gegenstände durch die (Verstandes-)Einheit der Vorstellungen, erklärt. Die Verstandeshandlungen besitzen damit die gleiche Struktur wie die alltäglichen Handlungen, was ihr Hervorgebrachtsein durch ein Handlungssubjekt und ihr Ausgerichtetsein auf Zwecke angeht. Nur sind sie insgesamt »transzendental« in dem Sinne, daß sie gleichsam »hinter unserem Rücken« – »immer schon« und also ohne unser Zutun – ablaufen. Kritisch könnte man dazu anmerken, daß mit einer solchen Darstellung der transzendentalen Verstandeshandlungen die – in einer logischen Strukturbetrachtung sich ergebenden – verschiedenen Erkenntnisleistungen zusätzlich noch – und zwar im Rahmen eines nicht weiter reflektierten Verständnisses – als Handlungen beschrieben werden. Die auf die Unterscheidung der verschiedenen Synthesen, die für eine Gegenstandserkenntnis erforderlich sind und deren Verläßlichkeit im Prinzip sichern, abzielende transzendental-logische Analyse könnte man durchaus auch ohne diese Interpretation durch ein Handlungsmodell durchführen und begründen. Daß Kant aber tatsächlich eine solche handlungsbezogene Interpretation gewählt hat, begründet gerade nicht den Handlungs-Charakter der Erkenntnisleistungen,

29 Ebd., B 154.
30 Ebd., B 317.
31 Ebd., B 92; vgl. auch B 143.

sondern zeigt nur, daß Kant sein Handlungsverständnis auch auf diese Erkenntnisleistungen anwendet. Wir können daher aus der Darstellung der Verstandeshandlungen auch keine zusätzlichen Aspekte für das Verständnis unseres alltäglichen Handelns gewinnen, das heißt keine Aspekte, die uns nicht auch schon aus diesem alltäglichen Handlungsverständnis zugänglich wären.

(4) Selbst in der Kritik der reinen Vernunft, die ja der Erörterung der Verstandeshandlungen bzw. Erkenntnisleistungen gewidmet ist, gebraucht Kant »Handlung« in weitaus mehr als der Hälfte aller Fälle im Sinne der »Handlungen des Menschen«[32], das heißt der alltäglichen Handlungen, zu deren Ausführungen oder Unterlassung wir uns entschließen können und über die wir mit der Frage nach der Moralität ein Urteil finden wollen.[33] Denn wenn auch in der Kritik der reinen Vernunft nicht die Frage nach dieser Moralität unserer Handlungen beantwortet werden soll, so stellt sich in ihr doch ein anderes Problem in bezug auf unser Handeln: Wie wir nämlich die (Kausalität durch) Freiheit zumindest als möglich denken können, wenn doch auch unsere Handlungen »als Erscheinungen«[34] – und das heißt »unter Naturbedingungen«[35] – wie die anderen Naturgegenstände unter den Gesetzen dieser Natur determiniert sind.[36] Dieses *Freiheits-Problem* erörtert Kant dann auch in der Kritik der praktischen Vernunft[37], in der aber das Sittlichkeits-Problem – das heißt die Frage danach, wodurch unser Handeln, bzw. genauer: die Maximen unseres Handelns, seine bzw. ihre Sittlichkeit gewinnen – deutlich übergeordnet und ausführlicher behandelt ist.

Es geht mir hier nun nicht um die Diskussion dieser beiden in bezug auf unser Handeln von Kant formulierten Probleme, sondern allein um das Handlungsverständnis, das von Kant in seiner Erörterung dieser Probleme unterstellt und teilweise auch darge-

32 Ebd., B 577, 578, 584.

33 Wie der von Gottfried Martin herausgegebene Sachindex zu Kants Kritik der reinen Vernunft, Berlin 1967, nachweist, verwendet Kant in der zweiten Auflage der *Kritik der reinen Vernunft* das Wort »Handlung« 108mal. An 65 Stellen davon wird »Handlung« im Sinne unseres alltäglichen Handelns verstanden.

34 Ebd., B 567, 571, 578; ähnlich B 573.

35 Ebd., B 576.

36 Ebd., B 566-585.

37 *Kritik der praktischen Vernunft*, A 169-191.

stellt wird. Trotzdem gewinnen wir über die Grundunterscheidungen, mit denen Kant diese beiden Probleme formuliert und deren – im Rahmen seiner Philosophie sich ergebende – Lösung vorträgt, auch die entscheidenden handlungstheoretischen Grundbegriffe.

Die Kantische Lösung des Sittlichkeits-Problems baut auf den Unterscheidungen zwischen Gesinnung und Tat bzw. Maxime und Handlung und zwischen dem vernünftigen Bestimmungsgrund bzw. dem freien Willen, der in unserem Handeln wirklich wird, und der »Bewegungsursache einer Handlung«[38] bzw. dem Motiv zu ihr auf. Eine thesenhaft verkürzte Rekapitulation mag hier für diese bekannten Überlegungen Kants genügen: Die Vernunft bestimmt nicht unmittelbar unsere Handlungen, sondern nur unseren Willen, in einer bestimmten Art zu handeln – den Willen zur »Handlungsart«[39] –, das heißt unsere Gesinnung, die wir in einer Maxime formulieren können. Sie bestimmt dadurch zwar »den Willen zur Tat«[40] und »äußert« so »ihre Wirkung in Handlungen«[41], aber unter den jeweils bestehenden Umständen ist es noch einmal eine – der Urteilskraft aufgegebene – besondere Frage, welche »Handlung in concreto« unserer Gesinnung bzw. Maxime, die ja eine allgemeine Regel »in abstracto« darstellt[42], entspricht.

Daß Kant dieser Frage der praktischen Urteilskraft nur eine deutlich nachgeordnete Bedeutung zubilligt, läßt sich aus einem Aspekt seines Handlungsverständnisses erklären. Handlungen sind für ihn nämlich in sich bestimmte und uns allgemein – wie aus einem gemeinsamen Repertoire – zur Verfügung stehende Verhaltensmuster bzw., wenn es um die einzelnen Handlungen »in concreto« geht, deren konkrete Ausfüllung. In unserem tatsächlichen Tun verwirklichen wir jeweils eine – in sich bereits bestimmte – Handlungsmöglichkeit. Die Identität unseres jeweiligen Handelns ergibt sich nicht erst in dem Kontext dieses Handelns: als eine Handlungsgeschichte, die sich im Wechselspiel von Überlegen und Tun, von Herausforderungen durch die jeweils gegebenen oder sich entwickelnden Umstände und tätiger

38 Ebd., A 105.
39 Ebd., A 106.
40 Zum Beispiel ebd., A 72.
41 Ebd., A 140.
42 Ebd., A 119.

Stellungnahme mit der Entwicklung der Situation und dem Ablauf unseres Tuns erst ergibt.[43] Sie steht vielmehr – zumindest insoweit sie für die in der praktischen Philosophie behandelten Probleme überhaupt erkennbar werden muß – vor unserem Tun schon fest. Und eben daher bietet die Beschreibung unserer Handlungen, ihre Identifikation als jeweils diese oder jene Handlung auch keine prinzipiellen Probleme, die eigens erörtert werden müßten.

Dieses Verständnis unserer Handlungen spiegelt sich in den Sprachformen, die Kant wählt. So redet er um ein Vielfaches häufiger von Handlungen als von unserem Handeln. Und die Handlungen werden in diesen Redeweisen wie Objekte eines Tuns, insbesondere auch eines inneren Handelns wie es unser Wollen darstellt, oder auch wie bestimmte, von der »Innenwelt« unseres Denkens, Wollens und Empfindens weitgehend oder gänzlich abgelöste Geschehnisse behandelt: Unsere Vernunft bestimmt[44] oder verbindet[45] uns zu Handlungen, unser Willen bezieht sich auf die Handlungen[46], so daß die »Nötigung zu einer Handlung«[47] besteht; wir haben Handlungen vor[48], begehren sie[49], haben Lust oder Unlust an ihnen[50]; wir üben Handlungen

43 Für eine nähere Darstellung des historischen Charakters unseres Handelns kann ich die beiden Beiträge dieses Bandes anführen, in denen – mit unterschiedlicher Absicht – ein historischer Handlungsbegriff entwickelt wird, der meiner kritischen Einschätzung der Kantischen Handlungstheorie zugrunde liegt: Aspekte der Handlungsrationalität. Überlegungen zur historischen und dialogischen Struktur unseres Handelns, S. 103 ff.; Die Verständlichkeit unseres Handelns. Überlegungen zur sprachlichen Rekonstruktion unserer Handlungswirklichkeit, S. 126 ff.

44 Bei den Redeweisen, die ich im folgenden für »Handlung« anführe, habe ich mich auf Stellen aus der *Kritik der praktischen Vernunft* beschränkt und auch dies, ohne den Anspruch auf Vollständigkeit zu erheben. Die Belegstellen sind also als Beispiele aufzufassen. Hier: A 210.

45 Ebd., A 257.

46 Ebd., A 100.

47 Ebd., A 57, 143.

48 Ebd., A 122.

49 Ebd., A 210.

50 Ebd., A 143.

aus[51], verüben sie[52], bewirken sie[53] oder bringen sie hervor[54]; Handlungen können (»in einem Zeitpunkte«) vorgehen[55], (»wie das Gesetz sie vorschreibt«) ausfallen[56] oder eben geschehen.[57] Außerdem spricht Kant immer wieder von »möglichen Handlungen«[58] und der »Möglichkeit einer Handlung«.[59] Diese substantivische und objektivierende Redeweise von unseren Handlungen und nicht von unserem Handeln legt die Vorstellung nahe von einer Welt der *Handlungs-Geschehnisse,* aus denen wir jeweils eines auszuwählen haben, wenn wir – in dieser oder jener Gesinnung oder nach dieser oder jener Maxime – handeln wollen. Es fragt sich nun, wodurch diese Handlungs-Geschehnisse ihre Identität erhalten.

Wenn Kant von Handlungen redet, so betrachtet er kaum ihren *Verlauf* – dies tut er nur unter dem Gesichtspunkt, ob die Ausführung einer Handlung schwer fällt oder nicht –, sondern fast ausschließlich ihr *Ergebnis.* Handlungen werden daraufhin betrachtet, was sie »hervorbringen«[60], sei es, daß dies »gewisse Wirkungen«[61] sind, sei es, daß durch sie ein »Objekt« wirklich wird.[62] Diese Wirkungen, als »begehrte«[63] oder »als Absichten«[64], und diese Objekte sind Zwecke, zu denen die Handlungen ein Mittel[65] bzw. der »Gebrauch des Mittels«[66] sind. Mit den Handlungen, so können wir es »modern« formulieren, wird ein Sachverhalt herbeigeführt, aus dem sich – nach unserem Wissen notwendig oder wenigstens mit hoher Wahrscheinlichkeit – dann der Sachverhalt entwickelt, der die »begehrte Wirkung« dieser

51 Ebd., A 169, 182.
52 Ebd., A 179.
53 Ebd., A 172.
54 Ebd., A 173.
55 Ebd., A 169.
56 Ebd., A 146.
57 Ebd., A 36, 55, 211, 265, 284 f.
58 Ebd., A 46 Anm., 118, 119, 120, 121.
59 Ebd., A 23 Anm., 101.
60 Ebd., A 145, 17 Anm.
61 Ebd., A 46 Anm., 55.
62 Ebd., A 105; vgl. auch A 17 Anm.
63 Ebd., A 55.
64 Ebd., A 36.
65 Ebd., A 109.
66 Ebd., A 110.

Handlung ist. Mit dieser Rekonstruktion ist das Ergebnis einer Handlung wie etwa die Tatsache, daß jemand ein lügenhaftes Versprechen gegeben hat, von deren *Wirkung* – daß ihm das erhoffte Geld tatsächlich geborgt wird – deutlich unterschieden. Weniger deutlich ist dieser Unterschied in der Redeweise vom Hervorbringen oder Wirklich-werden-lassen eines Objekts, die an die Vorstellung vom handwerklichen Erzeugen eines Dinges anknüpft. Da solche »Produktions-Handlungen« im handwerklichen und allgemein technischen Sinne im Rahmen der praktischen Philosophie Kants aber keine Rolle spielen, mögen sie hier außer Betracht bleiben.

Die Identität einer Handlung wird in ihrem Ergebnis gleichsam zusammengedrängt, und zwar in dem Ergebnis, durch das sie zur *Ursache* für die beabsichtigte Wirkung, also für die Erreichung des jeweiligen Zwecks des Handelnden, wird. Eine Handlung gewinnt ihre Identität also nicht durch ihren konkreten Verlauf oder ihre »Geschichte« und auch nicht unmittelbar durch den Zweck, zu dem sie ein Mittel ist, oder durch die Wirkung, die mit ihr verursacht wird[67], sondern durch den Sachverhalt, der *alleine durch unser Tun* herbeigeführt werden kann und der – bloß für sich selbst und nicht im konkreten Zusammenhang einer bestimmten Situation betrachtet – ein *mögliches Mittel* zu (mindestens) einem Zweck und damit also auch eine *mögliche Ursache* für (mindestens) eine (beabsichtigte) Wirkung ist und der in einer bestimmten Situation dann auch zum *geeigneten Mittel* für einen bestimmten Zweck und zur *»hinreichenden«*[68] *Ursache* für eine bestimmte Wirkung wird. Kurz gesagt: *Handlungen sind Wirkungsmöglichkeiten, die wir uns selbst durch unser Tun schaffen müssen und für unsere Zwecke in den konkreten Situationen unseres Lebens einsetzen können.*

Kehren wir damit zurück zu den Unterscheidungen, die Kant für

67 Es entsteht dadurch meinem Verständnis nach nicht »die fundamentale Zweideutigkeit der Handlungsdefinition, die zwischen dem teleologischen und dem kausalen Modell schwankt«, die Rüdiger Bubner (*Handlung, Sprache und Vernunft. Grundbegriffe praktischer Philosophie*, Frankfurt/M. 1976, S. 142) konstatieren zu müssen glaubt. Allerdings könnte man von einem unnötig reduzierten Zweckverständnis Kants reden, nach dem Zwecke alleine über Wirkungen »als Absichten« zu definieren sind.

68 Vgl. *Kritik der praktischen Vernunft*, A 46 Anm.

die Lösung seines Sittlichkeits-Problems benutzt: Unsere Gesinnung verwirklichen wir durch eine Tat, mit der wir eine Handlung – aus dem uns zur Verfügung stehenden Repertoire der vielen möglichen Handlungen – »ausüben« bzw., wie wir mit den Formulierungen der vorgetragenen Rekonstruktion nun auch sagen können, eine bestimmte Wirkmöglichkeit einsetzen. Im Bezug des Einsatzes dieser Wirkmöglichkeit zu unseren Zwecken und damit auch zu unserer Gesinnung oder unserer Maxime besteht dann die jeweilige Handlungsart.[69] In dieser unserer Handlungsart – also dem Einsatz der uns verfügbaren Wirkmöglichkeiten überhaupt zu bestimmten Zwecken – sind wir unmittelbar bestimmbar (und sollen auch bestimmt werden) durch unsere (praktische) Vernunft bzw. durch unseren (freien) Willen. Welche der einzelnen Wirkmöglichkeiten wir dann tatsächlich einsetzen – also welche Handlung wir dann ausüben –, dies hängt von unserer »theoretischen« Situationseinschätzung und Erfolgserwartung und von unseren »praktischen« Neigungen ab. Der Weg zum Handeln führt damit über zwei Stufen: von der Vernunft oder dem Willen zur – in bezug auf das Handeln noch allgemeinen – Gesinnung oder Maxime, und von dieser Gesinnung oder Maxime dann zur einzelnen Handlung.

Während mit dieser Stufeneinteilung die mögliche Reichweite der Vernunft- oder Willensbestimmung – nämlich auf die erste Stufe – eingegrenzt wird, betrifft die Unterscheidung zwischen vernünftigem Bestimmungsgrund und Bewegursache die Art, wie man den Weg zum Handeln sehen und darstellen kann. In der Rede von der Bewegursache wird die (empirische) Kausalkategorie bemüht und einer Handlung oder auch einer Gesinnung, soweit diese als »Erscheinungen« oder Tatsachen feststellbar sind, eine ebenfalls als »Erscheinung« oder Tatsache feststellbare Ursa-

69 Es mag hier unanalysiert bleiben, wie eine Gesinnung in einer Maxime darzustellen ist. Für unseren Zusammenhang reicht es ja hin, daß unsere Gesinnung bzw. unsere Maximen sich überhaupt auf unsere Absichten und nicht auf unsere Handlungen im Sinne der einzelnen Handlungs-Geschehnisse beziehen. Die Interpretationsfrage wird sich dann vor allem darauf richten, wie allgemein man von unseren Absichten oder Zwecken reden muß, damit man von einer Gesinnung oder einer Maxime – die ja immerhin ein »Prinzip« unseres Wollens oder Handelns darstellen soll – reden kann. (Mein eigener Interpretationsversuch findet sich in diesem Band, S. 157-162.)

che zugeordnet. Sowohl die Gesinnung oder das Vertreten einer bestimmten Maxime als auch die Handlung werden dabei als Zustände oder Ereignisse zu einem bestimmten Zeitpunkt oder in einem bestimmten Zeitraum angesehen. Gegenüber dieser Kausalrelation zwischen solchen »physischen« Sachverhalten stellt die Relation der vernünftigen Bestimmung den normativen Begründungszusammenhang zwischen »logischen« Sachverhalten dar, nämlich zwischen den zeit- und allgemein situationsunabhängigen *Darstellungen* (möglicher) Intentionen – der formalen Vernunft- oder Willensintention und einer materialen Gesinnung –, die Kant selbst allerdings, wie wir oben gesehen haben, als Darstellungen von »Fakten« interpretiert. Gerade die Frage, wie denn dieser normative Begründungszusammenhang der Willensbestimmung und insbesondere – vermittelt durch die Urteilskraft – der Bestimmung auch unseres Handelns überhaupt als ein Faktum oder doch als mit der faktischen bzw. empirischen Verursachung unserer Handlungen verträglich verstanden werden kann, definiert nun das von Kant gestellte Freiheits-Problem.

Bei der Formulierung und Lösung des Freiheits-Problems ist die Grundunterscheidung seiner Darstellung die zwischen den Handlungen als Erscheinungen bzw. »Begebenheiten in der Sinnenwelt«[70] und den Handlungen »als zur intelligibelen Welt gehörig«.[71] Während die Handlungs-»Begebenheiten«[72] durch die Naturkausalität bestimmt und also nach Naturgesetzen verursacht sind, sind unsere Handlungen als Elemente der »intelligibelen Welt« durch die »Kausalität der reinen Vernunft«[73], also durch Freiheit, bestimmt. Die Schwierigkeit, »den scheinbaren Widerspruch zwischen Naturmechanismus und Freiheit in ein und derselben Handlung... aufzuheben«[74] und also diese »beide[n] einander widerwärtige[n] Begriffe« in dieser Handlung

70 *Kritik der praktischen Vernunft*, A 115, 120f., 121, 187.

71 Ebd., A 187.

72 Kant redet von »Begebenheiten« – oder auch »Eräugnissen« (vgl. etwa *Kritik der reinen Vernunft*, B 571, 573 f.) – allgemein als von Geschehnissen unter Zeitbedingungen. Im Zusammenhang mit Handlungen vgl. etwa *Kritik der praktischen Vernunft*, A 84, 169, 170.

73 *Kritik der reinen Vernunft*, B 580.

74 *Kritik der praktischen Vernunft*, A 174.

»vereinigt« zu denken[75], glaubt Kant durch den unterschiedlichen Bezug zur Zeit beheben zu können, den diese beiden Ursachen in ihrer Existenz und ihrem Wirken besitzen. Da die »intelligibele Ursache«, unsere reine Vernunft oder freier Willen, »der Zeitform ... nicht unterworfen« ist[76], kann ihr Wirken auch nicht als zeitliches Geschehen betrachtet werden. In der *Kritik der reinen Vernunft* schließt Kant daraus unmittelbar, daß die Vernunft daher also die »beharrliche Bedingung aller willkürlichen Handlungen (ist), unter denen der Mensch erscheint«[77]; daß sie »allen Handlungen des Menschen in allen Zeitumständen gegenwärtig und einerlei«[78] ist. Aus der Überzeitlichkeit unserer Vernunft in ihrem Dasein und Wirken schließt Kant in bezug auf die in der Zeit existierenden Handlungen ihre Allgegenwärtigkeit oder, wie man auch formulieren mag, »Allzeitigkeit«. In der *Kritik der praktischen Vernunft* fügt Kant den Zwischengedanken ein, daß aufgrund der Überzeitlichkeit der Vernunft deren Wirken sich nicht auf einzelne, zeitlich verschiedene »Begebenheiten« oder Handlungen beziehen könne, sondern nur – wenn man überhaupt ein Wirken der Vernunft auf unser Handeln annimmt – auf das zeitlich nicht auseinandergelegte Ganze der Handlungen einer Person. Dieses Handlungs- oder auch Lebensganze stellt sich der Vernunft als eine »absolute Einheit eines Phänomens«[79] dar, das insgesamt durch die Vernunft bewirkt wird.
Die intelligible Seite einer Handlung läßt sich daher nicht für diese Handlung isoliert – als eine bestimmte Wirkmöglichkeit in unterschiedlichen Zusammenhängen – angeben, sondern nur über ihre Zugehörigkeit zu »einem einzigen Charakter«, nämlich zu dem einen »Gesetz der Kausalität«[80] oder Prinzip des tatsächlichen Handelns, das sich jemand als »vernünftiges Wesen« »selbst verschafft« hat[81], erschließen – wenn auch niemals mit Gewißheit.[82]

75 *Kritik der praktischen Vernunft*, A 170; siehe auch A 170f., 174, 180 und *Kritik der reinen Vernunft*, B 569, 585.
76 Ebd., B 579.
77 Ebd., B 581.
78 Ebd., B 584.
79 *Kritik der praktischen Vernunft*, A 177.
80 *Kritik der reinen Vernunft*, B 567.
81 *Kritik der praktischen Vernunft*, A 175.
82 *Kritik der reinen Vernunft*, B 579 Anm.

Wenn uns auch sowohl das Wie dieser intelligiblen Kausalität – als Wirken eines Dinges an sich – als auch die Gründe für die tatsächliche Bestimmung seiner Wirkungen notwendig unbekannt bleiben[83], so können wir nach Kant doch sagen, daß »ein anderer intelligibeler Charakter« – das heißt andere moralische Prinzipien einer Person – auch »einen anderen empirischen« Charakter – das heißt andere Gesetzmäßigkeiten seines tatsächlichen Handelns und damit auch einen anderen Gesamtverlauf seines Handelns – »gegeben haben« würden.[84] Und obwohl jede Handlung, »unangesehen des Zeitverhältnisses« – also in ihrem intelligiblen Aspekt durch ihre Stellung im Handlungsganzen einer Person –, »die unmittelbare Wirkung des intelligibelen Charakters der reinen Vernunft«[85] darstellt, ist sie doch zugleich als Handlung, »die in einem Zeitpunkte vorgeht«[86] – also als isoliert betrachtete Wirkmöglichkeit –, vollständig durch die Naturnotwendigkeit oder, wie Kant ja auch sagt, den »Naturmechanismus« bestimmt: und zwar so, daß wir dann, »wenn wir alle Erscheinungen seiner [sc. des Menschen] Willkür bis auf den Grund erforschen könnten, [...] es keine einzige menschliche Handlung geben [würde], die wir nicht mit Gewißheit vorhersagen«[87] und »ausrechnen«[88] könnten.

Kant selbst gesteht zu, daß diese »Auflösung der Schwierigkeit ... viel Schweres in sich [hat] und ... einer hellen Darstellung kaum empfänglich« ist.[89] Und tatsächlich gerät Kant hier mit den Unterscheidungen seines Handlungsverständnisses an eine Grenze, die eine wirkliche »Auflösung der Schwierigkeit« verhindert. Der Weg aber, auf dem Kant zu dieser Grenze gekommen ist, gibt nach meinem Verständnis auch schon die Richtung an, in der man – durchaus im Rahmen der Kantischen Grundunterscheidungen und in diesem Sinne sogar mit Kant – durch eine weitere Differenzierung des Handlungsbegriffs noch einige Schritte zur Klärung zumindest des Freiheits-Problems tun könnte. Da es mir hier aber nicht um das Freiheits-Problem,

83 Ebd., B 585.
84 Ebd., B 584.
85 Ebd., B 581.
86 *Kritik der praktischen Vernunft*, A 169.
87 *Kritik der reinen Vernunft*, B 577 f.
88 *Kritik der praktischen Vernunft*, A 177.
89 Ebd., A 184.

sondern um eine im Sinne der Kantischen Problemlösung sinnvolle Weiterführung der Kantischen Handlungstheorie geht – und zwar, soweit diese Weiterführung das Verständnis der Handlungstheorie selbst vertieft[90] –, sei der Zusammenhang zum Freiheits-Problem lediglich angedeutet.

Dadurch, daß Kant unsere Handlungen zunächst einmal als bestimmte Wirkmöglichkeiten – im kausal und final relevanten Ergebnis einer Tätigkeit – betrachtet, verschafft er sich ein weitgehend problemlos anwendbares und klares Kriterium zur Identifikation von Handlungen. Auch die Frage, ob eine bestimmte Handlung ausgeführt worden ist oder nicht – die Frage nach der *Existenz* einer Handlung –, ist für die so betrachteten Handlungen im Prinzip eindeutig zu beantworten. Diese prinzipielle Problemlosigkeit für die Identifikation und Existenzfeststellung unserer Handlungen erklärt sich aus der (weitgehenden) Interpretationsfreiheit dieser Feststellungen – die jedenfalls in einer Gruppe mit gemeinsamem Handlungsrepertoire angenommen werden kann. Wer überhaupt die entsprechenden Handlungen im Sinne der Herbeiführung von Wirkmöglichkeiten gelernt hat, sieht eben, ob eine solche Handlung ausgeführt worden ist oder nicht. Handlungen in diesem Sinne sind abgelöst von den Intentionen der Handelnden darzustellen. Ob jemand gelogen hat oder auf die Ausübung seines erlernten Berufs verzichtet, den Klingelknopf drückt oder sich in einer gemeinnützigen Organisation betätigt – dies sind bei aller unterschiedlichen Komplexität, die diesen Handlungen sicher zukommt, doch gleichermaßen »Geschehnisse«, die von den Ergebnissen des jeweiligen Tuns her und ohne einen weiteren Blick auf die Intentionen der Handelnden identifiziert werden können.

Und weil die Handlungen in dieser Weise als bloße Geschehnisse

90 Mir scheint, daß eine philosophische Interpretation philosophischer Texte auch die Möglichkeiten zu entwickeln hat, die der Autor nicht gesehen oder in seinem Denken genutzt hat, obwohl sie sich aus seinen eigenen Unterscheidungen hätten ergeben können und uns die jeweilige Sache hätten deutlicher sehen lassen. Im Prinzip scheint mir Husserl mit der Darstellung seiner »teleologischen Geschichtsbetrachtung« eine solche Methode sowohl dargestellt als auch benutzt zu haben. Vgl. Edmund Husserl, *Die Krisis der europäischen Wissenschaften und die transzendentale Phänomenologie*, § 15: Reflexion über die Methode unserer historischen Betrachtungsart.

betrachtet werden, kann man sie auch »empirisch« herbeiführen oder verhindern, sie damit der »empirischen« Kausalität zugänglich machen. Die als Geschehnisse betrachteten Handlungen gehören jedenfalls zu den Handlungen, zu denen man sich selbst und andere im Prinzip zwingen oder auch nur bringen kann – durch unterschiedliche Mittel von drastischen Sanktionen bis zu subtilen Argumentationen, die man alle in einer komplexen Verhaltens-Technologie einsetzen könnte. Und in diesem – abgemilderten – Sinn kann man dann auch sagen, daß unsere Handlungen einem »Naturmechanismus« unterliegen: weil es nämlich für die so betrachteten Handlungen überhaupt – und unabhängig von den Schwierigkeiten in jedem Einzelfall – einen Sinn hat, mit Aussicht auf Erfolg ihre Ausführung herbeizuführen oder zu verhindern bzw. zu »verursachen«.

All dies ist nun für die Handlungen, wenn man ihre »intelligibele« Seite betrachtet, anders. Zunächst besteht für sie das Problem der Identifikation: Wie können wir die intelligible Seite einer Handlung erkennen? Können wir das überhaupt? Tatsächlich beschreibt Kant einige Handlungen in deren intelligiblem Aspekt, nämlich bezüglich ihrer Moralität. Gleich im ersten Beispiel seiner Grundlegung zur Metaphysik der Sitten zögert Kant nicht lange mit seinem Urteil: Der »kluge Kaufmann«, der »einen festgesetzten allgemeinen Preis für jedermann« hält, tut dies – schon weil sein Vorteil es (»wo viel Verkehr ist«) erfordert – »bloß in eigennütziger Absicht«.[91] Die Identifikation der intelligiblen Seite einer Handlung scheint sich für Kant damit problemlos über deren moralisch relevante Interpretation zu ergeben.

Sieht man auf die Beispiele, die Kant überhaupt für Handlungen anführt, so erkennt man, daß deren moralische Beurteilung für ihn der wichtigste Aspekt der Betrachtung ist. Und weiterhin fällt auf, daß diese moralische Beurteilung in vielen Fällen fest zu einer bestimmten Handlung bzw. Handlungsweise gehört. Das Lügen – sei es in der Form des falschen Zeugnisgebens, sei es als lügenhaftes Versprechen –, der Selbstmord, die unberechtigte, aber unbemerkte Aneignung eines Depositums, die Verweigerung der Hilfe gegenüber einem Notleidenden – dies alles sind nur einige, wenn auch mehrfach von Kant diskutierte, Beispiele für solche Handlungen, denen eine moralische Beurteilung, und

91 *Grundlegung zur Metaphysik der Sitten*, A 9.

zwar eine negative, fest zugeordnet ist. Daß diese feste Zuordnung nicht nur für den »Normalfall« gilt, zeigt – zumindest für das Beispiel des Lügens – Kants rigorose Beurteilung des »vermeintlichen Rechts, aus Menschenliebe zu lügen«.

Für das Verständnis dieser Zuordnung sind zwei Dinge zu beachten. (1) Es handelt sich bei diesen Beispielen für eine klare moralische Beurteilung nicht um konkrete Einzelhandlungen, sondern um *regelmäßig* ausgeführte Handlungen, um Handlungsweisen. Kant setzt voraus, daß diese Handlungen ebenso, wie er sie beschreibt, auch *mit Absicht* ausgeführt werden. Wie sonst könnten sie auch regelmäßig, und zwar gemäß der von Kant gewählten Beschreibung, ausgeführt werden? Wenn Kant von konkreten Einzelhandlungen spricht, bleibt auch seine Zuordnung dieser Handlungen – wie z. B. ein »lehrreiches Buch, das ihm nur einmal zu Händen kommt, ungelesen zurückgeben«, »in der Mitte einer schönen Rede weggehen«, »eine Unterhaltung durch vernünftige Gespräche, die er sonst sehr schätzt, verlassen«, »einen Armen, dem wohlzutun ihm sonst Freude ist, abweisen« – zu bestimmten Absichten durchaus kontingent und auf die jeweiligen Handlungssituationen bezogen – »um die Jagd nicht zu versäumen«, »um zur Mahlzeit nicht zu spät zu kommen«, »um sich an den Spieltisch zu setzen«, »weil er jetzt eben nicht mehr Geld in der Tasche hat, als er braucht, um den Eintritt in die Komödie zu bezahlen«.[92] Da die regelmäßige Ausführung einer Handlung aber nur durch die Absicht des Handelnden zustande kommt, kann man davon ausgehen, daß der Handelnde selbst schon eine solche feste Verbindung zwischen Absicht und Handlung geschaffen hat und daher auch seine Gesinnung durch diese Handlungsweise charakterisiert werden kann.

(2) Eine Schwierigkeit entsteht nun aber dadurch, wie Kant diese Charakterisierung selbst vornimmt. Die Darstellungsmöglichkeiten für Absichten sind nämlich vorgegeben durch die Beurteilungsmöglichkeiten, die Kant selbst seinem kategorischen Imperativ abgewinnt bzw. abzugewinnen glaubt. Für unseren handlungstheoretischen Zusammenhang mag es dabei unberücksichtigt bleiben, wie und in welchem Maße überhaupt erst bestimmte materiale Wertungen Kants die Anwendung des kategorischen Imperativs auf seine Beispielhandlungen erlauben. Hier

92 *Kritik der praktischen Vernunft*, A 42.

ist lediglich entscheidend, daß für Kant *der kategorische Imperativ* – und damit die Betrachtung der Moralität der Handlungen, so wie Kant sie definiert hat – *das einzige Prinzip zur Identifikation der intelligiblen Seite* von Handlungen ist. Dies folgt schon aus der Definition dieser intelligiblen Seite, insofern diese nämlich die Handlungen als Verwirklichung der reinen Vernunft oder des freien Willens zeigen soll. Reine Vernunft oder freier Willen verwirklichen sich aber nicht in bloß technischen Handlungen[93] oder überhaupt in Handlungen, für die man keine (unmittelbare) moralische Nötigung einsehen kann[94], sondern allein in den Handlungen, die als *absichtliche Handlungsweisen* unmittelbar durch das »Grundgesetz der reinen praktischen Vernunft« geboten oder verboten werden können. Damit wird nun aber die intelligible Seite unserer Handlungen auf deren moralische Gesetzmäßigkeit definitorisch reduziert: und zwar auf eine Gesetzmäßigkeit, die als begriffliche »Exposition« eines normativ definierten »Faktums« keine andere Verbindlichkeit einfordern kann als die Entscheidung, die Wirklichkeit und die Vernunft (in ihr) nur so sehen zu wollen, wie man selbst meint, daß sie gesehen werden sollte. Mit anderen Worten: Die intelligible Seite unserer Handlungen wird durch deren Zugehörigkeit zu einer Welt definiert, die sich – wie mir scheint: alleine – der normativen Definition des Faktischen verdankt.

Tatsächlich ergibt sich dieser Kurz-Schluß zurück zur normativ definierten Vernunft und ihrem »Faktum« aber nur dadurch, daß – zur Identifikation der intelligiblen Seite unserer Handlungen – die reine Vernunft vorschnell die Probleme der Handlungstheorie lösen, vor allem zwischen Naturmechanismus und Freiheit vermitteln und die schwierige Rede von dem nicht-empirischen, aber entscheidenden Sinn unserer Handlungen mit einer sozusagen »greifbaren« Substanz erfüllen sollte. Man verstellt sich den Weg zur Entdeckung der Differenzierungen, die aus der Handlungstheorie zumindest weiterentwickelt hätten werden können, wenn man – mit Kant – diese schnellen Lösungen hinnimmt – und nur über sie die Kantische Handlungstheorie kritisiert.

93 Ebd., A 46 Anm.

94 Hier ist natürlich an die »Adiaphora« zu denken, die Kant allerdings erst in der *Metaphysik der Sitten* (Tugendlehre A 52f., Akademie-Ausgabe Bd. 6, S. 409) und der Religions-Schrift (Akademie-Ausgabe Bd. 6, S. 22, 23) ausdrücklich – und unterschiedlich – behandelt.

Kehren wir daher noch einmal zurück zur Charakterisierung der intelligiblen Seite unserer Handlungen, wie Kant sie bei der Erörterung des Freiheits-Problems gegeben hat. Die intelligible Seite einer Handlung besteht danach in deren Stellung im Handlungsganzen einer Person, das seinerseits unter einem Prinzip der praktischen Vernunft steht. Und lassen wir es einmal dahingestellt, daß dieses Prinzip der praktischen Vernunft von Kant nur über den kategorischen Imperativ identifiziert wird. Dann ergibt sich als entscheidendes Charakteristikum der intelligiblen Seite unserer Handlungen ihr verständlicher Zusammenhang mit den anderen Handlungen einer Person, und zwar so, daß dabei ein Prinzip als konstitutiv für diesen Zusammenhang – dessen Verständlichkeit sichernd – erscheint. Wie kann man nun diesen Zusammenhang und seine Verständlichkeit näher darstellen?
Eine einzelne Handlung im Sinne eines in seinem Ablauf oder – gemäß der Kantischen Vorstellung – in seinem Ergebnis (hinreichend eindeutig) beschriebenen Handlungs-Geschehnisses wird in verschiedenen Situationen auf unterschiedliche Weise bemerkt, beurteilt und beantwortet werden. Je nachdem, ob die »schöne Rede«, in deren Mitte ich – um Kants Beispiel zu zitieren – weggehe, ein feierlicher Festvortrag, die Erzählung eines Gastes in einer lockeren Gruppe zu deren Unterhaltung, die langatmige Belehrung durch meinen Tischnachbarn über allseits Bekanntes, der Vortrag eines Kollegen auf einer Tagung, an der ich teilnehme, oder auf einer Tagung, für deren Organisation ich verantwortlich bin, ist: je nachdem, während welcher dieser Reden ich weggehe, wird man mein Weggehen unterschiedlich bzw. überhaupt bemerken, deuten und auch behandeln. Die Deutungen einer solchen Handlung – wie meines Weggehens – nehmen wir gewöhnlich in zwei Richtungen vor. Einmal ordnen wir die Handlung in den »objektiven« Situationszusammenhang ein, in dem sie eine bestimmte und (mehr oder weniger) allgemein bekannte Rolle als Stellungnahme zu vorangegangenen Geschehnissen, insbesondere Handlungen, und/oder Herausforderung zu weiteren Handlungen spielt. Zum anderen ordnen wir der Handlung eine »subjektive« Intention zu, mit der der Handelnde sie ausgeführt hat. Ich möchte hier kurz von der »objektiven« und »subjektiven« *Bedeutung* einer Handlung sprechen, die dieser durch diese Deutung zugesprochen wird.

Ohne hier auf Einzelheiten einzugehen[95], möchte ich unterstellen, daß unsere Handlungen (im Sinne der Handlungs-Geschehnisse) ihre »objektive« Bedeutung dadurch gewinnen, daß sie in einer bestimmten Weise die Entwicklung des Handlungszusammenhanges, von dem sie ein Teil sind, sowohl im Sinne einer Stellungnahme zu dem bisher Geschehenen als auch im Sinne einer Aufforderung zur Fortsetzung oder Beendigung festlegen. Ein Handlungszusammenhang ist dabei als eine Geschichte verstanden, die nach bestimmten Mustern der Entwicklung abläuft und die ihre Identität dadurch erhält, daß in ihr – mehr oder weniger gut – bestimmte Zwecke erreicht, Aufgaben erfüllt, Positionen geklärt werden oder in anderer Weise ein *Sinn* sich zeigt: eben eine Möglichkeit, die verschiedenen Einzelhandlungen als Teile einer verständlichen Entwicklung zu verstehen, die als eine Einheit (mit einem Anfang und einem Ende) identifiziert werden kann.
Ihre »subjektive« Bedeutung gewinnen die Handlungen demgegenüber dadurch, daß der Handelnde sein eigenes Leben als eine solche sinnvolle, nämlich als eine verständliche Einheit sich ihm darbietende, Geschichte[96] anzusehen (und zu gestalten) versucht und darin diesen Handlungen ihren »Platz« – im dargestellten Sinne einer Stellungnahme oder Herausforderung – zuweist. Folgt jemand in seinem Handeln den Regeln der »objektiven« Bedeutung – handelt er also im Rahmen der »Sitten und Gebräu-

95 Es bleibt mir hier nur wieder, auf meinen eigenen Beitrag in diesem Band über »Die Verständlichkeit unseres Handelns«, S. 126ff., zu verweisen.

96 Ich unterstelle hier ein »Identitäts-Konzept«, nach dem der Handelnde sein Handeln und sein Leben insgesamt dann versteht, wenn er es unter eine Einheit von Prinzipien bringen oder als eine (große) Geschichte verstehen kann. Dies halte ich aber nicht für eine zwingende Annahme. Denn diese Einheit der Geschichte ergibt sich nicht aus der historischen Betrachtung selbst. Daß wir unser Handeln und Leben als eine Geschichte auffassen, besagt ja gerade, daß wir seine Kontingenz ernstnehmen und also auch seine prinzipielle Unüberschaubarkeit. Geschichten »machen« wir nicht einfach, wir sind in sie verwickelt – und zumeist in viele Geschichten, deren Verknüpfungen miteinander uns durchaus nicht alle sichtbar sind. Wenn ich gleichwohl dem »Identitäts-Konzept« folge, dann aus Einfachheitsgründen für die Darstellung und weil sich bereits im Rahmen dieses Konzepts meine Argumentation führen läßt.

che« seiner Umgebung –, so besteht die Entwicklung einer solchen »subjektiven« Bedeutung für sein Handeln in der individuellen Integration der verschiedenen »objektiv«, also in sich selbst, bereits geregelten Handlungszusammenhänge – in die er verwikkelt wird – zu einem einheitlichen Lebenszusammenhang. Je nachdem, wie weit ihm eine solche Integration gelingt – er also die verschiedenen Zusammenhänge seines Handelns als Teile seines von ihm selbst gestalteten und verantworteten Lebensganzen[97] zu verstehen und zu bewältigen vermag –, wird auch die »subjektive« Bedeutung einer Handlung in unterschiedlich weitreichenden und differenzierten Bezügen zu verschiedenen Lebenszusammenhängen und zu deren Einheit bestehen.

Interpretiert man in dieser Weise die Verbindung unserer Handlungen zur »absoluten Einheit eines Phänomens« als die Zuweisung ihrer »subjektiven« Bedeutung in einem sinnvollen Lebensganzen, dann erscheinen sowohl die Kantische Lösung des Freiheits-Problems als auch überhaupt seine Rede von der intelligiblen Seite unserer Handlungen in einem neuen – und wie mir scheint: durchaus helleren – Licht.

Die intelligible Seite einer Handlung zeigt demnach deren »subjektive« Bedeutung, und zwar vollständig erst dann, wenn mit dieser Bedeutung der Bezug zum Lebensganzen einer Person hergestellt wird. Dies wäre etwa dann der Fall, wenn es einem gelingen würde, auch seine situationsbezogenen »Reaktionen« nicht nur als isoliertes Verhalten – wie es sich eben aus der Situation ergibt – zu verstehen und zu verwirklichen, sondern als voll verstandenen und verantworteten Ausdruck der sein ganzes Leben bestimmenden Prinzipien. Daß dies ein »Idealfall« ist, der so nicht eintreten kann, ist auch Kant klar. Aber erst in diesem »Idealfall«, in dem wir auf vollständige Weise zum »Subjekt« unseres Handelns geworden wären, würde sich uns auch die intelligible Seite unserer Handlungen – auf der wir dann ja auch

97 Auch hier folge ich einer Konzeption, die man noch einmal auf ihre Angemessenheit hin prüfen kann: daß nämlich das Verstehen des eigenen Lebens (und Handelns darin) über die aktive Gestaltung eines Lebensganzen erreicht wird. Diese Aktivität ließe sich noch im Sinne der Kantischen Kausalitäts-Vorstellungen verstehen und würde damit noch keine echte Alternative bieten. Der eigene Aufbau einer solchen »echten« Alternative würde aber den Rahmen dieser Überlegungen sprengen.

stünden – vollständig zeigen. Tatsächlich stehen wir zwischen der intelligiblen Welt der vollständig erschlossenen »subjektiven« Bedeutungen und der sensiblen oder empirischen Welt der bloß auf ihre Existenz hin befragten Handlungs-Geschehnisse.

Je mehr es nun jemand – in seiner Existenz zwischen den Welten – gelingt, seine Handlungen nicht nur als Handlungs-Geschehnisse »auszuüben«, sondern in ihnen auch einen Sinn zu verwirklichen und ihnen also eine Bedeutung zu verleihen, um so freier wird man ihn nennen können, bzw.: um so näher wird er der »transzendentalen Freiheit« auch in seinem tatsächlichen Handeln kommen. Diese Freiheit ist nun nicht mit unserer »Macht« oder »Gewalt« zu verwechseln, die wir über unsere Handlungs-Geschehnisse ausüben. Auch als solcherart freie Menschen bleiben wir Widerfahrnissen selbst bei unseren eigenen Handlungen ausgesetzt, in die Grenzen unserer physischen, psychischen und sozialen Existenz eingespannt. Diese Freiheit besteht vielmehr in der Fähigkeit, unserem Handeln eine möglichst einheitliche und weitreichende »subjektive« Bedeutung zu verleihen: es aus den von uns entwickelten und verantworteten Prinzipien, unter die wir unser Leben insgesamt stellen, jederzeit sowohl zu gestalten (soweit dies »in unserer Gewalt« ist) als auch zu verstehen. Freiheit in diesem Verständnis macht uns zu Mitgliedern einer Welt der Bedeutungen und Sinnstrukturen, die sich dem Blick, der sich auf die Welt der bloßen Geschehnisse, der bloßen »Existenz«, fixiert, nicht erschließen.

Jedenfalls aber sagt Freiheit in diesem Sinne nichts darüber aus, wie und in welchem Maße es uns gelingt, aufgrund unseres Sinnverständnisses unsere Handlungen »in unsere Gewalt« zu bringen. Sicher müssen wir an der Wirklichkeit der Handlungs-Geschehnisse erkennen können, ob jemand diesen oder anderen Lebensprinzipien folgt. Aber diese Erkenntnis ist das Ergebnis einer – zum tatsächlichen Handeln – nachträglichen Deutung, in die die (nicht antizipierbaren) besonderen Umstände der jeweiligen Handlungswirklichkeit mit eingegangen sind, und keinesfalls die Folgerung, die sich durch eine Ableitung aus diesen Prinzipien und deren »Anwendungsbedingungen« ergibt. Wir können hier mit Kant wiederholen: »... ein anderer intelligibeler Charakter würde einen andern empirischen gegeben haben«. »Warum aber der intelligibele Charakter gerade diese Erscheinungen und diesen empirischen Charakter unter vorliegenden Umständen gebe, das überschreitet so weit alles Vermögen unserer Vernunft, es zu beantworten, ja alle Befugnis derselben, nur zu fragen, als ob man früge: woher der transzendentale Gegenstand unserer äußeren sinnlichen Anschauung gerade nur Anschauung im Raume und nicht irgend eine andere gebe.«[98] Welchen Vergleich wir auch aus der Kantischen Vorstellungswelt lösen könnten: »als ob man früge«, warum überhaupt etwas ist und nicht vielmehr nichts.

Damit zeigt sich, daß man mit einer »bedeutungstheoretischen« Interpretation der intelligiblen Seite unserer Handlungen einen Schritt auf dem, wie ich meine, von Kant selbst eingeschlagenen Wege weitergehen und das Freiheits-Problem auflösen kann. Daß Kant selbst diesen Schritt nicht nur nicht getan, sondern sich selbst und seinen Interpreten auch noch erschwert hat, hat seine Gründe – zumindest auch – in dem umfassenderen handlungstheoretischen Begriffsrahmen und in dessen transzendentalphilosophischer Verwendung.

Wie wir gesehen haben, gibt es für Kant einen primären Handlungsbegriff, nach dem unsere Handlungen als Wirkmöglichkeiten erscheinen. Primär ist dieser Handlungsbegriff darum, weil mit ihm ein weitgehend selbstverständliches und auch vom philosophischen Autor nicht reflektiertes Alltagsverständnis unseres Handelns übernommen wird, auf dem dann erst die ausdrücklichen Überlegungen zur Eigenart unseres Handelns aufgebaut werden. Erst in diesem weiteren Aufbau erscheint die intelligible Seite der Handlungen. Es ist dies aber eine Seite, die die primäre Beschreibung unserer Handlungen nicht verändert oder neu verstehen läßt. Es ist nur eine zusätzliche Seite eines bereits in sich verständlichen Gegenstandes, die sich dem philosophischen Blick – in seiner Bemühung um das Freiheits- und das Sittlichkeits-Problem – zeigt. Genauer gesprochen würde man sogar nicht einmal von der intelligiblen Seite unserer Handlungen reden, sondern von unseren Handlungen, insofern sie auch für eine intelligible Betrachtung zum Gegenstand werden können bzw. eine »Seite« zeigen. Anders gesagt: Die Intelligibilität gehört gar nicht zu den Handlungen selbst, sondern charakterisiert deren Einsetzbarkeit zu vernunftbestimmten Absichten.

Aus dieser »Versteinerung« des alltäglichen Handlungsverständ-

98 *Kritik der reinen Vernunft*, B 584 und 585.

nisses und seiner Nutzung als unverändertes Fundament der philosophischen Reflexion ergeben sich eben die Konsequenzen, die eine bedeutungstheoretische und historische Neubegründung auch der Handlungstheorie und jedenfalls der Transzendentalphilosophie verhindern. Ich fasse sie in drei Punkten zusammen.

(1) Die Unverständlichkeit der Lösung, die Kant dem Freiheits-Problem gegeben hat, entsteht dann, wenn man diese Lösung in ihrer rigorosen Formulierung wörtlich nimmt: dann nämlich, wenn man wirklich einräumt, daß man alle unsere Handlungen – in vollständiger Kenntnis der »Erscheinungen der Willkür«, also der ihnen vorangehenden intentionalen psychischen Zustände der Handelnden[99] – »mit Gewißheit vorhersagen und aus ihren vorhergehenden Bedingungen als notwendig erkennen« und so »eines Menschen Verhalten auf die Zukunft mit Gewißheit, so wie eine Mond- und Sonnenfinsternis, ausrechnen« kann.[100] Diese Vorstellung unterstellt, daß unsere Handlungen vollständig als physikalische Ereignisse identifizierbar sind und in einem – gleichsam durch uns hindurch sich realisierenden – vollständig determinierten System ihre Existenz erhalten und verlieren. Abgesehen davon, daß eine solche Determinismus-Vorstellung auch in der Physik nur für extreme Fälle isolierter Systeme und nicht für die physische komplexe Realität überhaupt sinnvoll werden kann, begeht Kant damit aber auch einen Kategorienfehler. Auch seine zu Wirkmöglichkeiten zusammengeschmolzenen Handlungen verlangen Interpretationen über die bloß physikalischen Beschreibungen hinaus, um als Handlungen identifiziert werden zu können: als Ergebnisse nämlich einer absichtsvollen Tätigkeit. Aber diese Interpretationen sind problemlos in dem Sinne, daß sie allgemein üblich sind, wenn man – in der jeweiligen Gruppe – überhaupt die entsprechenden Handlungsweisen kennt. Die praktische Problemlosigkeit bei der Identifikation von Handlungen beweist aber nicht deren bloß physikalische Natürlichkeit –

99 Wenn Kant hier auch nur die »Erscheinungen der Willkür« erwähnt, meint er doch auch die »äußeren«, physischen und sozialen Bedingungen unseres Handelns, wenn er von den Bedingungen des Handelns insgesamt redet. Vgl. dazu auch *Kritik der praktischen Vernunft*, A 177.

100 *Kritik der reinen Vernunft*, B 578, und *Kritik der praktischen Vernunft*, A 177.

auch wenn der Alltagsverstand wiederum diesen Schluß zu ziehen neigt.

Getragen wird diese »Naturalisierung« unserer Handlungen von einer begriffsgläubigen (man könnte auch sagen: »essentialistischen«) Ausblendung der historischen Realität unseres Handelns. Durch die Konzentration der Handlungsdarstellung auf das Tätigkeitsergebnis wird nicht mehr wahrgenommen, daß unser Handeln sich auch als eine »Geschichte« ausschreiben läßt, in der die Identität einer bestimmten Handlung sich erst in der Entwicklung dieser Geschichte herausbildet. Durch die Ausblendung der – in den Details der Geschehnisse und deren Entwicklung charakterisierbaren – Geschichte verbleibt aber auch die Handlungswahrnehmung in den groben Rastern der alltäglichen Pauschalbeschreibungen – und verstellt sich damit den Weg zur Erschließung der Phänomene: zur Wahrnehmung des Faktischen nicht nur über die normativ ihm aufgezwungene Begrifflichkeit, sondern auch in den sich zeigenden »Nebensächlichkeiten«.

(2) Die Befangenheit in der Selbstverständlichkeit des Kausalmodells wirkt sich nicht nur für den Handlungsbegriff, sondern auch für das Freiheitsverständnis aus. Wenn auch die »Kausalität durch Freiheit« eine andere ist als die »Kausalität durch Natur« – und für uns sogar unbegreiflich bleibt –, so denkt Kant sie gleichwohl als eine – wenn auch unverstandene – Art des »Gewalt Habens« über unsere Handlungen (und Neigungen). Die Vorstellungswelt, in der diese Kausalität gedacht wird, ist bestimmt durch das Hervorbringen, Erzeugen, In-die-Existenz-Bringen von Tatsachen, nicht aber durch die verstehende Aneignung und dabei durchaus auch gestaltende, also »wirksame«, Stellungnahme. Im Grunde eliminiert Kant lediglich die zeitliche Ordnung von Ursache und Wirkung, redet im übrigen aber in der gleichen Weise von der Kausalität der Freiheit wie von der durch Natur. Und gerade dies wiederum führt – streng genommen – zu der auch von Kant selbst bemerkten Undenkbarkeit einer solchen Kausalität.

Vor allem führt diese bleibende Befangenheit auch des Freiheitsverständnisses im Kausalmodell zu einer Eingrenzung der praktischen Vernunft bzw. der Wirkmöglichkeiten des freien Willens bloß auf die in allgemeinen Maximen realisierte Gesinnung. Die Vernunft erzeugt die Gesinnungen bzw. Maximen, diese bestimmen – wenn auch nicht ausschließlich und gerade daher ja auch

nicht mehr im Namen der reinen Vernunft – die einzelnen Handlungen. Weil die Bestimmung der einzelnen Handlungen »nicht mehr in unserer Gewalt ist«[101], kann unsere Vernunft – die ja nur als »reine« und ohne Beimischung irgendeiner Erfahrung praktisch wird – diese Handlungen auch nicht mehr hervorbringen. Das Reich der Vernunft wird damit geteilt: in die eine Hälfte, in der reine Vernunft praktisch werden kann und in der es Freiheit und Sittlichkeit gibt, und in die andere Hälfte, in der eine naturwüchsig entwickelte Urteilskraft Maximen bildet, auf Handlungen anwendet, aus Handlungen wiederum auch gewinnt und so der Vernunft überhaupt erst zu den Gegenständen ihrer Beurteilung verhilft.
Auch hier kann man die Ausblendung der Geschichte als einen Grund für dieses kausalistische Freiheitsverständnis ansehen. Denn wenn nur das einer vernünftigen Betrachtung und Behandlung zugänglich ist, was sich in einer durch allgemeine Begrifflichkeit erzeugten Eindeutigkeit als genau dieses Faktum zeigt, dann findet diese Vernunft in der Tat erst dann ihren Gegenstand, wenn er von aller historischen Kontingenz und Komplexität gereinigt ist. Nicht unser Handeln in seiner kontingenten und komplexen Tatsächlichkeit, sondern unsere Handlungsvorstellungen – und zwar unsere Vorstellungen, so wie sie im normativ vorangestellten Begriffssystem der reinen Vernunft ausgebildet werden sollen – stellen die »Realität« dar, für die reine Vernunft praktisch werden kann.
(3) Aber nicht nur das, was sich der Vernunft als Faktum zeigt, sondern auch ihr eigenes Wirken und dessen Prinzip muß in der »idealen« Eindeutigkeit bestimmt sein, um selbst als vernünftig gelten zu dürfen. Vernünftig kann die Bestimmung unseres Handelns bzw. unmittelbar unserer Gesinnung nur dann sein, wenn sie sich selbst eindeutig, und dies bedeutet: nach einem eindeutig definierten und damit für jedermann jederzeit in gleicher Weise anwendbaren Prinzip – eben einem »Gesetz« – vollziehen läßt. Ein solches Gesetz kann aber nur ohne jede einschränkende Bedingung, also kategorisch, unsere Gesinnung bestimmen: als kategorischer Imperativ. Also wird letztlich die »ideale« Eindeutigkeit der intelligiblen Fakten nur moralisch gesichert. Und die

101 Diese Redeweise findet sich etwa in der *Kritik der praktischen Vernunft*, A 169, 173, 174, 180, 215.

Bestimmung der Vernunft ist als vernünftige nur eine sittliche.[102]

Es zeigt sich so, daß die intelligible Seite unserer Handlungen deren moralische Seite ist und nicht der aus dem Lebensganzen einer Person sich historisch ergebende Bedeutungszusammenhang. Eine historische, weil nämlich die Bedeutung der Handlungen erst aus der »internen Logik« des Lebenszusammenhangs entwickelnde Vernunft wäre in diesem Verständnis überhaupt keine Vernunft. Die faktische Vernunft der wirklichen Personen ist nur als die mehr oder weniger verwirklichte, von aller Historizität befreite reine Vernunft überhaupt noch als Vernunft identifizierbar.

Damit schließt sich der Kreis unserer Betrachtung. Das Faktische, dessen normative Definition beim »Faktum der Vernunft« die transzendentalphilosophische Normbegründung zugleich leerlaufen und sich bestätigen ließ, wird gerade durch die Betrachtung der Handlungswirklichkeit – als des »Faktums«, auf das sich Vernunft beziehen soll – in seiner normativen Selbstgenügsamkeit verfestigt. Obwohl durch die Einbeziehung der intelligiblen Seite unserer Handlungen – die übrigens nicht durch die Betrachtung der Phänomene, sondern durch die theoretische Problementwicklung erforderlich wird! – ein Weg zum Ausbruch aus dieser normativ konstruierten Eigenwelt eingeschlagen wurde, erwies sich am Ende die Kraft der normativen Konstruktion als stärker: sicher, weil sie ihre innere Stimmigkeit einsetzen konnte, aber nicht zuletzt wohl auch darum, weil sie auf der Selbstverständlichkeit alltäglich gegenwärtiger Vorstellungen, insbesondere von unserer Handlungswirklichkeit, errichtet worden ist.

Versucht man, das Verhältnis zu dieser Handlungswirklichkeit zu charakterisieren, so kann man es als eine *»schematische Identifikation«* darstellen: Unser Handeln wird nicht in seiner »internen« Entwicklung, das heißt seiner Geschichte, in der – sozusagen aus diesem Handeln selbst – auch die Kategorien für seine Beschreibung zu begründen sind, gesehen, sondern nur im Blickfeld von Kategorien, die – unabhängig von diesem Handeln und in diesem Sinne ihm »äußerlich« – im voraus festgelegt sind, und zwar durch situationsinvariant, also unabhängig vom Wechsel der

102 Damit ist die in Anm. 10 festgestellte Doppeldeutigkeit der »Idealität« beseitigt.

Handlungssituationen, in immer gleicher Weise anwendbare Prinzipien (der empirischen und intelligiblen Kausalität). Die Anwendung dieser (Kausalitäts-)Prinzipien kann daher *schematisch* – ohne Berücksichtigung der Besonderheit der Situation – vorgenommen werden. Gleich, ob wir unsere Handlungen in ihrer empirischen oder in ihrer intelligiblen Seite als Handlungen identifizieren und beschreiben wollen: es ist eine im Grunde schematische Operation, die wir durchzuführen haben. Und eben diese schematische Identifikation unseres Handelns ist es, die die historische Realität unseres Handelns aus der philosophischen Betrachtung ausblendet und diese Philosophie damit zu einer *»Philosophie ohne Realität«* macht. Das, was gleichwohl als Faktum oder Handlungswirklichkeit, als die Welt unseres Handelns unterstellt und ausgegeben wird, ist nicht unsere Realität, nicht unsere tatsächliche Welt. Es ist nur eine »schöne vernünftige Welt«.

Nachweise

»Das Problem der Normbegründung.« Unter dem Titel »Praktische Vernunft und Normbegründung. Grundprobleme beim Aufbau einer Theorie praktischer Begründungen« erschienen in: Dietmar Mieth und Francesco Compagnoni (Hg.), *Ethik im Kontext des Glaubens. Probleme – Grundsätze – Methoden*, Freiburg i.Ue./Freiburg i.Br. 1978, S. 138-156. Die hier veröffentlichte Fassung ist leicht überarbeitet.

»Die Bildung der Vernunft aus der Erfahrung.« Mit einem anderen Untertitel in: *Zeitschrift für Evangelische Ethik*, 26. Jahrgang, Heft 1 (1982), S. 40-61.

»Moralisches Argumentieren und ethischer Pluralismus.« Unter dem Titel »Moralische Erfahrung und praktische Vernunft« als Antrittsvorlesungen der Philipps-Universität Marburg am 3. Februar 1984 vorgetragen. Erstveröffentlichung.

»Moralisches Argumentieren im Wandel der Werte und Normen.« Unter dem Titel »Der Universalitätsanspruch der Vernunft und der Wandel moralischer Erfahrungen« als Symposionsvortrag auf dem XIII. Deutschen Kongreß für Philosophie in Bonn am 27. September 1984 gehalten. Erstveröffentlichung.

»Aspekte der Handlungsrationalität.« In: Herbert Schnädelbach (Hg.), *Rationalität. Philosophische Beiträge*, Frankfurt/M. 1984, S. 175-197.

»Die Verständlichkeit des Handelns.« Zugleich in: Hans-Georg Bosshardt (Hg.), *Perspektiven auf Sprache. Interdisziplinäre Beiträge zum Gedenken an Hans Hörmann*, Berlin/New York 1986.

»Die praktische Ohnmacht der reinen Vernunft.« In: *Neue Hefte für Philosophie*. Heft 22: Kants Ethik heute, Göttingen 1983, S. 1-24.

»Das ›Faktum der Vernunft‹ und die Realität des Handelns.« In: Gerold Prauss (Hg.), *Handlungstheorie und Transzendentalphilosophie*, Frankfurt/M. 1986, S. 271-302. Für die freundliche Genehmigung, meinen Beitrag aus dem bei Vittorio Klostermann erschienenen Buch in den vorliegenden Band aufzunehmen, bedanke ich mich.

Alphabetisches Verzeichnis der suhrkamp taschenbücher wissenschaft